KB135509

태동교양총서 1

# 문명의 위기를 넘어

유승직 · 김선웅 · 한상민 · 이종철 · 박정순
이경구 · 엄연석 · 김세정 · 강중기 · 심혁주 공저

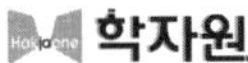
학자원

## | 서문 |

한림대학교 태동고전연구소는 지난 2019년 한림대학교 한림과학원과 협력하여 기후변화와 인공지능(AI) 시대에 대응하여 일반인들이 '온고지신溫故知新'의 인문정신과 실용적 가치를 융합적으로 이해함으로써 인류의 미래지향적 방향에 대한 안목을 높이고자 '태동인문학융합특강'이란 프로그램으로 강의를 개설하였다. 이 프로그램은 2019년 11월 말에 시작하여 2020년 2월 중순까지 진행되었다. 이 시기는 코로나19가 국내에 처음 보고된 2020년 1월 20일을 전후한 시기로 코로나19 팬데믹이 발생한 때와 일치한다. 프로그램을 계획한 것은 코로나19가 발생하지 않았던 때였으므로, 기후변화의 위기를 논의하면서도 주로 '인문학', '기후변화', '인공지능(AI)', '융합'을 주제로 하여 강좌를 구성하였다.

코로나19가 발생하고 나서 연구소에서는 대면으로 강의를 시행하지 못하는 상황에서 바로 1년 후에는 비대면으로 강의 및 토론을 촬영하여 유튜브에 올리는 방식으로 2020년 11월부터 2021년 1월까지 '태동고전학융합특강'이란 제목의 비대면 강의를 진행하였다. 이 시기는 코로나19가 지속되던 시기였던 만큼, 주제 또한 직접적으로 기후변화와 코로나19 재난, 사회문화적 갈등과 반성, 동서양 고전의 지혜를 통한 인문학적 극복 방안 등을 주제로 강의를 개설하였다. 이 저술은 지난

2년간 시행한 인문학과 실용학을 융합하는 강의를 통하여 기후변화와 코로나19 팬데믹으로 야기된 문명의 위기와 전환의 문제를 성찰하고 인문적 정신을 고양함으로써 새로운 미래지향적 가치를 열어가기 위하여 구상되었다.

현재 세계는 기후변화와 코로나19 팬데믹으로 생태환경의 위기를 겪고 있으며, 정치 경제적, 군사 외교적으로 신냉전 시대로 접어들었다고 할 수 있다. G2, G7, 파이브 아이즈(Five Eyes), 쿼드(Quad)와 같은 용어가 국제외교와 시사문제에 빈번히 등장하는 것이 그 증거이고, 민족적, 인종적, 그리고 사회문화적 갈등 또한 상존하고 있다. 예컨대, 현재 세계적으로 '한류(韓流, K-CULTURE)'가 강력한 전파력을 가지고 유행하면서 동양 특히 한국 문화의 고유성과 보편성이 동시에 재조명되고 있다. 이러한 상황은 서양근대 이후 인간중심주의적 또는 이성중심주의적 세계관에 따라 운영되어 오던 현대 사회가 '변칙(anomaly)' 현상을 드러내면서 기존의 패러다임을 전면적으로 수정할 것을 요구하고 있다.

현재 기후변화와 생태계 위기에 대한 대응은 이러한 문제를 발생시킨 원인을 제거하고 환경을 개선하는 방향으로 국제정치적인 관점에서 진행되고 있다. 기후변화 문제에 대한 대응은 1992년 브라질의 리우에서 처음 논의를 시작한 이후, 2018년 10월 '기후변화에 관한 정부 간 협의체(IPCC)'가 구성되어 '탄소중립'에 관한 선언을 이끌어냈다. 기후변화와 생태계 위기의 원인이 화석연료의 사용으로 인한 이산화탄소 배출, 오존층 파괴, 오염 등에 있다는 진단에 따라 신재생, 바이오 에너지 개발이라는 방향으로 정책의 전환을 이루고자 하는 것이다. 기후변화에 따른 생태계의 위기는 첨단 과학기술의 발전과 친환경 에너지 개발을 통하여 문제를 해결하고자 하는 것이다.

자연 생태계의 위기 문제가 해결되는 것과 별개로 인류의 사회문화적 영역에서 국제적 관계에서 발생하는 여러 정치 외교적, 그리고 우크라이나 전쟁과 같은 군사적 문제와 사회문화적 인종적 민족적 문제는 고도의 과학기술의 발전과 개발로 해결될 수 있는 것이 아니다. 오히려 고도의 과학기술의 발전은 국가, 민족, 그리고 여러 다양한 계층 사이의 양극화를 심화시킬 수도 있다. 이러한 문제를 개선하기 위해서는 이윤추구를 목적으로 하는 자본주의와 개인의 자유와 권리를 강조하는 민주주의를 보완할 수 있는 사회주의 및 복지국가 이론 등의 이념을 재검토할 필요가 있다. 하지만 공정과 평등을 강조하는 이러한 이념들은 이미 어느 정도 현대 사회의 운영원리로 작용하고 있다.

이에 우리는 서양의 정치경제 사상을 넘어서 동서의 철학사상 가운데 미래사회를 이끌어 가기에 적합한 새로운 이념적 요소를 살펴볼 필요가 있다. 예컨대, 서양철학 가운데도 베르그손(Henri-Louis Bergson, 1859~1941)의 생의 철학이나 화이트헤드(Whitehead, Alfred North, 1861~1947)의 유기체 철학과 같은 생명의 약동과 자연과 인간의 전체적인 조화를 강조하는 철학사상이 있으며, 서양 정치사상 중에도 샌델(Michael J. Sandel, 1953~)과 같이 공동체주의를 강조하는 유파도 있다. 동양 사상 중에 유가철학은 기본적으로 공동체의 공공선을 강조하는 세계관을 가지고 있으며, 인간과 인간, 인간과 자연의 전체적인 균형과 조화를 강조하는 중용中庸 사상, 생명의 실현과 순환을 이상으로 삼는 『주역』 사상이 있다. 또 인위보다 자연무위의 보편적 도와 생명을 강조하는 노장老莊의 도가사상도 있다.

이러한 사상들을 기초로 자연과 인간을 포괄하여 인류의 표준적인 실천 원리를 정리하면 다음과 같이 말할 수 있다. 미래사회를 이끌어갈 수 있는 실천적 표준 또는 정언명제는 '인간과 자연의 균형과 조화를 목표로 생명의 온전한 지속을 가능하게 하도록 해야 한다'라고 해야 될 것이다. 자연과학의 지속적인 발전과 기술 개발을 통한 문명의 이기利器도 자연의 지속가능한 생명의 항상성을 유지하는 데 도움이 되는 방향으로 이루어져야 할 것이며, 사회문화적인 모든 규범과 윤리적 실천 준칙 또한 이러한 목표를 지향하도록 해야 할 것이다. 자연 생태계의 위기를 극복하는 문제와 사회문화적 불평등과 양극화, 경제적 비대칭을 개선하는 철학적 이념적 문제는 하나의 원리로 연결되어 있다고 할 수 있다. 환언하면, 자연 생태계의 위기를 해소할 수 있는 이념적 철학적 원리가 바로 사회문화적 문제를 개선하는 원리라는 것이다.

이번에 출간하는 『문명의 위기를 넘어』는 21세기 현재 인류가 경험하고 있는 기후변화와 코로나19 팬데믹이 발생하게 된 원인과 그 결과로 파생된 여러 사회문화적 현상, 자연생태계의 위기에 대한 대응, 사회문화적 갈등과 변화에 대한 인문학적 성찰과 미래지향적 개선 방향 등을 논의하고 있다. 이 저술은 강의를 계획할 때, 목표로 삼은 '재난인문학적 성찰을 통하여 코로나19 재난을 극복하는 방안 강구', '시민들의 시대적 화두(코로나19, 기후변화, 사회분열 등)에 대한 인문학적 고찰 및 식견 제고', 'AI시대에 온고지신溫故知新의 이념으로 인문학과 실용학의 융합적 안목 배양' 등을 잘 반영하고 있다. 이러한 취지에 부응하여 이 책은 첫째, 기후변화와 사회문화적 갈등을 분석하고 구체적 사례나 정책적 방안을 논하고, 둘째, 동서양 고금의 철학사상을 기초로 사회변화와 디지털 변화를 평가하면서 새로운 대안을 제시하고, 셋째, 기후변화와 코로나19 팬데믹의 위기에 대한 인문학적 대응으로 동양의 고전이나 지혜를 성찰하는 영역 등으로 구분하여 세 단계로 목차를 구성하였다.

먼저 제1부 '위기와 대응'에서 유승직은 기후변화의 원인을 제시하고 환경 친화적 생활방식 체험과 온실가스 감축의 실천과 같은 참여형 활동을 중심으로 그 대응 방책을 조명하였다. 김선웅은 통계 숫자로 한국의 현 상황을 분석하면서 기후변화와 코로나 시대에 지혜로운 삶을 선택하는 방법을 논의하였다. 한상민은 독일 베를린(Berlin) 사례를 통하여 지구적 기후변화에 대응한 기후 친화적 공동체를 향한 여정을 논의하고 유럽의 그린딜(European Green Deal)과 지속가능한 공동체를 향한 목표를 제시하였다.

이어서 제2부 '갈등과 성찰'에서 이종철은 그리스의 비극작가였던 소포클레스의 『안티고네』의 사례를 참조하여 한국사회가 지니고 있는 갈등과 이 갈등을 해소하는 방법에 관하여 논의하였다. 박정순은 마이클 월저(Michael Walzer)의 '복합평등'이란 개념의 그리스 철학적 기원을 탐색하면서 이것이 동서 문명을 관통하는 하나의 "궁극적 원리"라고 주장하였다. 이경구는 역사와 문화를 새롭게 이해하는 수단으로 인공지능과 빅데이터가 보편화되고 있는 현대 사회에 인문학이 어떤 방향으로 나아가야 할 것인가를 논의하였다.

제3부의 '변화와 지혜'에서 엄연석은 민주주의와 유학의 예악론禮樂論을 통하여 개인의 권리 및 자유와 공동체적 이상을 비교 시각적 견지에서 재검토함으로써 미래지향적 가치기준을 다시 성찰하는 주제를 다루었다. 김세정은 양명학의 천지만물일체론과 치양지설을 표준으로 기후변화 시대에 생태문명으로의 전환을 통하여 '돌봄'과 '공생'이라는 인문적 가치를 실현하는 방향에 대하여 논의하였다. 강중기는 현재 한국사회에 내재한 탈진실의 시대적 상황을 분석하고 이에 대한 유학의 인문적 대응을 통하여 한국 사회가 나아갈 방향에 대하여 조명하였다. 심혁

주는 티베트의 몇 가지 민간 고사를 소개함으로써 달라이 라마가 전해주는 지구를 지키는 근원적인 힘이 어떤 것인지에 대한 이야기를 논의하였다.

위의 제1부부터 제3부까지의 논의 가운데 제1부에서는 먼저 지구상의 기후변화와 코로나19 팬데믹이 발생하게 된 생태적·문명적 원인과 그 현황 또는 현상에 대한 사회과학적 통계적 사실적 분석과 그에 대한 정책적 대응 방안을 주로 논의하였다. 제2부에서는 서양정치사상으로서 민주주의와 자본주의가 현대의 지배적인 운영원리가 된 이후 나타난 사회문화적 갈등과 불평등, 불공정 같은 문제에 대한 철학적 기반을 성찰하면서 동시에 인공지능과 빅데이터 기반의 인문학이 어떤 방향으로 나아가야 하는가를 주로 논의하였다. 제3부에서는 주로 민주주의에 대한 재검토와 함께 동양 고전의 생명적 문화적 가치, 달라이 라마가 전하는 근원적인 힘을 중심으로 하여 미래 사회를 이끌어가는 가치기준의 정립 문제를 주로 논의하였다.

아무쪼록 본 저술이 기후변화와 코로나19의 재난 시대를 살아가는 일반 시민들이 지혜를 얻는 데 일조하기를 기대한다. 본 저술 발간을 위하여 특강과 함께 수정 보완한 옥고를 작성해 주신 여러 연구자들께 깊이 감사드린다. 본 저술을 발간하는 데 공동으로 특강 프로그램을 시행하도록 배려해 주신 한림과학원의 이경구 원장님께 감사드리고, 저술 출판 실무를 담당한 연구소의 서세영 연구원께도 감사드린다. 또한 책을 흔쾌히 출판해 주신 학자원 김병환 사장님께도 각별히 감사드린다.

2022년 3월<br>엄연석 嚴連錫<br>한림대 태동고전연구소 소장

| 차례 |

## 제2부 갈등과 성찰

## 제3부 변화와 지혜

제
1
부

# 위기와 대응

# 기후변화의 원인과 그 대응방책

유승직 숙명여자대학교 기후환경융합학과 교수

## 1. 인간과 환경의 관계

본 글에서는 기후변화가 야기하고 있는 문제를 구체화하고, 그것이 인간과 어떠한 관계를 맺고 있는지, 그리고 기후변화 문제를 해결하기 위해 어떠한 노력을 기울여야 하는지 등에 관하여 살펴보고자 한다. 우선 인간과 환경과의 관계를 살펴보면 〈그림 1〉과 같이 나타낼 수 있다. 이들 간의 관계는 결코 일방적이지 않은데, 이는 인간이 자연에 미치는 영향들이 다시 환경이라는 형태로 인간의 생존을 위협할 수 있기 때문이다. 뿐만 아니라 환경이 그 존재 자체만으로도 가치를 가진다는 것 또한 그것에 대해서 관심을 갖고 보호해야 하는 이유가 될 수 있다.

〈그림 1〉 인간과 환경의 관계

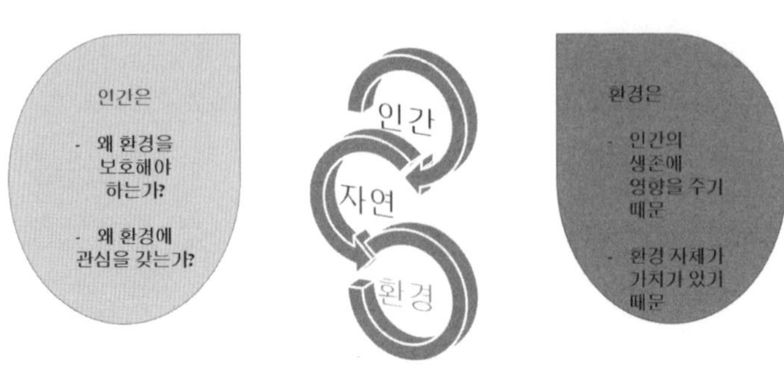


코로나 바이러스로 인한 전 세계적인 위기 이전에, 우리나라 국민의 주된 관심은 미세먼지 문제였다. 그러나 미세먼지 문제는 오늘날 새롭게 대두되고 있는 문제가 아니다. 인류는 이미 1952년 12월 초 런던 스모그를 겪으며, 이러한 대기오염 문제의 심각성을 체감한 바 있다. 이는 유독 추위가 극심했던 그해 런던에서 난방을 위해 석탄을 과도하게 사용하였기 때문에 발생한 것으로, 런던 스모그는 12월 4일부터 5일까지 약 이틀 정도에 걸쳐 심각한 상태가 지속되었고, 9일에 회복되었지만 그 영향으로 1952년 12월 말까지 12,000명이 사망하였다. 이러한 환경 재앙은 상당한 시간이 지나서야 해결되었는데, 대기오염 문제를 방지하기 위한 법이 1956년에야 만들어지고, 1960년이 되어서야 석탄 대신 천연가스 혹은 전기를 사용하여 난방을 하는 방식으로 바뀌었다.

우리가 여기서 주목해야 하는 것은, 사태의 심각성을 체감한 이후 재발을 방지할 만한 충분한 시간이 지났음에도 불구하고, 여전히 런던 스모그와 같은 문제에 직면하고 있다는 것이다. 전 세계, 특히 아시아 지역의 대기오염 문제에 관한 많은 기사 또는 인터넷의 정보를 찾아보면

서울뿐만 아니라 세계 여러 나라에서 아직도 런던 스모그와 같은 문제가 지속되고 있는 것을 알 수 있다. 왜 이러한 문제는 해결되지 못하고 있는 것인가?

이는 대기오염 문제에만 국한되는 것이 아니다. 1960년대 초반 우리나라에서는 머리의 이, 벼룩 등을 구제하기 위해 DDT를 사용하였는데, 1972년부터 DDT의 독성이 먹이사슬을 통해 생태계의 균형을 깨뜨리는 등의 문제가 지적되어 왔음에도 1980년대 중반이 되어서야 사용이 금지되었다. 또한 1984년에는 인도 보팔의 화학 공장(Unoin Carbide Corporation)에서 폭발 사고가 발생하여 공장에서 다루는 독극물이 공기를 통해 유출되면서 인근 지역 거주자 2천 명이 사망하였고, 60만 명의 부상자가 발생하였으며, 5만 명이 영구적으로 장애를 갖게 되었다.

미국의 허리케인은 최근 심각한 문제로 부상하고 있는데, 대표적으로 2012년 뉴욕 시내를 강타한 허리케인 '샌디'를 꼽을 수 있다. 이 자연재해로 인해 미국 내에서만 157명이 사망하였으며, 8개국에 걸쳐 총 223명이 사망하였고, 70만 명 이상의 이재민이 발생하였다. 2005년 미국의 뉴올리언스에 상륙한 허리케인 '카트리나'의 사례에서는 도시 자체를 침수시킬 정도의 피해가 발생하였다. 2021년 9월에는 허리케인 '아이다'로 인해 뉴욕시가 침수되었으며, 이는 사상초유의 사태로서 최소 32명의 사망자가 발생하였다. 이렇듯 내륙에까지 강력한 영향을 미칠 정도로 허리케인의 지속력은 강화되었으며, 이에 대한 원인으로 기후변화가 지적되고 있다.

결국 문제가 끊임없이 되풀이되는 이유는 이것이 인간의 삶을 유지하고 발전시키는 생산과 소비의 과정에서 발생하기 때문이다. 즉, 오염물질의 배출을 무작정 금지시킨다면 이를 수반하는 생산과 소비활동 역시 감소 또는 중단해야만 하는 것이다. 그러나 이렇게 생산과 소비에 관여된 부분만이 보호할 가치가 있는 것은 아니다.

지구온난화로 인해 해수의 이산화탄소 농도가 높아져 산성화되는 과정에서 발생하는 산호초의 백화현상을 그 예로 들 수 있다. 현지인들의 삶의 터전을 앗아가는 것뿐 아니라, 산호초 자체도 보호할 가치가 있다는 것 역시 문제가 되는 이유 중 하나이기 때문이다. 세계 최고봉인 에베레스트 산에 대한 보호 운동 또한 대부분의 사람에게는 에베레스트 산을 등정하려는 계획이 없음에도 불구하고 크게 지지받고 있다. 최근에는 플라스틱 빨대로 인해 고통 받는 바다거북의 사진이 언론, 인터넷 등을 통하여 유포되면서, 사회 전체적으로 플라스틱 문제가 크게 부상하였다. 이러한 사례들은 우리가 환경을 이용하는 데에 그치는 것이 아니라 그 존재 자체에도 가치를 부여하고 있음을 보여주고 있다. 따라서 다음 장에서는 환경을 보호해야 하는 이유를 구체적으로 살펴보며 환경에 대한 입장을 정리해 보고자 한다. 마지막으로 기후변화 문제를 중심으로 이러한 문제를 해결해야 하는 이유와 이를 위한 전 세계적인 노력, 그리고 앞으로 나아가야 할 방향을 살펴볼 것이다.

## 2. 환경 보호에 관한 접근

환경 인문학은 자연과 과학 혹은 인간과의 관계를 역사적으로 어떻게 볼 것인지, 그리고 앞으로 우리가 인간의 의사결정에서 자연을 어떻게 접목시킬 것인지에 대해 고민하는 학문이다. 즉, 이는 결국 자연을 인간의 행복을 증진시키기 위한 수단에 불과하다고 볼 것인지 혹은 자연 자체에 목적이 있다고 볼 것인지에 관한 연구이며, 이러한 연구를 통하여 자연 또는 환경을 왜 보호해야 하는지, 그리고 보호해야 한다면 어떻게 보호할 것인지를 고민한다는 것이다.

원시 수렵, 채취 사회에서 인간은 자연 순응적이었다. 그러나 농경생활로 인해 정착생활을 시작하면서부터 한정된 토지와 주거지 근처의 자연환경을 계속해서 이용하면서 생산성은 점차적으로 낮아질 수밖에 없었다. 인간은 이러한 문제를 비료, 종자개량, 영농방법 개선 등과 같은 기술개발을 통해 해결해왔다. 그렇게 생산성이 향상함에 따라 인구가 증가하였고, 이로 인해 다시 토지의 생산성을 증대시켜야 했으며, 기존의 터전을 반복해서 착취한 결과 환경 피해라는 개념이 발생하게 되었다.

산업혁명 이후 인간의 집중적인 자연 이용은 토지에 국한된 문제가 아니게 되었다. 산업혁명과 더불어 증기 기관이 발명되면서 화석연료가 본격적으로 이용되기 시작하였는데, 초기에는 석탄의 수요가 급증하였지만 20세기에 자동차가 발명되고, 플라스틱이라고 하는 화공법이 등장하면서 석유의 수요 역시 급격하게 증가하게 되었다. 이러한 화석연료는 연소과정에서 이산화탄소를 배출하며, 배출된 이산화탄소는 대기권에 잔존하면서 지구 온난화를 야기하게 된다. 문제는 이러한 석탄과 석유의 사용이 크게 증가해왔다는 것이며, 그 결과 지구온난화가 가속화되면서 기후변화로 인해 인간의 생존까지 위협받는 상황이 도래하였다는 것이다.

이러한 흐름 속에서 1973년 “Limit to Growth”라는 종말론이 대두되었다. 이는 에너지와 식량을 소비하고, 오염물질을 배출하는 현재의 추세를 유지하면서 인구가 계속적으로 증가한다면 어떤 문제 해결에 관한 시나리오를 적용하더라도 인간이 지속적으로 행복한 삶을 누릴 수 없다는 결론을 도출하고 있다. 물론 19세기에도 경제학자 토마스 멜서스가 종말론을 주장한 바 있다. 토지의 생산성은 제한적인 데 반해 인구가 빠른 속도로 증가한다면 식량 고갈 문제가 발생할 수밖에 없다는 것이다. 그러나 20세기에는 식량부족의 문제가 아니라, 오염물질로 인한 환경오염이 종말론의 단초를 제공하게 되었으며, 이에 대한 대안으로 1980년대부터 지속가능한 발전이 강조되기 시작하였다.

이처럼 환경 문제의 심각성이 꾸준히 부상해왔음에도 현재는 정치적 이념에 따라 심각성의 정도를 다르게 인식하고 있으며, 해결 방안에 대해서도 상이한 견해를 보이고 있다. 그러나 환경 문제에 대하여 처음부터 이데올로기적으로 접근하였던 것은 아니었다. 과거 초창기에는 보수적인 입장에서 환경에 대해 접근하였으며, 보수주의의 창시자인 에드몬드 버케(Edmond Burke)는 미래의 위험에 대한 예비적인 조치를 강조하였다. 따라서 초기 보수주의의 입장에서도 미래의 위험에 대한 예비적인 조치로서 21세기 말 기후변화 문제로 인해 인류가 받게 될 생존의 위협을 예방하는 것은, 즉 기후변화를 완화하기 위한 적극적인 온실가스의 감축은 중요한 과제임이 분명하다.

존 스튜어트 밀의 영향으로 다수의 행복을 위한 공리적 의사결정을 고려하게 되면서, 자연을 그 존재 자체보다는 사용 대상으로서 인식하려는 측면이 강해졌다. 한편, 사회주의는 인간과 자연은 동등한 권리가 있음에도 불구하고, 인간에 의해 자연이 착취되고 있다고 보았고, 착취당하는 대상인 자연을 보호해야 한다고 주장하였다. 이 때문에 환경 보호가 사회주의 이론에서 파생된 것이라는 그릇된 인식이 퍼지기도 하였지만, 초기의 보수주의나 사회주의나 목적과 접근방법은 다를지언정 환경에 대하여 보호할 만한 존재 가치가 있다고 인식한다는 점은 동일하였다.

그러나 현대에 와서는 정치적인 성향에 따라 환경 문제를 대하는 태도에 있어서 커다란 차이가 있다. 보수적인 성향을 보이는 사람의 경우, 과학적 사실로 확인되었음에도 불구하고 기후변화의 존재에 대하여 부정하거나 이러한 기후변화 문제를 해결해야 된다는 필요성에 공감을 표현하지 않는다. 반면에 진보적인 성향을 보이는 사람의 경우, 기후변화를 매우 심각한 문제로 인식하면서, 이를 완화하기 위한 온실가스 감축을 단순한 생산과 소비의 증가보다 우선순위에 놓는 등 자연보호와 환경개선에 높은 가치를 부여하고 있다.

위에서 살펴본 바와 같이 인류의 역사에서 농경사회로의 전환, 그리고 산업혁명은 자연에 대한 부담을 가중시켜 환경 문제를 야기하였다. 이러한 문제에 대한 인식은 여러 철학자, 사회과학자들에 의해서 공유되었으며, 문제 해결의 필요성도 강조되어 왔다. 자연 또는 환경을 인간의 행복 추구의 수단으로 인식하든지, 혹은 자연 자체의 가치를 인정하든지 자연보존, 환경보호는 인간의 존재와 마찬가지로 존중되고 추구해야 할 가치임이 분명하다. 즉, 환경 문제는 인류가 공통적으로 해결하여야 하는 과제인 것이다. 그러나 문제는 2050년만 되더라도 인구가 100억에 근접하게 됨에 따라 자연히 자원의 소비 또한 급격하게 증가하게 될 것이므로, 기후변화는 더욱 가속화될 것이란 점이다. 이에 기후변화 완화는 더욱 난항을 겪게 될 것으로 보인다. 다음 장에는 기후변화 문제에 대하여 구체적으로 살펴보도록 하겠다.

# 3. 기후변화의 위기

## 3.1 기후변화의 원인과 영향

기후변화는 인류가 생산 및 소비하는 과정에서 배출한 온실가스가 대기권에 누적되면서, 마치 비닐하우스처럼 태양열이 반사되는 것을 막아 지구의 온도를 높이는 데서 야기된다. 이러한 과정 끝에 인류가 감당할 수 없을 만큼의 재앙을 맞이하게 된다는 것이 기후변화로 인한 위기론인데, 이는 1856년 스웨덴 화학자 스반테 아르헤니우스(Svante August Arrhenius)로부터 최초로 정립되었다. 에너지 소비는 1850년부터 인구 증가와 함께 서서히 증가하였지만, 급격하게 증가한 것은 1950년대 이후부터라 볼 수 있다. 〈그림 2〉는 산업혁명 이후 인류의 대발명과 화석연료의 사용과의 관계를 나타내고 있다.

'기후변화에 관한 정부 간 협의체(IPCC)'에서 발간한 제5차 보고서에는 1750년부터 2011년까지 인류가 화석연료 연소 등을 통하여 배출한 이산화탄소의 누적배출량을 추정하였다. IPCC의 추정결과에 따르면 1970년에서 2011년까지 약 40년 동안 배출한 이산화탄소의 누적배출량이 1조 톤인데, 이는 과거 1750년에서 1970년까지 220년 동안 인류가 배출한 이산화탄소의 양과 동일한 수준이다. 이미 2011년에 2조 톤이 배출된 것을 고려한다면 향후 20~30년 이내로 1조 톤이 추가적으로 배출될 것임을 예상할 수 있다. 인류에게 피해가 가지 않을 정도의 이산화탄소 누적배출량은 3조 톤으로 추정되므로, 인류가 커다란 재앙에 직면하지 않기 위해서는 2030~40년 전후로 더 이상의 이산화탄소를 배출하지 않아야 하는 것이다.

〈그림 2〉 인류의 주요 발명과 에너지원별 소비 추이

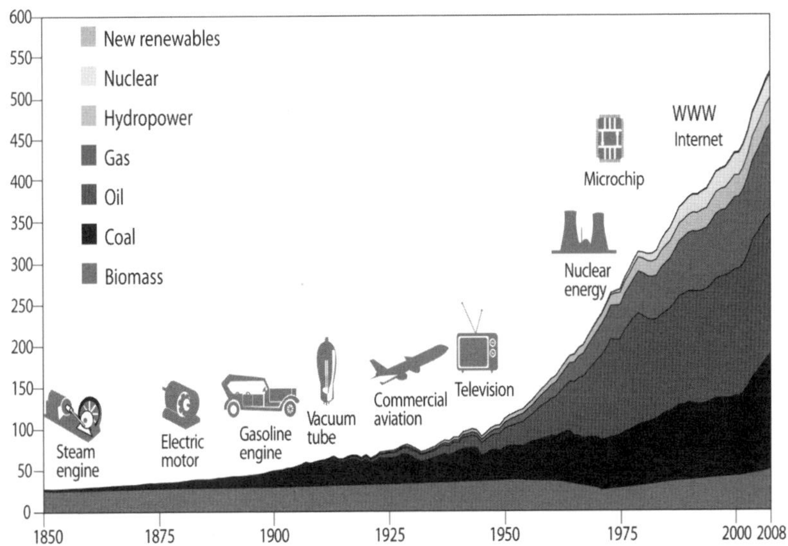


출처: IIASA, Global Energy Assessment 2012, www.globalenergyassessment.org Chapter 1, #9

현재와 같은 온실가스의 배출 추세가 앞으로도 지속된다면 산업혁명 이전보다 지구의 평균온도가 4~5℃도 정도 올라갈 것으로 예상하고 있다. 만약 그렇게 된다면 지구의 거의 대부분 지역에서 돌이킬 수 없는 피해가 발생할 것이므로, 인류의 생존을 장담할 수 없게 된다. 예를 들면 기후변화는 홍수 등으로 물을 조달할 수 있는 환경을 악화시키고, 폭풍, 해일 및 해수면 상승 등의 재해를 일으키고, 전기 및 수도의 공급이 중단되거나, 식량 공급 체계를 무너뜨려 빈곤층 문제를 심화시키고, 생태계를 파괴하여 생물 다양성을 훼손하는 등 인간이 상상할 수 있는 모든 피해를 발생시킬 수 있다.

기후변화로 인한 재해는 이미 발생하고 있다. 한 예로 2010년에 발표된 몽골 정부의 기후변화 영향에 관한 보고서를 참고해 볼 수 있다. 몽

골지역의 온도는 산업혁명 이후 2.1℃ 상승하였으며 그 결과 지난 30년간 1,166개의 호수와 887개의 강, 2,096개의 샘이 사라지게 되었다. 또한 식수 부족 때문에 터전을 잃고 도시로 올라온 사람들은 겨울을 나기 위해 쓰레기장에서 쓰레기가 썩으면서 내는 열에 의지하거나, 맨홀 지하에서 살아야만 하는 문제가 발생하였다.

아프리카 지역에서는 기후변화로 인한 사막화가 진행되어, 사막 경계 지역의 환경이 악화됨에 따라 새로운 터전을 찾아 남하한 부족과 기존 부족 간 영토 전쟁이 발발하였다. 이로 인해 수많은 인명이 희생되었고, 환경 난민이라 불리는 새로운 난민 문제가 발생하고 있다. 부족 간 갈등의 대표적 사례로 수단의 다르푸르 분쟁을 들 수 있는데, 이 분쟁으로 22만 명이 사망하였으며, 220만 명의 난민이 발생하였다. 이러한 부족 간의 갈등 문제는 기후변화가 진행됨에 따라 더욱 심화될 것으로 보인다.

또 다른 사례로는 시리아 내전을 들 수 있다. 벽에 낙서하는 어린아이를 경찰이 구타했던 사건은 촉매제일 뿐, 기후변화로 인해 1990년대부터 농촌에서 도시로의 이주가 증가한 것이 이주민과 기존 시민들 사이의 갈등을 고조시켜온 배경이었던 것이다. 이처럼 기후변화는 단순히 온도가 상승하는 것 이상으로 내전을 비롯하여 국가 간의 전쟁과 같은 대규모 갈등을 일으키는 원인을 제공하기도 한다.

### 3.2 기후변화 완화를 위한 노력

기후변화 문제는 1990년 IPCC에서 나온 보고서를 통해 본격적으로 논의되기 시작하였다. 〈그림 3〉은 국제 사회의 기후변화 문제 해결을 위한 협약 체결 등의 노력을 서술하고 있다. 기후변화 문제의 심각성에

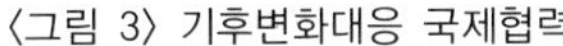

〈그림 3〉 기후변화대응 국제협력

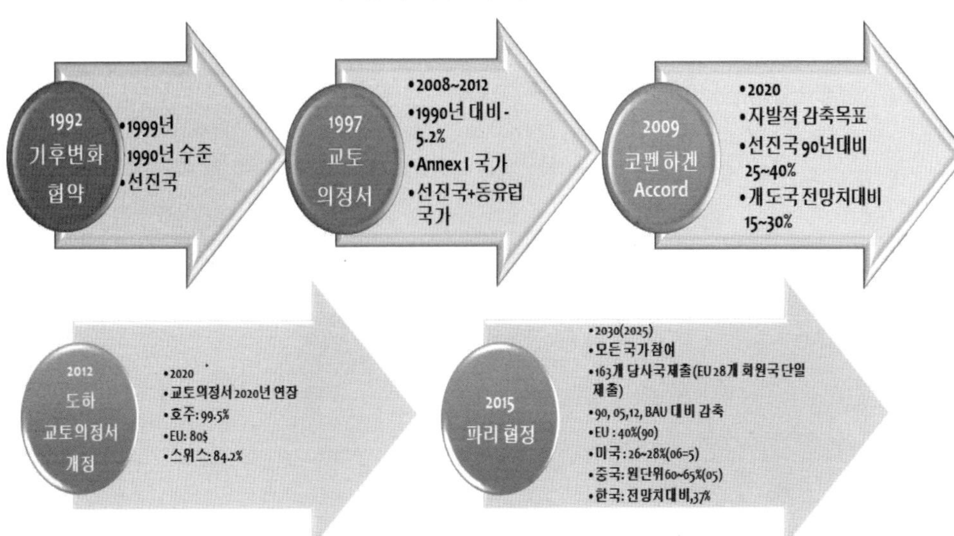


대한 국제 사회의 공감에 근거하여 1992년 선진국 중심의 온실가스 감축을 목표로 정한 기후변화협약이 탄생하였고, 이를 발전시킨 교토의정서가 1997년 채택되었다. 2009년 코펜하겐에서 선진국뿐만이 아니라 개발도상국도 온실가스 감축에 이바지해야 한다는 주장이 등장하였으며, 2015년 파리협정을 통해 국가별 차별성을 인정하되, 온실가스 감축목표를 설정하고 이를 이행하는 데 함께해야 한다는 합의를 도출하였다. 이러한 진전은 바람직한 성과지만, 현재 수준의 전 지구적인 노력으로는 기후변화의 문제를 해결하기 어렵다.

〈그림 4〉는 2015년 파리협정에 따라 제출된 국가별 온실가스 감축목표가 100% 이행된다고 가정할 경우, 지구의 온도를 1.5℃ 또는 2℃ 이내로 억제하는 것이 가능한가에 대한 평가내용이다.

〈그림 4〉 파리협정 목표 이행과 전 지구 온도 상승 억제 목표

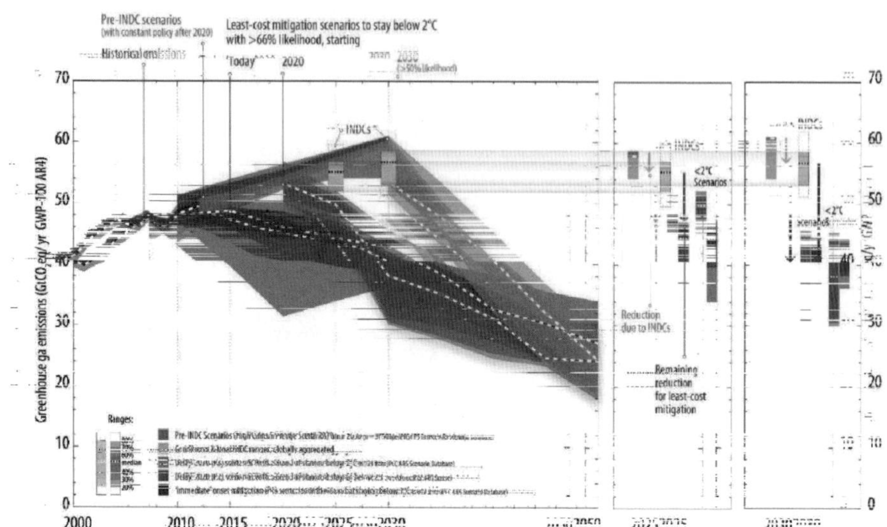


출처: UNFCCC(2015), Synthesis report on the aggregate effect of the intended nationally determined contributions

본 평가 보고서에 의하면 2015년에 제출된 국가별 온실가스 감축목표치의 100%를 달성한다고 해도 2030년까지는 온실가스 배출량이 증가할 것으로 추정되었다. 만약 지구의 평균 온도를 산업혁명 이전 대비 2℃ 이내로 억제하기 위해서는 2020년부터 전 세계 온실가스 배출량이 절대적으로 감소해야 하지만, 현재의 추세로는 2030년까지 온실가스 배출량이 증가할 것으로 예상되기 때문에 지구 온도를 억제하는 것은 1.5℃는 고사하고 2℃ 이내 수준으로 달성하기 어려울 것으로 판단되고 있다.

〈그림 5〉는 1990년을 기준으로 유럽연합의 경제성장과 온실가스 배출량의 상대적 변화, 그리고 2050년까지의 온실가스 감축목표를 제시

하고 있다. 1990년의 유럽연합 전체의 온실가스 배출량과 국내총생산(GDP)을 100으로 상정하여 2008년부터 2012년까지의 상대적 연평균 배출량과 GDP를 비교하면, 유럽 연합의 경제 규모는 약 150% 성장하였지만, 동기간 온실가스 배출량은 80% 수준으로 하락하였다. 이러한 현상은 유럽연합뿐만 아니라, 미국, 일본 등 선진국에서 공통적으로 나타나고 있다. 이것은 경제가 지속적으로 성장하더라도 온실가스 배출량은 감소하는 즉, 생산과 온실가스 배출량과의 관계가 양陽의 관계에서 음陰의 관계로 변화하는 것이 가능하다는 것을 의미한다.

〈그림 5〉 파리협정과 유럽연합의 2050년까지의 감축목표

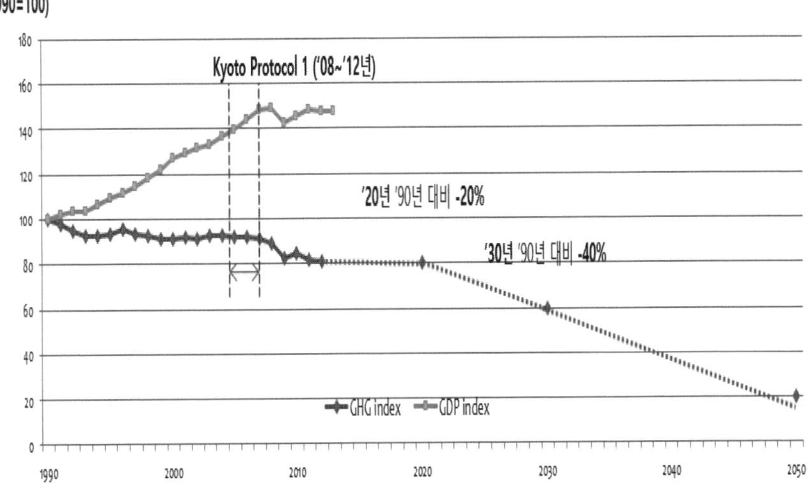


이러한 온실가스 배출량과 경제성장과의 관계가 현재의 추세를 유지하는 경우, 2050년 또는 2060년에는 온실가스 배출량이 "0"에 가까워질 수 있다. 유럽연합을 비롯한 선진국들은 2020년에 2050년까지 온실

가스 배출량을 "0"으로 하는 탄소 중립(Carbon neutral) 또는 넷제로(Net zero) 목표를 발표하였다. 우리나라도 2020년 10월에 2050년까지 국가 온실가스 배출량을 "0"으로 만들겠다는 저탄소발전전략(Low Carbon Emission Development Strategy)을 유엔기후변화사무국에 제출하였다.

유럽연합은 2050년 탄소중립을 실천하기 위하여 최근 2030년 온실가스 배출량을 1990년 배출량 대비 55% 감축하고 2050년까지 배출량을 "0"으로 만들겠다는 목표를 제출하였다. 이러한 온실가스 감축목표는 앞서 살펴본 바와 같이 현재와 같은 경제성장과 온실가스 배출량과의 관계가 계속된다면 현실적으로 실현가능한 수준이다.

## 4. 우리나라의 온실가스 감축 노력

우리나라의 온실가스 배출량과 경제성장률과의 관계를 살펴보면 〈그림 6〉과 같다. 우리나라의 경우 경제성장률과 온실가스 배출량 증가율의 관계는 3단계 기간으로 나누어 살펴볼 수 있다. 1990년부터 1997~1998년 동아시아 금융위기 전까지는 온실가스 배출량 증가율이 경제성장률보다 훨씬 높았다.

하지만 2000년부터 IT산업이 크게 발전하면서 경제성장률과 온실가스 배출량 증가율 간의 괴리가 발생하였고, 2000년 이후 2010년까지 우리나라의 경제성장률은 5~6%를 유지하였으나 온실가스 배출량 증가율은 2~3%로 낮아졌다.

〈그림 6〉 우리나라의 경제성장률과 온실가스 배출량 증가율 추이(1990~2019)

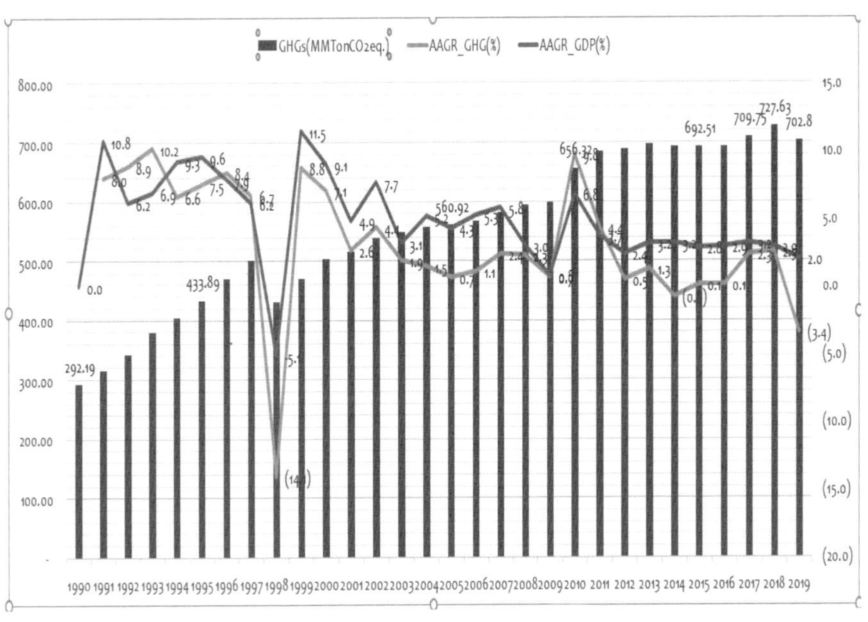


2010년 이후에는 경제성장률과 온실가스 배출량 증가율 간의 괴리가 더욱 커지는 현상을 보였다. 2010년 이후 우리나라 경제는 선진국형 경제로 전환되면서 연평균 경제성장률이 2~3%로 낮아진 것에 반해 2010년 이후 2019년까지의 기간 동안 온실가스 배출량 증가율은 0~1%대를 기록하였다. 특히 2014년 이후에는 2018년 폭염과 혹한으로 인하여 일시적으로 온실가스 배출량이 급증한 것을 제외하면 온실가스 배출량의 변화는 거의 없다고 볼 수 있다. 따라서 우리나라도 적극적으로 온실가스 감축에 관심을 두고 정책을 마련한다면, 경제성장과 상충하지 않으면서도 온실가스 감축목표를 이행할 수 있다.

우리나라는 2009년 처음으로 2020년까지 온실가스 배출량을 전망치 대비 30% 감축하겠다는 국가온실가스 감축목표를 국제사회에 발표하였다. 이러한 국가온실가스 감축목표는 〈그림 7〉과 같이 현재뿐만 아니라 미래에 적용이 가능한 것으로 예상되는 온실가스 감축목표, 그리고 정책과 수단을 반영하여 설정된다.

현재 또는 미래에 온실가스 감축을 위하여 적용이 가능한 온실가스 감축수단을 발전, 산업, 건물, 수송, 폐기물, 그리고 농축산 각 분야에 적용하는 데 소요되는 비용(온실가스 감축에 따른 에너지 절약 등을 통한 비용 절감효과 차감)과 온실가스 감축량을 수단별로 산정하여 국가적으로 감당할 수 있는 온실가스 감축비용 수준을 선택하고, 이에 상응하는 온실가스 감축량을 산정하여 국가온실가스 감축목표를 설정하는 것이다.

〈그림 7〉 국가온실가스 감축 잠재량과 감축비용

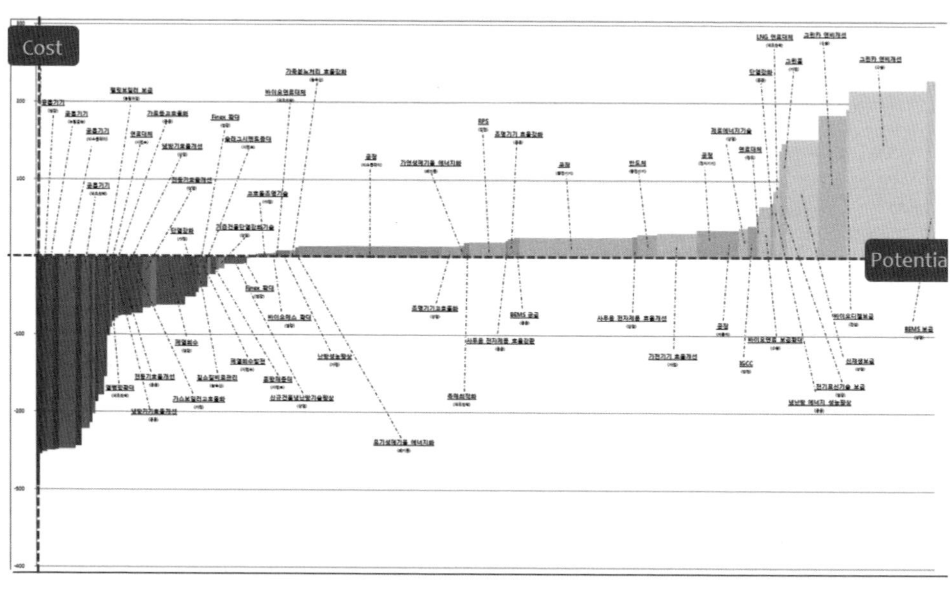

〈그림 8〉은 2009년, 2016년, 그리고 2018년에 발표한 2020년과 2030년의 국가온실가스 감축목표이다. 2009년에 발표한 2020년의 국가온실가스 감축목표는 2020년 현재수준의 온실가스 감축노력이 지속될 때 예상되는 온실가스 배출량 대비 30%를 감축하는 것이다. 2009년 국가 온실가스 배출량 감축목표를 설정할 당시 전망한 2020년의 온실가스 배출량은 776백만 톤 CO2e으로서 여기서 30%를 감축하여 2020년 국가온실가스 배출량을 543백만 톤으로 낮춘다는 목표가 2009년 설정한 국가온실가스 감축목표이다.

〈그림 8〉 국가온실가스 감축목표

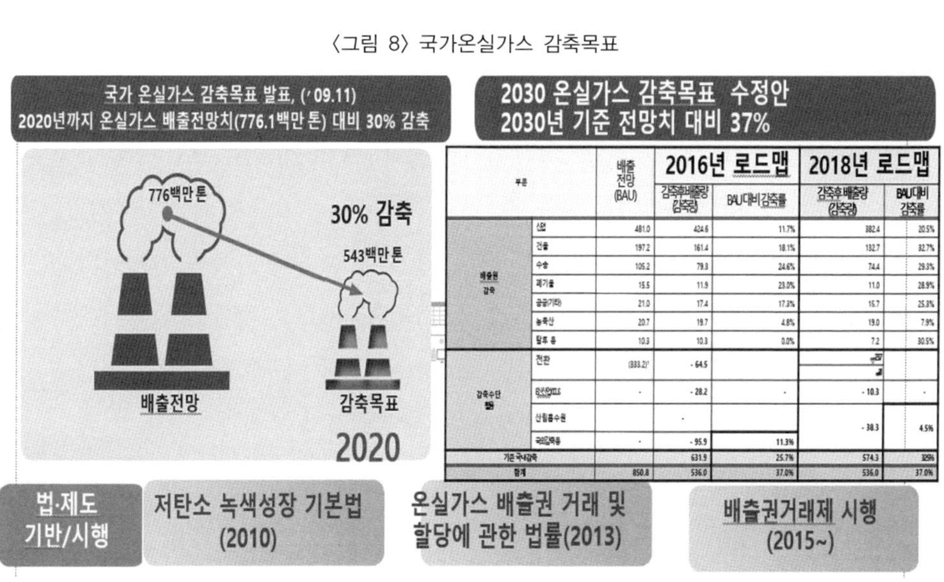


| 부문 | | 배출전망(BAU) | 2016년 로드맵 감축후배출량(감축량) | 2016년 로드맵 BAU대비 감축률 | 2018년 로드맵 감축후배출량(감축량) | 2018년 로드맵 BAU대비 감축률 |
|---|---|---|---|---|---|---|
| 배출원 감축 | 산업 | 481.0 | 424.6 | 11.7% | 382.4 | 20.5% |
| | 건물 | 197.2 | 161.4 | 18.1% | 132.7 | 32.7% |
| | 수송 | 105.2 | 79.3 | 24.6% | 74.4 | 29.3% |
| | 폐기물 | 15.5 | 11.9 | 23.0% | 11.0 | 28.9% |
| | 공공(기타) | 21.0 | 17.4 | 17.3% | 15.7 | 25.3% |
| | 농축산 | 20.7 | 19.7 | 4.8% | 19.0 | 7.9% |
| | 탈루 등 | 10.3 | 10.3 | 0.0% | 7.2 | 30.5% |
| 감축수단 활용 | 전환 | (333.2)¹ | - 64.5 | | [illegible] | |
| | [illegible] | - | - 28.2 | - | - 10.3 | - |
| | 산림흡수원 | | - | | - 38.3 | 4.5% |
| | 국외감축 등 | - | - 95.9 | 11.3% | | |
| 기존 국내감축 | | | 631.9 | 25.7% | 574.3 | 32.5% |
| 합계 | | 850.8 | 536.0 | 37.0% | 536.0 | 37.0% |

2009년에 2020년 국가온실가스 감축목표를 설정한 이후, 우리나라 정부는 이러한 목표 이행을 위하여 2010년 저탄소 녹색성장 기본법을 제정하여 녹색성장위원회, 온실가스종합정보센터, 그리고 녹색성장기

본계획의 수립 등 전 국가적인 온실가스 감축체계를 구축하였다. 그리고 이러한 온실가스 감축목표를 실질적으로 이행하기 위한 강력한 정책으로 일정 규모 이상의 온실가스 배출 사업장 또는 업체에 대하여 온실가스 배출량을 할당하는 온실가스 배출권 거래제에 관한 법을 2012년 국회에서 통과시켜 2013년 시행령을 발표하였으며, 2015년부터 배출권 거래제를 실제로 시행하였다.

2015년에는 파리협정 체제 도입을 위한 전 세계의 노력에 부응하여 2030년까지의 국가 온실가스 감축목표를 설정, 발표하였다. 2015년 6월에 발표하고 파리협정 체결 이후인 2016년 확정한 2030년의 국가 온실가스 감축목표는 2030년 배출량 전망치인 851백만 톤 CO2e 대비 37%를 감축하는 것이었다. 하지만 해당 목표에서는 국내 온실가스 감축량과 해외 온실가스 감축량을 구분하였고, 국내 온실가스 감축목표를 전망치 대비 25.7% 감축하는 것으로 설정하여 2009년 발표한 2020년 기준 감축 후 배출량인 543백만 톤 CO2e보다 높은 수준으로 2030년의 국내 온실가스 배출량을 설정하였다. 2017년 새로운 정부가 들어서게 되면서 보다 적극적으로 온실가스 감축목표를 설정하였는데, 우선 2030년 기준으로 전망치 대비 37%를 줄이는 국가 온실가스 배출량 목표 중 국내에서 감축하는 목표 수준을 전망치 대비 25.7%에서 32.5% 수준으로 높인 새로운 국가 온실가스 감축목표를 설정하였다.

그리고 이러한 국가 온실가스 감축목표도 파리협정에서 권고하고 있는 바와 같이 선진국형 감축목표 설정 방식인 기준연도의 배출량을 기준으로 목표를 설정하는 방식으로 전환하였다. 그리하여 2018년 발표한 국가 온실가스 감축목표는 2030년 배출량 전망치 대비 37%를 감축하는 상대적 목표 방식 대신에 2017년 배출량 대비 24.4%를 감축하는 절대량 목표 방식으로 전환되었다.

2010년 10월 우리나라가 국제사회의 기후위기 극복을 위한 노력에 동참하려는 의지로서 2050년까지 탄소 중립을 이행하겠다는 목표를 발표하면서 2021년 말까지 2030년의 국가 온실가스 감축목표를 상향 조정하겠다는 계획도 함께 발표하였다. 이러한 국제사회에 대한 약속의 일환으로 우리나라는 최근 2030년의 국가온실가스 배출량을 2018년 배출량 대비 40%를 감축하겠다는 매우 야심찬 목표를 발표하였다. 다음 장에서는 이렇게 설정된 국가 온실가스 감축목표를 이행하기 위한 대안에 대하여 살펴보도록 하겠다.

## 5. 기후위기의 대응 방안

온실가스 감축이 불가능하다고 주장하는 측에서는 화석연료, 특히 석탄의 가격 경쟁력을 근거로 들고 있다. 특히 우리나라와 같이 국내총생산(GDP)에서 수출이 차지하는 비중이 높은 국가에서는 수출의 가격경쟁력이 매우 중요한 것으로 간주되고 있다. 따라서 기업의 생산 비용의 일부를 차지하는 전력 요금과 같은 에너지 비용을 낮추는 것이 수출경쟁력 유지에 기여한다는 고정관념이 형성되어 있다. 하지만 우리나라의 수출품 중 상위 제품들의 상당수는 더 이상 가격경쟁력에만 의존하기보다 제품의 질적 우위에 근거하여 수출경쟁력을 확보하고 있다. 또한, 기업의 전체 비용 중 에너지 비용이 차지하는 비중은 에너지 다소비 산업을 제외하고는 대부분 5%에 훨씬 미치지 못하는 수준이다.

무엇보다도 온실가스 감축에 있어서 중요한 역할이 기대되는 신재생에너지의 가격경쟁력이 2010년 이후 급격히 높아지고 있다는 것 또한 석탄과 같은 화석연료만이 낮은 비용으로 전력과 열을 공급할 수 있다는 논거를 빈약하게 만들고 있다. 이는 2008~2009년 전 세계적인 금융위기로 인한 경제침체를 극복하기 위하여 선진국, 특히 유럽 국가들이 녹색성장, 녹색경제 구축을 위해 대규모로 투자해왔기 때문이며, 그 결과 2010년 이후 태양광, 육상풍력과 같은 대표적인 재생에너지를 이용한 발전단가는 급격히 하락하였다.

국제재생에너지기구(International Renewable Energy Agency, IRENA)의 최근 보고서에 의하면, 〈그림 9〉와 같이 2010년부터 2020년까지 태양광의 발전단가(US$/KWh)가 $0.380에서 $0.057로 85% 하락하였고, 앞으로도 지속적인 하락이 예상되고 있다. 그 결과 현재 태양광 발전시설은 석탄이나 천연가스 발전보다도 비용 면에서 훨씬 우월한 상황이다. 신재생에너지도 기술개발과 함께 보급이 증가하여 규모의 경제가 실현되고 있어 이미 석탄 또는 천연가스 발전에 비하여 높은 가격경쟁력을 확보하고 있다. 따라서 재생에너지 공급에 따른 기술적 문제만 해결된다면 재생에너지로 화석연료 발전의 대부분을 대체하는 것이 불가능한 것은 아니다. 다시 말해서 재생에너지를 이용한 전기생산으로 석탄, 천연가스와 같은 화석연료에 의한 전기생산을 대체하는 것의 가능성은 더 이상 가격경쟁력의 문제가 아니라 기술적인 문제인 것이다. 이러한 기술적인 문제도 다양한 방법으로 해결책이 모색되고 있으므로 이를 해결하는 것 역시 시간의 문제일 뿐이다.

〈그림 9〉 재생에너지 발전단가 추이와 전망

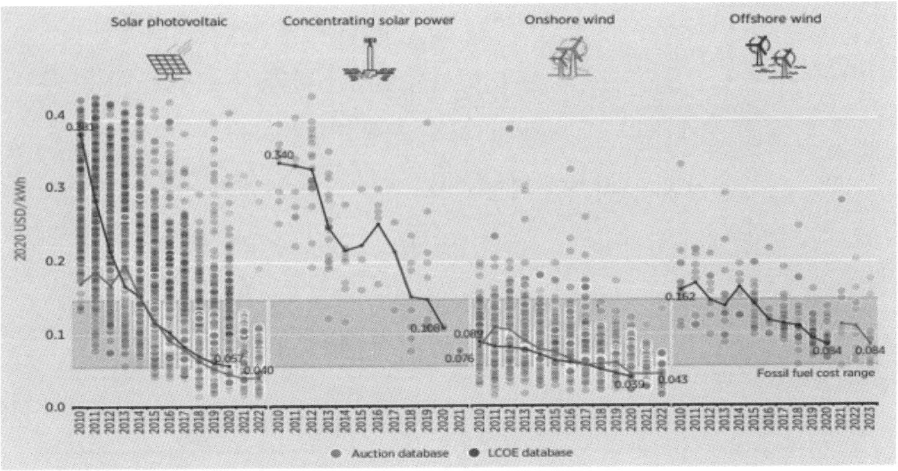

출처: IRENA(2021), Renewable power generation cost 2020

우리나라도 국가계획으로 2030년까지 전체 발전되는 전력 중 20%를 재생에너지를 이용하여 생산하겠다는 계획을 발표하였다. 현재 원자력 발전소 10개 수준의 규모인 15.1GW의 재생에너지 발전 용량을 2030년까지 63.8GW 규모로 확대한다는 것이다. 이를 위하여 주택, 건물, 그리고 농가 등에 자가용 설비를 설치하고 협동조합 형태의 소규모 발전사업, 그리고 대규모 재생에너지 발전시설을 구축하고자 한다. 그리고 재생에너지 발전 설비의 구성에 있어서도 태양광 발전 설비의 비중을 2030년을 기준으로 57%, 그리고 해상풍력을 포함한 풍력발전의 비중을 28%로 하는 목표치를 제시하고 있다.

하지만 이러한 재생에너지 비중은 우리나라와 같이 2050년까지 탄소중립을 실현하겠다고 선언한 유럽국가에 비해서는 상당히 낮은 수준이다. 유럽의 주요 국가들은 2020년을 기준으로 전체 발전량의 20%를 재생에너지로 충당하겠다는 목표를 조기 달성하였다. 〈표 1〉은 EU 28개국의 2006년부터 2015년까지의 전력소비량에 있어서 재생에너지가 차지하는 비중을 나타내고 있다. 앞에서 설명한 바와 같이 2006년에는 유럽연합 28개 국가의 재생에너지가 전력소비량에서 차지하는 비중은 15% 수준이었다. 하지만 재생에너지 비중은 2010년 약 20%에 도달한 이후 급격히 증가하여 2015년 약 29%에 도달하였다.

〈표 1〉 EU 28개국의 전력소비량 중 재생에너지 비중 변화

| | 2006년 | | 2010년 | | 2015년 | |
|---|---|---|---|---|---|---|
| | 전력소비 (TWh) | 재생E (%) | 전력소비 (TWh) | 재생E (%) | 전력소비 (TWh) | 재생E (%) |
| EU28 | 2,835.2 | 15.4 | 2,840.3 | 19.7 | 2,742.5 | 28.8 |
| 벨기에 | 82.8 | 3.1 | 83.4 | 7.1 | 82.5 | 15.4 |
| 불가리아 | 26.9 | 9.3 | 27.2 | 12.7 | 28.3 | 19.1 |
| 체코 | 57.0 | 4 | 56.2 | 7.5 | 56.8 | 14.1 |
| 덴마크 | 33.8 | 24 | 32.1 | 32.7 | 30.7 | 51.3 |
| 독일 | 528.0 | 11.8 | 532.4 | 18.1 | 514.7 | 30.7 |
| 에스토니아 | 6.5 | 1.5 | 6.9 | 10.4 | 6.9 | 15.1 |
| 아일랜드 | 25.1 | 8.7 | 25.3 | 14.6 | 25.5 | 25.2 |
| 그리스 | 52.4 | 8.9 | 53.1 | 12.3 | 50.8 | 22.1 |
| 스페인 | 246.1 | 20 | 245.4 | 29.8 | 232.1 | 36.9 |
| 프랑스 | 427.0 | 14.1 | 443.7 | 14.8 | 421.6 | 18.8 |
| 크로아티아 | 15.1 | 35 | 15.9 | 37.6 | 15.3 | 45.4 |
| 이탈리아 | 308.8 | 15.9 | 299.3 | 20.1 | 287.5 | 33.5 |
| 키프로스 | 4.2 | 0 | 4.9 | 1.4 | 4.1 | 8.4 |
| 라트비아 | 6.1 | 40.4 | 6.2 | 42.1 | 6.5 | 52.2 |
| 리투아니아 | 8.4 | 4 | 8.3 | 7.4 | 9.3 | 15.5 |
| 룩셈부르크 | 6.6 | 3.2 | 6.6 | 3.8 | 6.2 | 6.2 |
| 헝가리 | 33.2 | 3.5 | 34.2 | 7.1 | 37.0 | 7.3 |
| 몰타 | 1.9 | 0 | 1.8 | 0 | 2.1 | 4.2 |
| 네덜란드 | 106.6 | 6.5 | 107.4 | 9.6 | 103.6 | 11.1 |
| 오스트리아 | 60.3 | 62.2 | 60.3 | 65.7 | 60.8 | 70.3 |
| 폴란드 | 110.6 | 3 | 118.7 | 6.6 | 127.8 | 13.4 |
| 포르투갈 | 47.8 | 29.3 | 49.9 | 40.7 | 45.8 | 52.6 |
| 루마니아 | 41.0 | 28.1 | 41.5 | 30.4 | 43.1 | 43.2 |
| 슬로베니아 | 13.2 | 28.2 | 11.9 | 32.2 | 12.8 | 32.7 |
| 슬로바키아 | 23.7 | 16.6 | 24.1 | 17.8 | 24.4 | 22.7 |
| 핀란드 | 86.0 | 26.4 | 83.4 | 27.7 | 78.4 | 32.5 |
| 스웨덴 | 130.8 | 51.8 | 131.2 | 56 | 124.9 | 65.8 |
| 영국 | 345.4 | 4.5 | 329.0 | 7.4 | 302.9 | 22.4 |

출처: 에너지경제연구원, 세계에너지현안인사이트, 2017.11.6 p.7

유럽연합 전체적으로 2015년에 30%에 가까운 실적을 보이고 있는 것에 비교하면 우리나라가 2030년 전체 발전량의 20%를 신재생에너지로 충당하겠다는 목표는 매우 낮은 수준임을 알 수 있다. 물론 재생에너지를 이용한 전력생산이 기존 발전설비의 처리문제, 재생에너지 보급 확대에 따른 전력 공급의 안정성, 주민 수용성 등 다양한 측면에서 유럽연합 국가들과는 차이가 있다는 것을 고려하더라도 우리나라의 재생에너지 보급목표는 낮은 수준인 것이다. 앞에서 언급한 바와 같이 2050년까지 유럽연합국가와 동일하게 탄소중립을 실현하기 위해서는 소비하는 화석에너지의 대부분을 전력으로 대체하고 이러한 전력을 재생에너지로 생산 공급하는 것이 필수적이다. 따라서 우리나라는 2030년 전체 전력생산량의 20%를 재생에너지로부터 생산하겠다는 목표를 달성한 이후, 전력생산량의 대부분을 재생에너지로부터 생산하기 위해 체제를 급속도로 전환시켜야만 한다.

그러나 대부분의 에너지 사용을 전력 사용으로 대체하는 것을 비롯하여 전력생산 중 재생에너지의 비중을 급격하게 증가시키는 것만으로는 기후변화를 극복하는 데 충분하지 않다. 이보다 에너지 소비를 최소한으로 줄이기 위한 시민들의 에너지 소비 행동변화, 혁신적 기술개발을 통한 에너지 소비기기의 에너지 효율 극대화 등이 동시에 추진되어야 한다. 예를 들어 가정에서 사용하는 조명 제품으로 LED 조명을 사용하는 경우 백열전구보다 85%의 전기를 절약할 수 있으므로 이를 대체하기 위한 다양한 정책이 도입되어야 한다. 에너지 소비 기준 설정, 고효율기기 사용 의무화, 고효율기기의 기술 및 연구개발(R&D) 지원뿐만 아니라 탄소세, 배출권거래제와 같은 경제적 정책 수단을 조속히 도입하거나 강화하여야 한다.

즉, 석탄처럼 온실가스뿐만 아니라 대기오염물질을 많이 배출하는 연료에 대하여 환경세와 탄소세를 부과하거나, 가정, 직장, 그리고 차량 등에 사용하는 전기, 연료 등에 대하여 탄소세를 부과하여 건물의 에너지 소비를 줄이고, 건축 시 에너지 저소비형 구조로 설계, 건축하도록 하여야 할 것이다. 이러한 가격 정책을 통하여 생산자들이 에너지 효율이 높은 가전기기만을 생산하고 소비자도 고효율 기기만 구매하도록 유도한다거나, 최근 수요가 급격히 증가하고 있는 전기 또는 수소자동차의 보급을 가속화시킬 필요가 있다.

마지막으로 1992년 전 세계 국가 대부분이 동참한 유엔기후변화협약이 채택되고 발효된 이후, 온실가스 감축을 위한 노력이 지속되어 왔음에도 불구하고 세계는 2019년, 2020년에 거쳐 광범위한 자연재해를 겪었다. 러시아의 경우 겨울에 영하 40~50℃까지 내려가는 지역임에도 2021년 여름의 온도가 영상 38℃까지 상승한 이상기후가 나타났다. 호주에서는 산불로 한반도 면적의 85%에 달하는 지역이 피해를 보았다. 일본은 태풍의 영향을 크게 받았으며, 중국 역시 홍수로 인해 과거에 경험하지 못한 수준의 피해를 보았다.

산업혁명 이후 급격하게 증가한 온실가스 배출에 따른 기후변화의 문제가 더는 21C 말에 예상되는 문제가 아니라 미래세대뿐만 아니라 현세대에게도 커다란 피해를 가져다줄 수 있을 만큼 긴급한 문제가 되었으며, 이는 기후변화가 아니라 기후위기를 논해야 할 수준으로 부상하였음을 시사하는 것이다. 이러한 문제의식 속에서 2021년 현재 130개 이상의 국가들이 탄소중립을 장기적인 목표로 설정하는 데 동참하였으며, 중국 역시 2060년까지 탄소중립을 실천하겠다고 선언하였다. 그러나 현재 온실가스 배출이 가장 많은 중국을 향후 10년 이내에 추월하여 가장 많은 온실가스를 배출할 것으로 예상되는 인도 등의 나라에서 경제 성장이 여전히 진행 중이고 앞으로도 일정 기간 경제 성장 속도를 가속화하여야 하기 때문에 전 지구적인 Net-Zero를 실현하기 위해서는 선진국형 나라들이 더 큰 노력을 기울여야 한다. 우리나라도 이제 선진국으로서의 역할과 책임을 충실히 이행하여야 국제사회에서 우리나라의 위치에 상응하는 국격을 유지할 수 있을 것이다.

2019년 발생한 코로나로 인하여 2020~2021년 전 세계적인 경기 침체를 극복하기 위하여 많은 국가들이 그린 뉴딜(Green New Deal) 정책을 선언하고 이를 실천하고 있다. 주지하다시피 뉴딜(New Deal) 정책은 1930년 대공황 시기 미국 경제를 살리기 위한 정책으로 도로, 항만, 수로 건설 등 사회기반에 대한 대규모 투자를 진행하였다. 미국은 뉴딜 정책을 통하여 한편으로는 고용을 창출하고 경기를 활성화시키며, 다른 한편으로는 새로운 도약을 위해 경제사회의 구조를 변화시키는 장기적인 기반을 제공하였다.

2008~2009년 전 세계 금융위기 극복과정에서 발표된 녹색성장에 이어 2020년 발표된 그린 뉴딜은 코로나로 인한 전 세계적인 경제 위기를 극복하는 과정에서 에너지 공급 체제 자체를 온실가스를 배출하지 않는 구조로 전환한다는 정책이다. 유럽연합의 경우 모든 에너지원을 재생에너지로 대체하고, 무엇보다도 에너지 효율을 개선할 예정이다. 바이든 미국 대통령 또한 선거 공약으로 2050년까지 모든 에너지를 청정에너지로 대체할 것이며, 이미 진행되고 있는 기후변화의 피해를 최소화하기 위해 인프라 등을 개선할 것임을 내세운 바 있다.

영국의 경우에도 2008년 금융위기 때 경기 부양책으로 그린 뉴딜을 발표하였고, 이를 보다 강화시킨 방안을 2019년에 발표하였다. 중국의 시진핑 주석은 2060년까지 Net-Zero를 실현할 것이며, 전 세계 전기자동차의 50%를 중국에서 보급하겠다는 포부를 밝혔다. 여러 흐름 속에서 그린 뉴딜은 기후변화에 대한 대응뿐 아니라 새로운 시스템으로 주목받고 있으므로, 이러한 신시장에 편입하는 것은 미래 경쟁력을 좌우할 수 있는 중요한 과제가 될 것이다.

이상에서 살펴본 바와 같이 현재의 기후위기에 대한 대응은 한편으로는 환경재앙으로부터 인류의 생존을 확보하려는 노력이자 다른 한편으로는 새로운 경제체제, 에너지 공급체제를 구축하는 근본적인 변화가 이루어지는 과정이다. 이러한 변화의 흐름에 자발적, 선도적으로 참여하지 못하면 새로운 경제체제에서 도태될 수밖에 없으므로 기후위기 대응은 새로운 경제체제에 대한 적응과정이라 볼 수 있다. 즉, 기후위기의 대응에 낙오하는 경우 환경재앙 또는 경제재앙으로 많은 고통을 받게 될 것이다. 따라서 기후변화의 문제를 단순한 환경 문제로 인식하고 이에 대하여 이념적으로 양분된 접근을 취하는 것은 더는 현명한 선택이 아니다. 보수와 진보 구분 없이 기후위기의 심각성을 정확히 인식하여 일관성 있는 정책을 시행해야 하며, 무엇보다 온실가스 감축의 실질적인 주체는 시민이라는 인식하에 시민들의 온실가스 감축에 대한 동의와 적극적인 참여가 필요할 것이다.

기후변화 문제에 대응하기 위해서는 국민적인 동의가 필요하므로, 이를 위한 인식과 생활양식의 개선이 동반되어야 한다. 시민들의 적극적인 참여, 유년기부터의 환경 친화적 생활방식 체험과 온실가스 감축의 실천과 같은 참여형 활동을 통해 온실가스 감축 혹은 에너지 절약을 생활화하는 것이 필요하다.

## 참고문헌

에너지경제연구원, 「세계에너지현안인사이트」, 2017.11.6.

IIASA, Global Energy Assessment, 2012.

IRENA, Renewable power generation cost 2020, 2021.

UNFCCC, Synthesis report on the aggregate effect of the intended nationally determined contributions, 2015.

# 숫자로 보는 한국: 기후변화와 코로나 시대에 지혜로운 삶의 선택

김선웅 동국대학교 통계학과 교수

## 1. 2020년 이후

현재 인류는 기후변화와 코로나 사태로 인하여 매우 혹독한 시련(인명 피해, 재산 손실, 실업, 혼란, 갈등 등)을 겪고 있으며 그 터널의 끝은 보이지 않는다. 코로나 대유행이 시작된 '2020년'에는 상상을 초월하는 '자연재해'가 연이어 전 세계적으로 발생하였다. 이들 중 우리는 어떤 것을 기억을 하고 있을까? 당시 상황을 돌이켜 보기 위해 먼저 2개의 사진을 살펴보자.

2020년 9월 10일 붉게 물든 샌프란시스코 금문교(AP연합뉴스)

2020년 7월 11일 물속에 잠긴 중국 장시성의 한 지역(연합뉴스)

하나는 2020년 9월 10일, 미국 서부의 대형 산불로 발생한 재와 연기로 하늘과 대기가 온통 '붉은색'으로 바뀐 캘리포니아주 샌프란시스코의 대표적 명소인 '금문교' 주변의 모습이며, 다른 하나는 1달 넘게 지속된 폭우로 인한 대홍수로 물에 잠긴 2020년 7월 11일, 중국 장시성의 한 지역의 모습이다. 당시 미국 서부 대형 산불로 한국 면적의 20%에 해당하는 면적이 소실되었으며, 중국 홍수 피해로 한국 전체 인구수(5,200만 명)를 훌쩍 넘는 5,500만 명의 이재민이 발생하였다. 이런 기후변화로 인한 영향과 피해는 갈수록 더욱 심각해지고 있다. 2021년에는 전 세계 동시다발적인 초대형 산불, 호수 바닥까지 마르는 극심한 가뭄, 섭씨 50도의 유례없는 폭염이 발생하고 있으며, 서유럽, 중국, 호주 등에서는 100년 만의 혹은 1,000년 만의 기록적인 폭우로 엄청난 피해가 발생하였다. 한마디로 재난영화 속에서나 볼 법한 장면들이 지구촌 곳곳에서 속출하고 있다.

이러한 가운데 전혀 예상하지 못한 코로나19의 '세계적 대유행'으로 전시 상황과 같은 국경 봉쇄, 입국 제한, 이동 금지, 외출 통제와 같은 극단적인 조치들이 취해졌고, 2020년 11월까지 전 세계 누적 코로나 확진자수는 약 6,000만 명, 사망자수는 약 140만 명에 이르렀다. 2021년 7월 말까지 누적 코로나 확진자수는 약 2억 명, 사망자수는 약 420만 명으로, 8개월 만에 약 3배 이상 증가하였다. 한때 일부 국가들에서 빠른 백신접종으로 집단면역이 가시화되는 듯했으나 코로나 변이 바이러스의 확산으로 코로나 종식은 다시 멀어지고 있다.

우리나라의 경우도 예외 없이 자연재해(최장 장마, 홍수)로 인하여 많은 인명과 재산 피해가 발생하였으며, 2020년 코로나로 인한 경제손실 규모만 약 70조 원, 사라지는 일자리는 약 70만 개로 추산되었다(현대경제연구원, 2020년). 2021년 7월 말 누적 코로나 확진자수는 약 20만 명에 이르렀고, 수도권과 비수도권을 가릴 것 없이 우리 사회 거의 모든 생활 영역에서 환자가 발생하고 있으며, 확진자수의 범위에 따라 사회적 거리두기 단계의 격상/격하를 반복하고 있다.

이러한 전대미문의 기후변화와 코로나 시대에 우리는 과연 어떻게 살아가야 하는 것일까? 기후변화에 조금씩 대처하고 적응하면서 살면 되는 것일까? 코로나와 공존하는 삶을 선택하면 되는 것일까? 사실, 이에 대한 '구체적이고 명확한 답(방안)'을 언급하거나 찾기는 쉽지 않다. 이것은 기후변화와 코로나 이외에도 (뒤에서 설명되는 것처럼) 많은 현실적인 문제들을 우리가 안고 살고 있으며, 그 문제들은 각기 독립적이지 않고 서로 복잡하게 얽혀 있기 때문이다. 하지만 코로나 사태가 발생하기 전인 '2020년 이전의 한국' 현실과 모습을 숫자(통계)를 통해 살펴보면, 그 답(방안)에 대한 실마리를 찾을 수 있을지 모른다. 이는 숫자(통계)가 우리 개인과 사회 전체의 모습을 낱낱이 여과 없이 객관적으로 보여주기 때문이다.

## 2. 2020년 이전의 한국

한국의 현실과 모습을 숫자로 살펴보고자 할 때, 선택할 수 있는 통계들이 다양하게 존재한다. 필자는 이들 중 '수출액' 통계와 '출생아수' 통계를 주저하지 않고 먼저 선택한다. 그 이유는 '수출'은 한국 경제 성장의 주동력이며, '출생아'는 가까운 미래에 한국 사회와 경제를 이끌어갈 구성원이기 때문이다. 그래프들은 '수출액 변화(1995~2018년)'와

'출생아수 변화(1947년~2019년)'를 각각 나타낸다. 먼저 '수출액 변화'를 보면 1995년부터 2003년까지는 1,000~2,000억 불 규모에 불과했으나, 2004년부터는 가파르게 증가하여 2011년에는 5,000억 불을 넘어섰다. 그러나 그 이후로는 정체되어 5,000~6,000억 불 규모에 계속 머무르고 있다.

〈1995~2018년 수출액(억 불) 변화〉

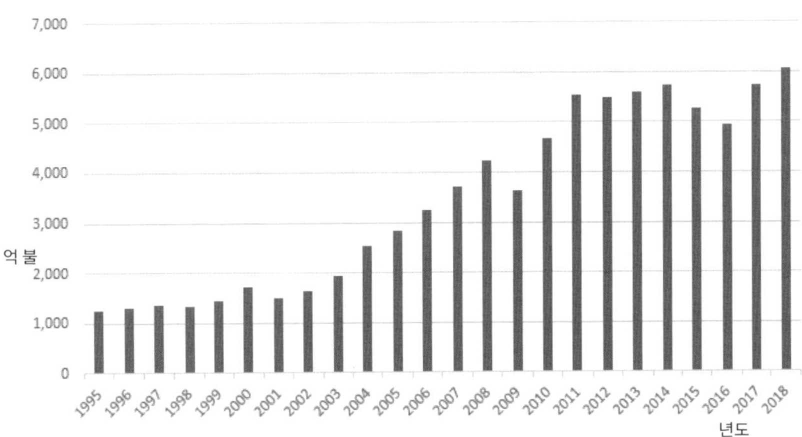


출처: 통상산업자원부 「수출입실적」

〈1947~2019년 출생아수(명) 변화〉

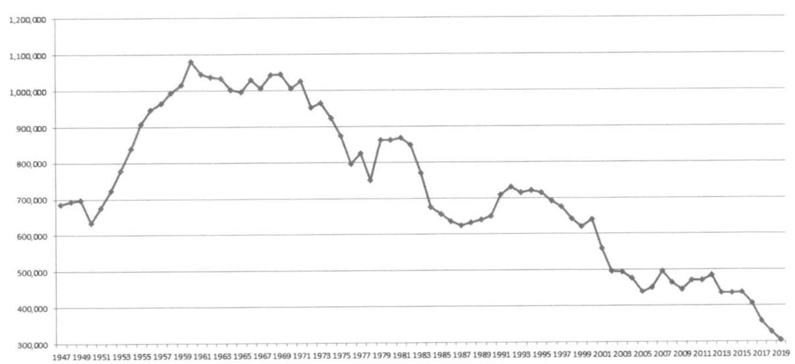


출처: 나무위키-대한민국/출생율

출생아수는 어떻게 변화해 왔을까? 수출이 많이 늘면서 '아이 울음소리(출생아수)'도 늘어났을까? 그래프에서 볼 수 있는 것처럼 출생아수는 해방 직후인 1947년에 '약 70만 명'이었다. 1950년대에는 한국전쟁 기간(1950~1953년)을 포함하여 매년 계속 증가하여 '1959년'에는 출생아수가 '100만 명'을 넘었다. 이런 추세는 이어져 1971년까지 매년 100만 명 이상이 계속해서 출생하였다. 그렇지만 그 뒤로 현재까지 약 50년에 걸쳐 출생아수는 그래프에서 볼 수 있는 것처럼 급속하게 감소하였다. 이 과정에서 수출(한국 경제 성장의 주동력)이 출생아수 감소의 흐름을 바꾸어 놓지는 못했다. 수출액이 가파르게 증가하던 2004~2011년의 기간 중에도 출생아수는 40만 명에서 50만 명 사이를 오르내리다가, 수출액이 정체되기 시작한 2011년 후에는 출생아수가 급한 내리막길로 들어섰고, 급기야 2019년에는 '100만 명'의 '1/3 수준'도 못 미치는 '30만 명'까지 떨어졌다.

출생아수 '30만 명'이라는 수치는 앞으로 우리나라 전체 인구수를 어떻게 바꾸어 놓을까? 간단한 셈을 해보자. 한 세대를 '30년'으로 보고, 매년 '30만 명'이 출생한다고 가정하면, 한 세대의 전체 인구는 '900만 명'이다. 그 다음 세대도 마찬가지로 가정한다면, 두 세대의 '60년'을 합해보아야 '1,800만 명'이다. 이 수치는 2019년 기준 우리나라 '만 59세 이하(두 세대에 해당)' 인구수(4,100만 명)의 절반도 되지 않는다. 그리고 만약 한 해 출생아수가 '30만 명' 밑으로 떨어진다면 이 '1,800만 명'의 숫자도 무너진다. 하지만 벌써 이것이 현실화되고 있다. 2020년 우리나라 출생아수는 약 27만 명에 머물렀기 때문이다. 참고로 2021년 유엔의 '세계인구현황보고서'에 따르면 우리나라 합계출산율(가임 여성 1명이 평생 동안 낳을 것으로 예상되는 평균 출생아수)은 1.1명으로 세계 최저이며 세계 평균 2.4명의 절반도 안 된다.

사실, 이렇게 출생아수가 감소한 것은 1960년대에는 “많이 낳아 고생 말고, 적게 낳아 잘 키우자,” 1970년대에는 “딸 · 아들 구별 말고 둘만 낳아 잘 기르자,” 1980년대에는 “하나 낳아 젊게 살고 좁은 땅 넓게 살자” 등의 구호로 대변되는 정부의 산아제한정책도 일조를 했다고 할 수 있다(급격한 전체 인구 증가로 당시에는 불가피한 정책이었다). 그러나 1990년대에 들어서부터는 이런 산아제한정책이 전면 중단되고 출산장려 정책으로 바뀌어 추진되었으며, 2006년부터 15년간 저출산을 타개하기 위해 직간접적으로 투입한 정부 예산만 약 225조 원(2020년 정부 전체 예산 512조 원의 절반)에 이른다. 그런데 이러한 정부의 출산장려 정책에도 불구하고 출생아수가 유지되거나 늘지 않고, 오히려 가파르게 감소하고 있는 이유는 무엇일까? 그동안 우리 사회에 내부적으로 무슨 일이 있었던 것일까? 기후변화와 코로나 시대에 어떻게 살아가야 하는지 답(방안)을 얻기 위한 ‘실마리’를 찾아가 보자.

## 3. 네 번째 믿음

중앙정부 및 지방자치단체의 장기간에 걸친 출산장려 정책 추진과 국가적 차원의 홍보에도 불구하고, 출생아수가 가파르게 감소하는 원인을 ‘대응 정책’의 부적절성이나 ‘홍보 전략’의 문제 등으로 돌릴 수도 있지만 필자는 좀 다른 시각에서 바라보고 싶다.

몇 년 전 TV 강연 프로그램인 세바시(1121회)에 출연한 임형남 건축가는 “잘 사는 건 집을 늘리는 게 아니라 줄이는 것이다”라는 주제로 강연을 진행하면서 이런 말을 하였다. "우리나라에는 5대 종교가 있어요. 기독교, 불교, 천주교…… 그 다음에 '교육'…… 그 다음에 '부동산'." 방청객들도 웃으면서 공감하였다. 필자는 '교육'이나 '부동산'이 종교가 될 수 있는가에 의문을 갖기보다는 한국에서 '교육'과 '부동산'이 많은 사람들이 '믿고 의존하는 실체'라는 데에 적극 동의한다. 그런 뜻에서 '교육', 특히 '사교육'을 '네 번째 믿음'이라 칭하고 '부동산'을 '다섯 번째 믿음'이라 편의상 이 글에서 칭하고자 한다(물론 어떤 이들에게는 '사교육'이나 '부동산'이 제일 큰 믿음일 수도 있다).

우리는 '믿음의 정도(크기)'를 알아보기 쉽게 숫자로 나타낼 수 있을까? 한국인들에게 '네 번째 믿음', 즉 '사교육'에 대한 믿음을 숫자로 나타내면 어느 정도일까? 매년 교육부에서는 초중고 학생들의 사교육비 실태 파악 및 교육정책 수립의 기초자료 제공을 목적으로 통계청과 공동으로 '초중고 사교육비조사'를 수행한다. 조사대상(표본)은 전국 초중고 약 3,000개 학급의 학부모 약 8만 명이며, 설문지에는 다양한 조사항목(질문)이 포함된다. 이들 조사항목들 중에는 자녀가 사교육을 받고 있는지(사교육 참여 여부), 사교육비로 월별 얼마를 지출하는지(월평균 사교육비) 등이 포함되며, 수집된 데이터를 분석하여 우리나라 초중고 전체 학생들에 대한 통계를 얻는다.

교육부의 '2019년 초중고 사교육비조사 결과 발표(보도자료)'에는 다음 '핵심 내용'과 그래프들이 담겨 있어 '네 번째 믿음'이 어느 정도 수준인지 그리고 어떻게 변화하고 있는지 알 수 있다.

(핵심 내용) 사교육 참여율 74.8% 사교육비 총 규모 약 21조 원, 전체학생 1인당 월평균 32.1만 원

〈연도별 및 초중고별 사교육 참여율〉

(단위 : %)

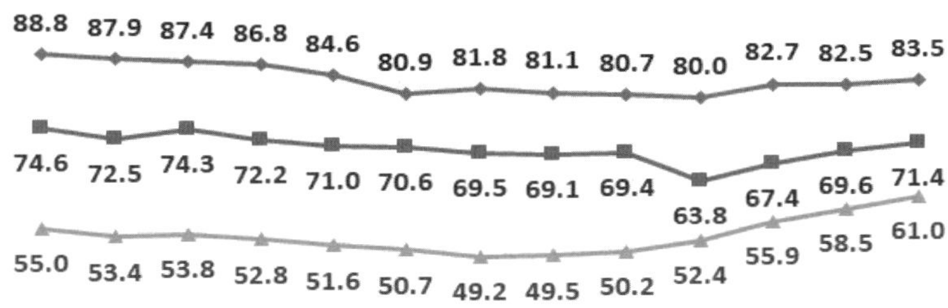


'07년 '08년 '09년 '10년 '11년 '12년 '13년 '14년 '15년 '16년 '17년 '18년 '19년

〈연도별 사교육비 총 규모〉

(단위 : 조원)

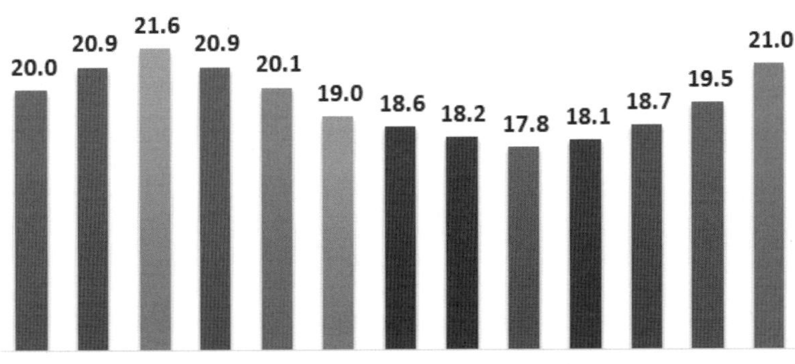


'07년 '08년 '09년 '10년 '11년 '12년 '13년 '14년 '15년 '16년 '17년 '18년 '19년

〈연도별 및 초중고별 전체학생 1인당 월평균 사교육비〉

(단위 : 만원)

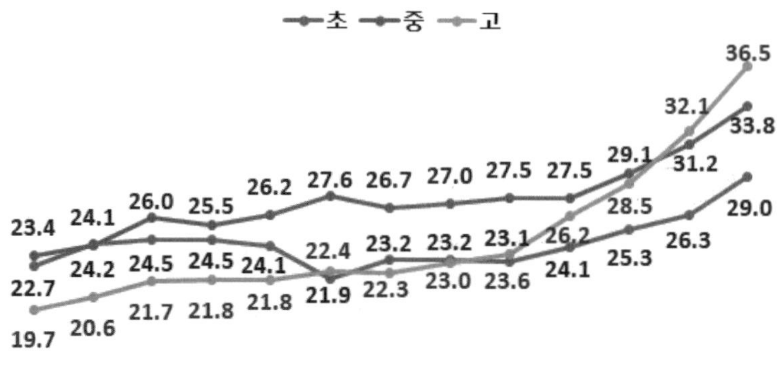


먼저, '핵심 내용'에서 '사교육 참여율 74.8%'는 우리나라 초중고 전체 학생들 중 '사교육을 받고 있는' 학생들이 10명 중 8명이라는 의미다. 이 통계에 다른 의미를 부여할 수 있을까? 논리적이지 않을 수도 있지만 '종교'와 한 번 비교해 보자. 초중고 학생들 중 '종교가 있는' 학생들의 비율은 얼마나 될까? 통계청의 2015년 '인구주택총조사'에 따르면 '종교가 있는' 학생들의 비율은 38%(종교가 있는 전체 국민의 비율은 44%)이다. 따라서 '사교육에 의존하는' 학생들의 비율은 '종교가 있는' 학생들의 '2배'이다. 이 정도 수준이면 임형남 건축가의 세바시 강연에서처럼 '교육'을, 특히 '사교육'을 5대 종교에 포함시키는 것이 지나친 역설일까? '종교'는 신이나 초자연적 절대자에 대한 믿음을 통하여 삶의 궁극적인 의미를 찾고 일상생활 속의 고뇌를 해결하는 것인 반면에 '사교육'은 과외나 학원 수강 등을 통하여 현실 문제(능력 개발, 성적, 뒤처짐, 특기 등)를 해결하기 위한 교습행위라는 점에 근본적인 차이가 있지만

말이다.

이어서 '연도별 및 초중고별 사교육 참여율' 그래프를 보면 과거에는 감소 추세였지만 2015년 이후 증가 추세에 있으며, 이 중 고등학생의 경우가 증가폭이 가장 높다(2015년 50.2% → 2019년 61.0%). 이러한 높은 '사교육 참여율'은 사교육비 총액(총 규모)으로 고스란히 반영된다. '핵심 내용'을 보면 가계(가정)에서 지출하는 '사교육비 총 규모'는 약 21조 원이다. 이 금액은 교육부의 2019년 유아 및 초중등 교육 예산(약 60조)의 1/3에 해당되는 금액이다. 그리고 '연도별 사교육비 총 규모' 그래프에서 볼 수 있는 것처럼 이 총 규모 역시 2015년 이후 증가하고 있다.

또한 충분히 예상되는 것이지만, '연도별 및 초중고별 전체학생 1인당 월평균 사교육비' 그래프에서 나타난 것처럼 2015년 이후 월평균 사교육비 역시 증가하고 있으며, 특히 고등학생의 경우가 증가폭이 크다. 그런데 이 그래프의 수치들은 사교육을 받지 않는 학생들을 포함한 '전체학생'에 대한 평균값이므로, 사교육을 받는 학생 기준으로 볼 필요가 있다. 사교육비조사 결과 발표 자료에 따르면, 사교육을 받는 학생들의 2019년 월평균 사교육비는 초등학생 34.7만 원, 중학생 47.4만 원, 고등학생 59.9만 원이었다.

이제 고등학생 월평균 사교육비 '59.9만 원'이 어느 정도 금액인지 대학 등록금과 비교해 보자. 2019년 교육부와 한국대학교육협의회에서 공동으로 발표한 우리나라 4년제 대학의 '평균 등록금'은 연간 670만 원이다. 이 수치를 12개월로 나누면 '55.8만 원'이다. 이 금액과 비교해 보면 오히려 고등학생 월평균 사교육비(59.9만 원)가 더 높다. 이렇게 고등학교 사교육비가 최고 고등교육기관인 대학의 등록금보다 높은 것을 어떻게 평가하면 좋을까? 단순히, '네 번째 믿음'이 "지나치다"고 말하면 되는 것일까? 아니면 "말도 안 돼! 그럴 리가 없어?"라고 해야 할까?

## 4. 다섯 번째 믿음

다음은 2019년 일간지에 실린 실제 기사 제목들이다. 일반인들이 이 기사 제목을 읽으면 어떤 생각이 들까?

> "강남 아파트 $3.3m^2$(1평) 당 1억 근접 ……'분양가 상한제' 시행 앞두고 급등세?"
> "기준금리 사상 최저, 은행서 돈 빼 강남아파트로"

기사 제목 자체가 자극적인데, 이런 식의 기사는 우리 주변에서 흔히 접할 수 있다. '무주택자'나 '결혼을 염두하고 있는 젊은 사람들'의 입장에서는 마음이 상당히 착잡하거나 앞으로 어떻게 해야 할지 무척 혼란스러울 것이다. 또한 '유주택자'의 경우도 마찬가지로 보유 주택을 팔아야 할지 또는 갈아타야 할지 등 마음이 복잡해지는 것은 매한가지일 것이다.

그럼 '다섯 번째 믿음'인 '부동산'에 대한 믿음의 정도는 어떻게 숫자로 나타낼 수 있을까? 일반인이든지 정부이든지 언론매체이든지, 부동산 중 세간의 가장 큰 관심사 중의 하나인 '서울 지역 아파트 부동산'을 가지고 설명해 보자.

〈서울 아파트 매매 거래량 변화(2016년 1월 ~ 2020년 9월, 총 57개월)〉

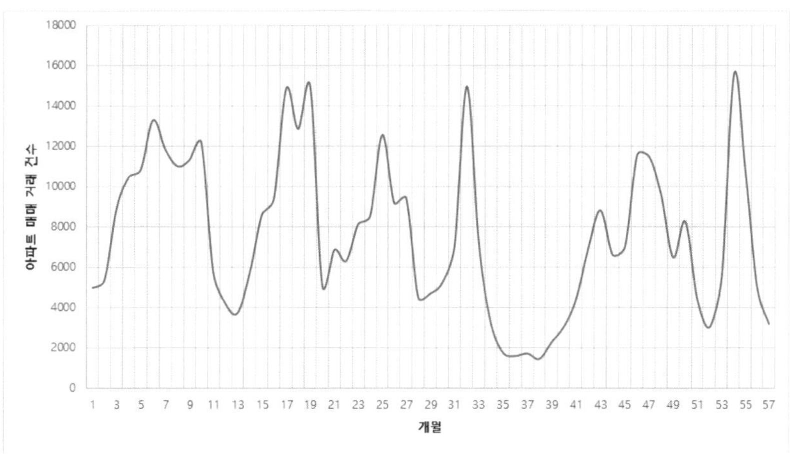


거래량 출처: 서울부동산정보광장 https://land.seoul.go.kr:444/land/rtms/rtmsStatistics.do

그래프는 2016년 1월부터 2020년 9월까지 총 57개월(4년 9개월) 동안 서울 아파트 매매 거래량의 변화를 보여준다. 그런데 왜 그래프가 도무지 종잡을 수 없게 "춤을 추듯이" 오르락내리락 하는 것일까? '부동산(아파트)'에 대한 사람들의 믿음이 오르내리는 것이라 표현해도 좋을 것이다. 여기서 믿음이란 '매매 수요'를 의미한다. 해당 월에 '매매 수요'가 오르면 위 그래프에서 세로축의 '아파트 매매 거래 건수'가 '고점'에 이르게 되고 '매매 수요'가 내리면 '저점'에 이르게 된다.

필자가 관심을 갖는 것은 '매매 수요' 급등의 원인(정부의 부동산대책 발표 시점, 아파트 공급량 등)이 아니고 '매매 수요의 한계점'이 있느냐 여부이다. 그래프에서 '아파트 매매 거래 건수'가 고점이 되는 부분들을 잘 살펴보면, 세로축 눈금(값) '16,000'보다는 항상 낮다. 이것은 서울 아파트 월 거래량이 매월 16,000건을 넘지 못하므로 '매매 수요의 한계점'이 있다는 것을 나타낸다. 한 가지 주목할 것은 "16,000건(호)은 서울 전체 아파트 약 1,500,000호의 1%에 불과하다"는 점이다. 이러한 상황은 전국으로 확대해도 유사하다.

심각한 문제는 대부분 매월 1%에도 크게 못 미치는 '극소수 아파트들'의 실거래가격이 '국토교통부 실거래가 공개 시스템(온라인)'이나 '언론 보도'를 통해 빠른 시간 내에 전파되고 일종의 '도미노 현상'이 일어나면서, 다른 아파트들의 호가나 거래가격, 그리고 전세가격에도 실시간으로 영향을 주고 있다는 것이다. 예를 들어보자. 2021년 6월 한 뉴스 기사의 제목이다. "서울 아파트 절반이 10억 넘어……전국 아파트 평균도 5억 돌파". 이 기사는 무슨 자료를 기초로 쓴 것일까? '10억'과 '5억' 아파트 가격은 각각 서울 전체 아파트의 0.16%(4,240건), 전국 전체 아파트(약 10,470,000호)의 0.55%(5만 7861건)에 불과한 당시 매매 자료에 근거한 것이다.

요약컨대, '다섯 번째 믿음'인 '부동산(아파트)'에 대한 믿음은 '극소수 아파트들'의 실거래가 공개, 광고나 홍보와도 같은 자극적인 언론 보도에 의해 좌우되고 '실시간'으로 변한다. 안타까운 일이라 하지 않을 수 없다.

## 5. 네 번째, 다섯 번째 믿음의 결과: 가계 부채

통계청에 따르면 2019년 임금근로자의 월평균소득은 309만 원으로 전년 대비 12만 원(4.1%) 증가하여 거의 제자리걸음 수준이다. 반면에 사교육비나 주택 가격(특히 아파트 가격)은 상대적으로 크게 오르고 있다. 이 현상은 우리 사회에 널리 퍼져 있는 '네 번째 믿음'과 '다섯 번째 믿음'의 결과이다. 그러면서 한편에서는 1) 에듀푸어(edupoor, education poor), 2) 하우스푸어(house poor), 3) 워킹푸어(working poor) 등의 신조어가 자연스럽게 통용되고 있다. 각각은, 소득에 비해 과다한 교육비 지출로 경제적 곤란을 겪는 사람(계층), 무리하게 대출을 받아서 집을 샀다가 대출이자와 빚으로 힘겹게 사는 사람(계층), 직업의 불안정성과 소득의 불규칙성 등으로 가난에서 벗어나지 못하는 사람(계층)을 의미한다. 우리나라 국민들 중 1), 2), 3) 중 "어느 것에도 해당되지 않는다"고 자신 있게 답을 할 수 있는 사람은 얼마나 될까?

'네 번째 믿음'과 '다섯 번째 믿음'의 결과에 대해서 좀 더 알아보자. 알다시피, 우리가 컴퓨터로 마우스를 클릭하거나 스마트폰을 손가락으로 터치를 하게 되면 그 흔적이 어딘가에는 남게 되고, 그런 행동을 많이 하면 할수록 더 많은 흔적이 남게 되며, 나중에 그 흔적을 컴퓨터나 온라인상에서 모두 지우는 것은 여간 힘든 일이 아니다. '네 번째 믿음(사교육)'과 '다섯 번째 믿음(부동산)' 역시 마찬가지이다. 그 믿음에 따라 어떤 실천이나 행위를 하게 되면 흔적이 남게 되고, 그것이 지나치거나 과도하게 되면 더 큰 흔적이 남게 되며, 나중에는 그 흔적을 모두 지우기가 여간 힘들지 않게 된다. 그 흔적은 무엇일까? 빚(부채)이다.

만약 어떤 개인이 빚(부채)이 전혀 없다면, '네 번째 믿음'이나 '다섯 번째 믿음'에 의존하지 않거나 이 믿음들로부터 자유로운 상황에 처해 있는 것으로 볼 수 있다. 그러나 빚(부채)이 없는 경우는 드물다. 현대 사회를 살고 있는 거의 모든 개인이나 개인이 속한 가구(가계)는 빚을 가지고 있다. 대표적인 것이 신용카드이다. '결제일'에 결제가 되기 때문에 빚이 아니라고 할 수도 있지만, 만약 당장 결제를 해야 한다면 감당하지 못하고 빚으로 남기 마련이다. 그리고 신용카드를 사용하면서 흔히 할부(몇 개월로 나누어 결제)를 하게 되므로 빚은 계속 쌓여 있다.

통계청이 금융감독원, 한국은행과 공동으로 진행한 '2020년 가계금융복지조사'의 결과에 따르면 우리나라 전체 가구(약 2,100만 가구) 중 부채(주택담보대출, 신용대출, 현금서비스, 할부금 등)가 있는 가구는 10가구 중 6가구(63.7%)이며 가구당 평균 부채는 약 8,300만 원이다. 소득자에 따라 차이는 있겠지만 일반적으로 근로소득을 통해 '8,300만 원'을 모으는 데에는 상당한 기간이 소요된다. 예를 들어, 월 100만 원을 저축할 수 있다면 83개월(약 7년)이 걸린다.

그런데 '가계부채 총액의 변화' 그래프에서 볼 수 있듯이, 우리나라 전체 가구 또는 개인이 가지고 있는(기업 부채는 제외) '가계부채 총액'이 매년 큰 폭(평균적으로 매년 70조 원)으로 증가하고 있어, 앞으로 가구당 평균 부채는 '8,300만 원'보다 크게 높아질 전망이다. 단적으로 이 총액은 2002년 '465조 원'에서 2020년 '1,726조 원'으로 약 4배가 증가하였다. '1,726조 원'은 2020년 정부 전체 예산 약 512조 원의 약 3.4배에 해당하는 엄청난 금액이다. 그래프에 표시되지는 않았지만, 총액 중 '할부금'(가전제품, 자동차 등 할부구매) 부채만 해도 2002년 '48조 원'에서 2020년 '96조 원'으로 약 2배 증가하였다. '96조 원'은 2020년 보건복지부 전체 예산 '83조 원'을 넘는 액수이다.

〈가계부채 총액의 변화〉

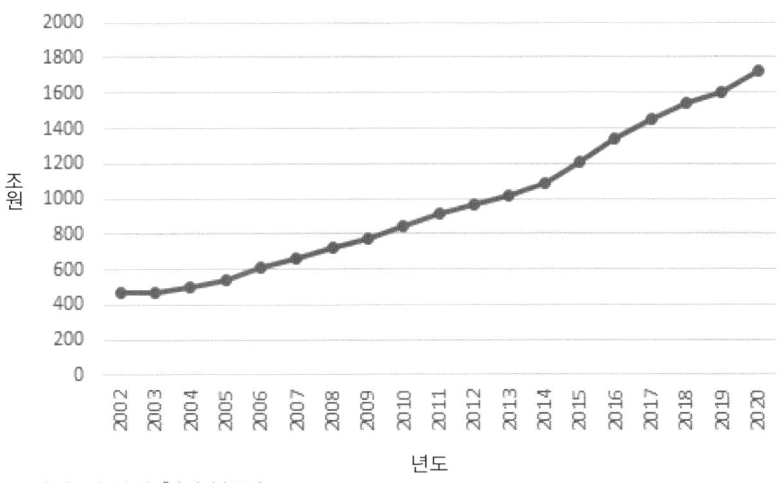


출처: 한국은행 「가계신용동향」

여기다가 우리나라에는 '전세'라는 것이 있어 '가계부채 총액'은 실제로는 이보다 훨씬 더 높다. 세입자는 '전세보증금'을 대출을 받기도 하며, 집주인이 받은 전세보증금은 세입자에게 갚아야 하는 부채이기 때문이다. 한국주택금융공사의 한 보고서에 따르면 2015년 기준으로 우리나라 전세보증금의 총 규모는 약 517조 원으로 추산된다, 2020년 정부예산 약 512조 원과 거의 같은 금액이다. '가계부채 총액'에 이 전세보증금을 합하면 1,726조에서 2,243조로 늘어나 2020년 정부예산의 4배가 넘는다. 따라서 '네 번째 믿음'과 '다섯 번째 믿음'의 결과인 이와 같은 '가계부채의 증가'는 개인이나 가구 차원을 넘어서 이미 국가적 차원의 중대한 사안이 아닐 수 없다.

## 6. 국가부채와 기업부채

현재 코로나 사태는 국가적 그리고 국민적 차원에서 통제와 관리가 이루어지고 있다. 그리고 코로나 검사, 환자 치료, 백신 접종, 긴급재난 지원금 등을 위해 많은 정부 예산을 사용하고 있다. 이와 같은 코로나 대응에 들어가는 예산의 대부분은 국채로 충당한다. 한마디로 나라 빚이다. 2020년에만 국채 발행액은 약 45조 원에 이른다. 우리나라의 국가부채는 총 얼마일까? 2012년 국가부채 총액은 902조 원이었으나 2020년에는 1,985조 원이다. 이 중 가장 큰 부분을 차지하는 것은 '공무원, 군인연금 충당부채'로서 1,000조 원을 넘는다. 1,985조 원은 2020년 정부 예산 약 512조 원의 약 4배이다.

한편 '국가 부도'로 칭해졌던 1997년 우리나라의 'IMF 외환위기'는 과도한 기업부채가 주요한 원인이었다. 기업부채 총액은 2013년 706조 원에서 2019년 1,118조 원으로 크게 증가하였다. 코로나 사태와 같은 예측할 수 없는 사안과 여러 가지 국내외 요인들로 인하여 '국가부채'와 '기업부채'도 '가계부채'와 마찬가지로 앞으로 빠르게 늘 수밖에 없다. 이것만으로도 '사면초가'의 상황인데, 우리의 현실적인 문제들은 여기서 그치지 않는다.

## 7. 저연령층 인구 감소

'인구 절벽'으로 불리는 우리나라의 인구 감소는 어제 오늘의 일이 아니다. 앞에서 '2020년 이전의 한국'을 다루면서 '출생아수의 심각한 감소'에 대해 상세히 언급하였는데 이제 '전체 인구수'를 가지고 다루어보자.

〈1960년 한국의 연령별 인구수 그래프〉

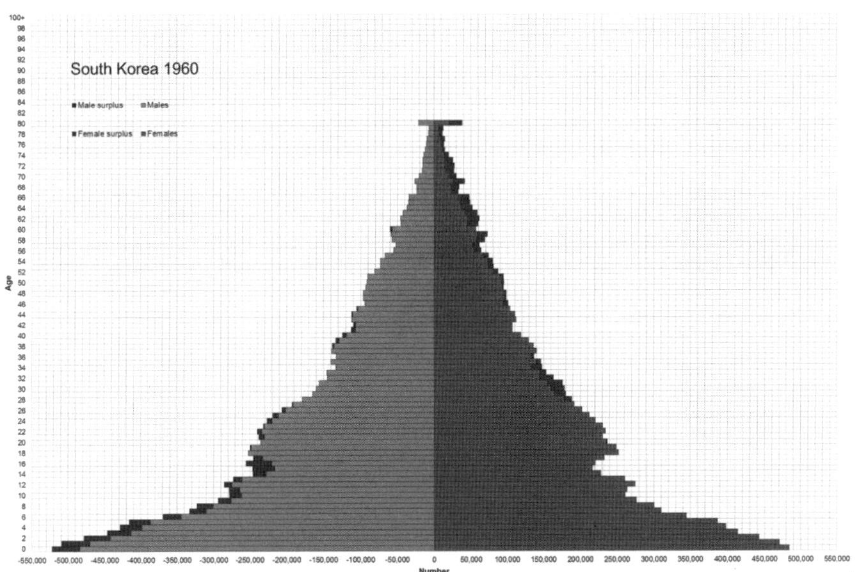


〈2020년 한국의 연령별 인구수 그래프〉

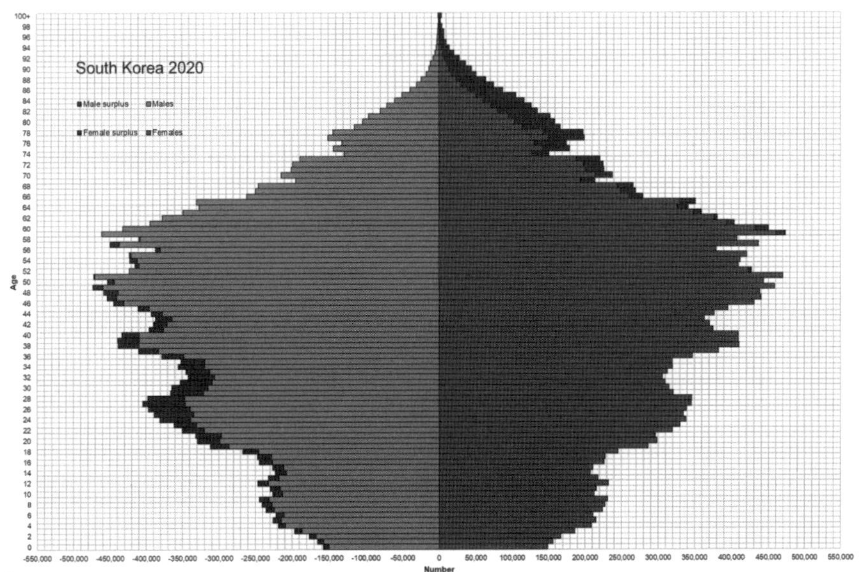


출처: 위키백과 – 대한민국의 인구

두 그래프는 1960년, 2020년 각 연령별 인구수를 나타낸 것으로서 일명 '인구 피라미드'이다. 이 두 그래프를 비교하면 한국의 인구가 어떻게 변했는지를 알 수 있다. 그래프에서 왼쪽은 남성, 오른쪽은 여성의 인구수를 나타내며, 가로축은 인구수로 가운데 '0'을 기준으로 좌우로 눈금이 50,000 · 100,000 · 150,000······500,000 등으로 50,000씩 늘어난다. 세로축은 연령으로 가장 아래 '0세', 가운데 '50세', 가장 위 '100세 이상' 등으로 구분된다.

이 두 그래프에서 명확히 알 수 있듯이 인구 피라미드 모양이 1960년 '△(삼각형)'에서 2020년 '◇(다이아몬드)'로 완전히 바뀌었고, 현재 또는 가까운 미래에 사회적으로, 경제적으로 '50세 이상' 인구를 지탱할 '50세 미만' 인구가 연령이 낮아질수록 줄어든다. 2020년 '0세(만나이)'는 남성 · 여성 각각 150,000명씩 총 300,000명으로 '50세' 인구(900,000명)의 '1/3'이다. 경제적 활동을 할 수 있는 인구수가 계속해서 앞으로 크게 줄어들 수밖에 없는 상당히 불안한 구조이다. 우리나라와 유사한 인구 감소 문제를 겪고 있는 독일의 경우만 해도 현재 '0세' 인구가 '50세' 인구의 1/2 수준이며, 인구가 오히려 증가하고 있는 미국의 경우는 '0세' 인구와 '50세' 인구가 거의 1:1 수준이다.

'2019년 인구 분포(0세-69세)' 그래프는 통계청 주민등록인구수 자료를 가지고 작성한 것으로, 우리나라 인구 감소의 또 다른 측면을 볼 수 있다. 가로축은 5세 단위(예: 0-4세)로 눈금이 있고 세로축은 인구수(명)이다. 가로축에서 '45-49세'를 보면 인구수가 '4,500,000(명)'으로 가장 많다. 그리고 연령대가 감소할수록(가로축의 좌측으로 가면서) 급격히 인구수가 감소하여 '0-4세'에 이르면 '2,000,000(명)'이 조금 넘는다. '45-49세'는 경제학적으로 가계 소비(지출)이 가장 높은 '연령대'인데, 앞으로는 이 연령대의 인구가 가파르게 계속 줄어들게 되어, 장기적이고 지속적인 소비 저하나 경기 둔화에 막대한 영향을 줄 수 있다. 2019년 대비 '45-49세' 연령대 인구는 향후 10년 후 90만 명이 줄고, 20년 후 320만 명, 30년 후 570만 명, 40년 후 1,000만 명이, '누적해서' 감소된다. 참고로 2019년 현재 부산시 인구가 350만 명이며, 서울시 인구가 970만 명이다. 20년 후 부산시 인구만큼, 40년 후 서울시 인구만큼 감소한다.

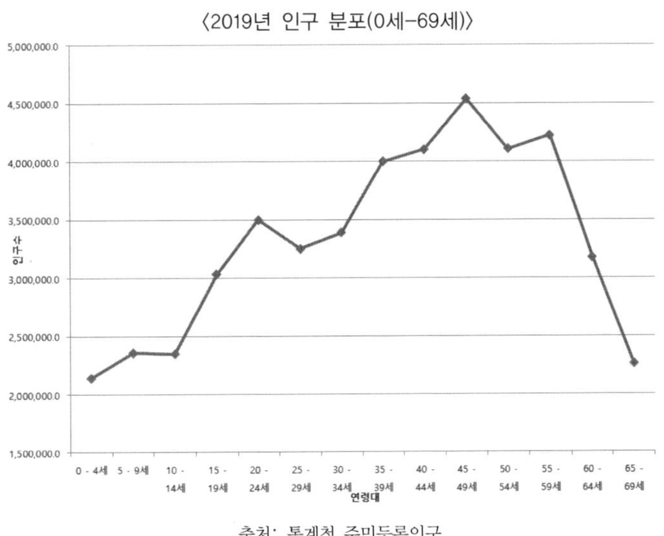

출처: 통계청 주민등록인구

## 8. 초고령화 시대와 노후 대비

유엔에서 만 65세 이상 '노인 인구'가 전체 인구의 7% 이상이면 '고령화 사회', 14% 이상이면 '고령사회', 20%를 넘으면 '초고령사회'로 구분한다. 우리나라는 '노인 인구'가 2018년 14%를 넘어 '고령사회'에 이미 진입하였고, 단 7년 후인 2025년에 20.3%(1,051만 명)를 넘게 되어 세계적으로 유례가 없는 급속도로 '초고령화 사회'에 접어들게 된다. 이런 가운데 은퇴(퇴직) 후 '노후 대비 준비 상황'은 개인적으로나 사회적으로 중요하다. 그러나 이 준비 상황은 전반적으로 좋지 않은 것으로 조사되었다. 통계청의 '가계금융복지조사'에서는 미퇴직자들에 대해 "가구주와 배우자의 노후를 위한 준비 상황은 어떻습니까?(아주 잘 되어 있다, 잘 되어 있다, 보통이다, 잘 되어 있지 않다, 전혀 되어 있지 않다)"를 묻는 문항이 있다. 2019년 조사 결과에서 '아주 잘 되어 있다'와 '잘 되어 있다'는 10가구 중 1가구(8.6%)에 불과했다. '잘 되어 있지 않다'가 10가구 중 4가구(39.6%)였으며, '전혀 준비 되어 있지 않다'도 10가구 중 2가구(16.1%)로 나타났다. 참고로 이 조사에서 "가구주와 배우자의 노후 월평균 적정 생활비는 얼마라고 생각하십니까?(월평균 만 원)"를 묻는 질문에 '월평균 적정 생활비'의 평균 금액은 '291만 원'이었다.

## 9. 우리는 건강한가

삶의 질에 있어 경제적인 풍요로움도 중요하지만 '건강'은 필수적인 것이다. '100세 시대'를 살아가야 하는 우리는 현재 건강한지 또는 앞으로 나이가 듦에 따라 건강할 수 있는지 한 번 짚어보자.

고혈압은 사망위험 요인 가운데 1위이며, 뇌졸중(뇌경색, 뇌출혈), 심근경색(심장마비) 등을 일으킨다. 우리나라에 고혈압 환자 인구는 얼마일까? 2020년 대한고혈압학회에 따르면 연간 970만 명의 고혈압 환자가 병원을 찾고, 900만 명이 고혈압 치료제를 처방 받으며, 650만 명이 지속적으로 치료받고 있다. 한마디로 어마어마한 숫자인데 이 숫자는 병원을 다니는 환자들의 숫자이다. 실제 고혈압 환자 인구는 성인 인구 중 29%, 무려 1,200만 명으로 추정된다. 성인 3명 중 1명꼴이다. 그리고 이들 고혈압 환자 중 본인이 고혈압인지 알고 있는 비율을 나타내는 '인지율'은 67%에 불과하다. 즉 10명 중 3명은 본인이 고혈압인데 모르고 있는 것이다, 고혈압의 원인은 가족력, 노화, 비만, 소금섭취량, 식습관, 운동부족 등이 지목된다. 주목할 것은 '고연령층'이다. 60~69세 연령대의 고혈압 환자 비율은 51%, 70세 이상은 70%에 이른다. 낮은 연령대라고 해서 안심할 수 있는 것은 아니다. 20·30대의 경우 고혈압 환자가 약 127만 명으로 추정되는데 '인지율'은 고작 17%에 불과하다.

고혈압 이외에 일반인이 걸릴 수 있는 확률이 높은 질환으로는 심뇌혈관질환, 당뇨병, 만성호흡기질환, 암 등이 있다. 이 중 당뇨병은 국내 사망원인 6위이며 그 환자수가 2018년에 500만 명을 넘어섰다. 이들 만성질환들은 사망률이 높고 장애 및 후유증을 겪을 가능성이 높은데, 환자수가 꾸준히 증가하고 있어 개인적으로나 사회적으로 경제적 부담이 커지고 있다.

그리고 최근 미세먼지 증가, 황사, 기온 상승, 지하수 오염 등과 같은 환경적인 요인으로 인하여 많은 국민들이 일상생활에 어려움을 겪고 있고 각종 질환으로 고통을 호소하는 환자들도 늘고 있다. 특히 미세먼지는 호흡기 및 심혈관 질환뿐만 아니라 암, 정신 질환, 비만 등 여러 질환에 영향을 미친다. 2019년 환경부에서 공개한 '미세먼지 주요배출원과 배출량 자료'에 따르면 1년 동안 전국 미세먼지 배출량은 총 33만 6천 톤이며, 배출원은 사업장 13만 3천 톤, 건설기계 등 5만 3천 톤,

발전소 4만 7천 톤 등의 순이다. 수도권 미세먼지 배출량은 총 5만 8천 톤이며 배출원은 경유차 1만 3천 톤, 건설기계 등 1만 2천 톤, 냉난방 등 7천 톤 등의 순이다. 자각해야 하는 것은 우리 스스로 미세먼지를 만들고 있고 그로 인하여 고통을 받고 있는 현실이다.

## 10. 한국(인)이 직면하고 있는 위험 상황의 종합

앞에서 언급한 것처럼 현재 한국 사회는 인구 감소, 초고령화, 가계/개인 부채, 국가 부채, 기업 부채, 각종 질환, 코로나, 기후변화 등의 위험(위기)에 동시에 처해 있다. 인구 감소, 초고령화, 가계/개인 부채 등 각각을 각 개인이 직면하는 '위험요소(risk factor)'로 분류하면, 아래의 종합적인 수식으로 '우리나라 전체'의 위험도(risk)를 표현할 수 있다. 수식에서 '$R$'은 '우리 사회 전체'의 위험도, '$R_i$'는 '각 개인($i$)'의 위험도, '$R_i(\ )$'는 '각 개인($i$)'의 '각 위험요소별' 위험도이다. '$\sum_i R_i$'는 '각 개인($i$)'의 위험도의 합(sum)으로 '우리 사회 전체'의 위험도 '$R$'을 나타낸다.

$$R = \sum_i R_i = \sum_i [R_i(\text{인구 감소}) + R_i(\text{초고령화}) + R_i(\text{가계/개인 부채}) + R_i(\text{국가 부채}) + R_i(\text{기업 부채}) + R_i(\text{질환}) + R_i(\text{코로나}) + R_i(\text{기후 변화}) + R_i(\text{기타 위험})]$$

이 수식이 의미하는 바는 '각 개인($i$)'의 '각 위험요소별' 위험도가 높아지면 '각 개인($i$)'의 위험도 '$R_i$'가 높아지고, 결국 '우리 사회 전체'의 위험도 '$R$'도 높아진다는 것이다. 유의할 것은 각 '위험요소'가 서로 별개로 작용하는 것이 아니고, 몇 개 위험요소가 동시에 그리고 상호작용으로 영향을 줄 수도 있고, 어떤 개인은 다른 사람보다 더 많은 위험요소들로부터 영향을 받을 수도 있다는 점이다. 그리고 각 '위험요소'는 시간이 흐를수록 위험도가 높아진다(실제 상황들: 저연령층 인구수가 크게 감소한다/2025년에 '초고령화 사회'에 접어든다/가계 · 개인의 '부채 총액'이 매년 평균 70조 원씩 큰 폭으로 증가하고 있다/국가부채와 기업부채도 빠르게 증가하고 있다/사망, 장애 및 후유증을 겪을 가능성이 높은 고혈압, 심뇌혈관질환, 당뇨병, 만성호흡기질환, 암 등의 만성질환 환자수가 꾸준히 증가하고 있다/코로나 사태가 장기화되고 있다/기후변화가 갈수록 심각해지고 있다/또 다른 위험요소(농업 생산량 감소, 새로운 바이러스 출현 등)가 발생할 수 있다).

이때 중요한 의문이 생긴다. 이들 다양한 위험요소 중 '개인/가족 스스로의 노력과 의지로 줄이거나 제거할 수 있는 것'이 과연 있을까? 이에 대한 답은 뒤에서 언급한다.

## 11. 기후변화와 코로나가 주는 메시지

과거에는 태풍, 폭우, 홍수, 가뭄 등으로 피해가 발생하면 정부, 지자체, 지역 주민, 전체 국민이 힘을 모아서 이를 '복구'하면서 극복을 해왔다. 그런데 기후변화가 갈수록 심각해지면서 피해의 종류도 다양해지고 규모도 커지고, 사실상 사람의 인력으로 '복구'가 불가능한 상황들(극단적인 기상 이변)이 발생하고 있다. 특정 지역이 사막화되고, 호수가 사라지고, 1년 동안 내릴 양의 비가 한꺼번에 내리고, 한여름에 폭설이 내리고, 통제 불능의 대규모 산불이 발생하며, 섬들이나 해발이 낮은 지역이 바닷속으로 사라진다. 이제 그때그때 사태에 따라 임기응변이나 응급조치로는 사태를 극복할 수 없다.

한편, 최근 약 20년 동안 '복구' 이외의 대안적인 방법이 모색되었다. 기후학자들이 기후변화의 주원인(인간에 의한 지구온난화 및 자연파괴)을 밝혔고, 기후변화가 더 이상 미룰 수 없는 '전 지구적 위기'로 인식되어 '기후변화에 관한 정부 간 협의체(IPCC)'를 통해 지구 온도 상승을 '1.5도씨'로 제한하는 것을 목표로 탄소발생량을 감축하려는 다각적인 노력을 하고 있었다(아직 가시적인 성과는 없다). 그러는 와중에 코로나 사태가 전 세계적으로 거의 동시에 발생했다(비행기, 자동차 등의 교통수단의 발달 덕분이기도 하다). 코로나의 주요 원인으로 역시 '기후변화와 자연생태계 파괴'가 손꼽힌다.

기후변화와 코로나 사태가 우리 인류에게 주는 메시지는 무엇일까? 단순히 인류에게 "적게 소비하고 적게 움직여라"는 메시지를 주는 것일까? 그리고 기후변화와 코로나 사태를 촉발시킨 것이 '대자연'일까? 아니면 '인류'일까? 정확한 답과 해법을 찾아야 할 시점이다.

## 12. 맺으며: 지혜로운 삶의 선택

2020년에 코로나 사태로 한순간 모든 일상이 멈추어 섰으며 현재도 진행 중이다. 그리고 저연령층 인구 급감, 초고령화, 가계/개인 부채 증가, 국가 부채 및 기업 부채 증가, 각종 만성질환 환자수 증가, 심각한 기후변화와 농업 생산량 감소 등의 위기와 위험에도 함께 처해 있다는 사실을 직시해야 한다. 그렇다면 이 어렵고 험난한 시대에 어떻게 사는 것이 개인, 가족, 이웃이 함께 건강하고 지혜롭게 사는 길일까? 그 구체적인 방법은 무엇일까?

우선, 앞에서 언급한 다양한 위험요소들 중 '개인/가족의 스스로의 노력과 의지로 줄이거나 제거할 수 있는 것'이 어떤 것인지를 자각하는 일로부터 출발해야 한다. 그런 '위험요소'는 무엇일까? 그것은 바로 '가계/개인 부채'이다. 이 위험요소는 개인/가족이 함께 부단히 노력을 하면서 점차적으로 줄여나가되 궁극적으로는 없애는 것이 목표가 되어야 한다. 그리고 '가계/개인 부채(빚)를 줄이거나 없앤다는 것'은 욕심, 경쟁, 불안 속에서 '네 번째 믿음(사교육)'과 '다섯 번째 믿음(부동산)'에 의지하면서 외형적으로 화려한 개인주의적인 삶을 추구하는 대신, '소박하고 상식적이고 도덕적이며 이웃과 함께하는 공동체적 삶'을 산다는 것을 의미한다.

이런 삶을 위해서는 다음의 1), 2)를 실천하는 것이 첩경이다. 1), 2)를 실천하면 3) '빚 없는 삶' 또한 실현할 수 있다. 중요한 것은 1), 2), 3)의 삶을 통해, 우리가 직면하고 있는 인구 감소, 초고령화, 국가 부채, 기업 부채, 각종 질환, 코로나, 기후변화, 농업 생산량 감소 등에 의한 영향을 충분히 차단하거나 충격이 있어도 완화할 수 있다는 사실이다.

1) **(작) 자**급자족하는 삶
2) **(은) 근**검, 절약하는 삶
3) **(빚) 빚** 없는 삶

1), 2), 3)을 어떻게 실천해야 할까? 먼저, 1)을 실천하는 데 있어서 처음부터 완전히 자급자족하는 것은 어렵지만, 작은 것부터 시작하면 된다. 아파트 단지나 주택 단지의 텃밭이나 건물 옥상 또는 발코니 공간에서 농작물을 직접 재배하고 수확한 농작물을 이웃이 같이 공유하는

것이 좋은 방법이다. 이를 통해 자급자족의 가능성을 조금씩 확인할 수 있고 점차 수확량을 확대할 수 있다. '입는 옷' 역시 마찬가지로 처음에는 좀 발품을 팔아야 하지만 개인적으로 또는 이웃과 공동으로 직접 만들어 입을 수 있으며 이웃끼리 물려 입을 수도 있다. '집'의 경우도 공동주택이 아니라면 '집짓기 학교' 등과 같은 체험프로그램을 통해 집짓는 법을 체득하고 지인들과 함께 집을 지을 수도 있다.

2)는 1)을 실천함으로써 자동적으로 꾸려지게 되지만, 의식주 외의 것들도 관심을 가져야 한다. 예를 들어, 가계에 경제적인 큰 부담이 될 수 있는 '사교육비' 지출을 아예 없애거나 줄이는 것이다. 사실 '대학 입시'를 목표로 하는 '사교육'은 '진정한 의미의 교육(인간의 존엄성을 일깨워 주고 자기 주도적이며 가치 있는 삶을 살 수 있도록 이끄는 것)'이 아니며 '최고의 고등교육기관인 대학교의 존재 의미와 역할'과도 상충된다. '사교육'에 의존하여 대학에 진학하게 되면 '학문(전공)에 대한 열정' 또는 '새로운 삶의 경험이나 자신의 길을 찾아나서는 인생 도전'보다는 '성적 잘 받기' 중심의 학업에 치중하게 되고, '취업용 스펙(어학, 자격증)'을 쌓거나 소신, 적성, 소질 등을 고려하지 못한 '맹목적인' 취직 시험 준비를 목적으로 다시 '사교육'에 의존하게 될 가능성이 높다. 이러한 '사교육'은 결국 취업을 해서도 이어지게 된다. 악순환이다. 이제 '대학 간판'이나 '학벌'로 취업하거나 출세하는 시대는 멀어지고 있다. 게다가 과거와 달리, 일자리 수는 줄어드는 반면 대학 졸업자 수는 누적되어 계속 늘어나고 있다. 실제로 사회적 구조상 서울 주요 대학들의 취업률은 코로나 사태 이전에 약 50%에 불과했으며 취업을 해도 평생직장이 되기는 어렵다. 이런 취업 현실 및 쉽게 끊을 수 없는 '사교육의 연결 고리(초중고 → 대학 → 취업 후)'를 잘 살펴 냉철하게 판단할 수 있다면 '사교육비' 지

출을 용기 있게 얼마든지 줄여나갈 수 있다. 그리고 자녀로 하여금, 오직 '대학 입시'라는 인위적인 한 방향에 집중하는 '사교육'에 얽매이게 하는 대신, 스스로를 관찰하면서 저 깊은 곳에 있는 자신의 타고난 자질과 능력을 찾고, 앞으로 어떤 삶을 살아갈 것인지 서서히 고민하면서 자유롭게 성장할 수 있는 환경을 만들어 준다면, 그것만큼 보람된 일은 세상에 없을 것이다. 왜냐하면 그 자녀는 남들처럼 '직업(직장)이 결정짓는 삶을 살기'보다는 '본인이 원하는 삶'을 직업으로 선택할 것이기 때문이다.

또 다른 예로, '보육비'를 줄이는 것이다. 이웃들이 서로 함께 돕거나 생활 공동체를 만들어서 유아나 어린아이들을 돌보아줌으로써 얼마든지 보육비나 보육 부담을 덜 수 있다. 불과 수십 년 전만 해도 이웃에서 아이를 맡아 돌봐주고, 거기서 끼니를 해결하는 것은 너무도 자연스러운 우리의 전통이었다. 이것이 아이 스스로 독립심을 키워나가는 과정이기도 하다. 아이들에게 선부른 지식을 가르치거나 선행학습을 시키겠다는 욕심이 앞서지 않는다면, 도시 속에서도 얼마든지 가능하다. 순전히 공부(성적) 때문에 좌절하고 삶 자체를 포기하는 경우를 우리는 수없이 보지 않았던가?

3)은 앞에서 말한 것처럼 1), 2)를 실천함으로써 얻어질 수 있는 삶이다. 몇 가지 덧붙이면 이러하다. 빚은 미래를 담보로 현재 자신의 삶을 희생시키고 돈의 노예로 살게 한다. 대표적인 것이 '주택담보대출'과 '신용대출'을 통한 주택 구입이다. 자신이 소유한 주택의 가격이 오른다고 마냥 좋아할 일이 아니다. 다른 주택의 가격도 오를 것이고, 주택 가격 상승과 함께 다른 물가도 오르고, 가계의 빚도 계속 늘 것이기 때문이다. 빚은 한번 만들어지면 계속해서 늘어날 수밖에 없다. 그것은 기본적

으로 '이자' 때문이다. 거기에 '원금 상환'이 더해진다. '주택 가격'이 계속 오르는 이유도 거기에 있다. 이것은 경제학적인 논리로 얼마든지 설명이 가능하다. 우리 사회에는 빚 없이 현명하게 생활하거나 지혜롭게 빚을 청산하고 근검, 절약하며 사는 사람들이 적지 않다는 것을 알아야 한다.

마지막으로 필자가 독자들에게 건네고 싶은 말이 있다. 현재도 진행 중인 코로나 사태와 심각한 기후변화가 발생한 '근본적인 원인(인간 지식과 행위의 결과)'을 여러분이 스스로 깨닫게 된다면, 왜 필자가 어떻게 보면 지극히 당연하고 평범한 1), 2), 3)의 삶을 제시하는지 알 수 있을 것이다. 최근에, 끝없는 불안이나 물질적 추구보다는 정신적으로 맑고 건강한 삶을 살려는 젊은이들이 늘고 있다. 그들 중 일부는 도시를 벗어나 시골 농부의 삶을 선택하고 있다. 어찌 보면 특별한 선택인 것 같기도 하지만, 불과 수십 년 전까지만 해도 우리 국민 대다수가 농부로 살았다는 것을 감안하면 당연한 선택이기도 하다. 젊은이들이 '대농'이나 '부농'보다는 '가족농/소농의 전통과 가치'를 소중히 여기며, 1), 2), 3)을 실천하며 살기를 권한다. '가족'은 삶의 궁극적인 목적이며, 1), 2), 3)을 실천하는 것이 가족과 자신의 진정한 행복을 얻는 방법이다. 돈은 벌면 벌수록, 부모형제와 멀어지게 되고, 자식, 이웃, 친구와도 멀어지게 된다. '가족'은 건강한 지역 공동체의 출발점이다. 어렵고 험난한 시대에 1), 2), 3)이 세상의 '작은 빛'이 되기를 진심으로 바란다.

# 지구적 기후변화와 도시의 대응: 기후친화적 공동체를 향한 베를린의 도전과 여정

한상민 한림대학교 글로벌협력대학원 객원교수

## 1. 지구적 기후변화와 지역적 기후행동, 왜 도시가 중요한가

2010년, 세계은행(Wold Bank)은 "도시와 기후변화: 긴급한 의제(Cities and Climate Change: An Urgent Agenda)"라는 보고서를 발표했다. 이 보고서는 기후변화와 도시의 관계에 관한 세계은행의 최초의 보고서로서, 지구적으로 발생하고 있는 기후변화에 대응하기 위해 왜 도시가 중요한지 그리고 세계은행과 기타 국제적 기관들이 어떻게 도시의 기후변화 대응에 지원을 제공할 수 있는지 논의했다. 보고서가 발간된 당시만 해도 지구적 기후변화 대응에 있어서 도시와 지방정부의 역할과 중요성은 국제적 기후변화 협상이나 국가의 기후변화 정책에서 크게 주목받지 못했던 의제였다. 이후 2014년, '기후변화에 관한 정부 간 협의체(Intergovernmental Panel on Climate Change: IPCC)' 제5차 평가보고서는 보고서 내 별도의 장(제12장: "Human Settlements, Infrastructure, and Spatial Planning")을 할애하며 도시의 기후행동의 중요성을 강조했다. 그렇다면 '지구적(global)' 기후변화에 대응하기 위해 도시의 '지역적(local)' 행동이 왜 중요할까?

먼저 우리는 기후변화와 도시가 서로에게 영향을 주는 밀접한 관계에 있다는 것을 인식할 필요가 있다. 도시는 기후변화의 주범인 온실가스를 다량으로 배출함으로써 기후변화의 원인을 제공하기도 하지만, 반대로 기후변화의 부정적인 영향들을 직접적으로 받고 있다. 앞서 언급한 세계은행의 보고서에 따르면, 전 세계의 도시들은 지구 전체 면적의 단 2%만을 차지하고 있지만, 지구 전체 온실가스의 70% 이상을 배출하고 있다. 특히 전 세계적인 도시화로 인해 도시의 인구가 급속도로 증가함에 따라, 그만큼 에너지 소비와 온실가스 배출도 크게 상승할 것으로 우려되고 있다. 현재 전 세계 인구의 1/2 정도가 도시에 살고 있지만, 2030년에는 2/3 이상으로 증가할 것으로 전망되고 있다. 이처럼 도시는 기후변화의 주된 원인이기도 하지만, 기후변화의 영향을 가장 많이 받는 곳이기도 하다. 특히 해안가에 위치한 도시들 대부분이 해수면 상승 또는 폭풍과 같은 극심한 기후현상의 위험에 놓여 있다. 그리고 지구적 기후변화가 국경을 넘어 모든 국가들에 예외 없이 영향을 주고 있지만, 개발도상국의 도시들이 선진국의 도시들보다 기후변화의 영향에 더욱 취약한 상태에 있다.

하지만 도시는 기후변화 문제의 해결책이 될 수 있다. 과거에 도시가 발전해 왔던 과정이 기후변화 문제의 주된 원인이었다면, 미래에 도시가 발전해 가는 과정은 기후변화 문제의 상당한 해결책을 제공할 수 있다. 무엇보다 경제와 산업 활동의 중심지로서 도시가 어떻게 성장하고 발전해 나가는지는 에너지 소비와 온실가스 배출을 줄임으로써 지구적 기후변화를 완화하는 데 결정적인 요소가 될 수 있다. 아울러 도시는 기후변화 대응을 위한 지식과 기술의 교육 및 연구의 중심지이자, 혁신과 변화 그리고 새로운 정책의 실험장이자 실제적인 행위자로서 그 역할이 매우 다양하다. 따라서 도시의 지속가능한 발전은 기후변화라는 긴급한 지구적 문제에 대한 중요한 해결책이 될 수 있다. 이 글에서 우리는 지구적 기후변화에 대한 지역적 기후행동의 대표적 사례로서 EU 최대의 도시이자 독일의 수도인 베를린을 살펴보고자 한다. 이 글은 기후친화적 미래 공동체를 향한 베를린의 도전과 그 여정에 관한 이야기이다.

## 2. 유럽의 기후변화 대응, 유럽 그린딜European Green Deal과 지속가능한 공동체

베를린과 같은 유럽의 선진도시의 기후변화 대응과 관련 정책에 접근하기 위해서는 우선 유럽의 새로운 성장 전략이자 장기적 기후정책인 유럽 그린딜이 무엇인지 이해할 필요가 있다. 그 이유는 유럽 그린딜이 그동안 유럽의 주요 선진국들과 도시들의 기후행동을 기반으로 한 결과물이자, 유럽의 향후 성장 비전과 장기적 발전 방향을 제시하는 중요한 청사진이기 때문이다. 2019년 12월 11일, 유럽집행위원회(European Commission)는 2050년까지 유럽을 "최초의 기후중립 대륙(the first climate-neutral continent)"으로 만들겠다고 공식적으로 선언했다. 참고로 유럽집행위원회는 EU의 행정부 역할을 하는 기관이자 법안을 제안할 수 있는 유일한 기관으로 EU의 실질적인 '살림살이'를 책임지고 있는 EU의 중추적인 기관이다. 집행위원회는 유럽 그린딜이

EU 경제를 장기적으로 지속가능한 체제로 전환시키는 로드맵이라고 소개하면서, 이를 위해 기후변화와 기타 환경적 도전과제들을 모든 정책분야의 기회로 전환하고, 이러한 전환을 공동체 구성원 모두를 위한 공정하고 포용적인 과정으로 만들 것이라고 표명했다. 유럽 그린딜은 긴급한 지구적 문제인 기후변화에 선도적으로 대응하면서 유럽을 보다 살기 좋은 지역 공동체로 전환하는 데 그 궁극적인 목적이 있다. 기후변화를 지구적 '위기'로 분명히 인식하지만, 여기에 머물지 않고 이를 발전의 '기회'로 적극적으로 활용하여 보다 지속가능한 공동체를 만들겠다는 것이다.

우줄라 폰 데어 라이엔(Ursula von der Leyen) 유럽집행위원장은 유럽 그린딜의 선언과 함께 EU의 최고 대표자로서 유럽 그린딜의 의미와 방향에 대해 다음과 같이 언급했다: "유럽 그린딜은 우리에게 더 많은 것을 가져다주게 될 새로운 성장 전략이다. 유럽 그린딜은 우리가 우리의 살아가는 방식과 일하는 방식, 생산하고 소비하는 방식을 어떻게 변화시키면서 보다 건강한 삶을 누리고 경제를 혁신시켜야 하는지 보여준다. 우리 모두는 이러한 전환의 과정에 참여할 수 있으며, 전환의 기회들을 통해 모두가 혜택을 볼 수 있다. 우리는 누구보다 먼저 전환을 이루어냄으로써 유럽의 경제를 글로벌 리더로 만들 것이다. (중간 생략) 그리고 우리는 세계의 다른 국가들에게 어떻게 지속가능하고 경쟁력 있게 발전할 수 있는지 보여줌으로써 이들 국가들이 우리와 함께 행동하도록 확신을 줄 것이다." 아울러 유럽 그린딜의 '공정한 전환'에 대해 강조한 프란스 팀머만스(Frans Timmermans) 부위원장의 다음과 같은 언급도 주목할 만하다: "우리는 현재 기후-환경적인 긴급상황에 놓여 있다. 유럽 그린딜은 우리의 경제 모델을 변화시킴으로써 사람들의 건강과 복지를 증진시킬 수 있는 기회이다. 우리의 계획은 어떻게 우리가 온실가스 배출을 줄이고, 어떻게 우리의 자연환경을 복원하고 생태계를 보호하고, 어떻게 새로운 경제적 기회를 창출하고 시민들의 삶을 개선시킬지 보여주는 것이다. (중간 생략) 아울러 우리의 책임은 이러한 전환이 공정한 전환이 되도록 만들고, 유럽 그린딜을 이행하면서 누구도 이 과정에서 소외되지 않도록 하는 것이다."

그러면 EU가 설정하고 있는 유럽 그린딜의 주요 실행분야(action areas)에는 어떤 분야들이 있을까? 유럽 그린딜은 총 8개의 실행분야로 구분되어, 이에 따라 관련 정책과 세부 전략들이 수립되고 있다. 유럽 그린딜의 실행분야로는 (1) 기후, (2) 에너지, (3) 농업, (4) 산업, (5) 환경 및 해양, (6) 교통, (7) 재정 및 지역개발, (8) 연구 및 혁신 분야가 있다. 특히 '기후(climate)'는 유럽 그린딜의 대표적인 실행분야이다, 2050년 기후중립 달성은 앞서 언급된 바와 같이 유럽 그린딜의 핵심 목표이기도 하다. 유럽집행위원회는 유럽의 기후중립을 구속력 있는 목표로 만들기 위해 유럽기후법(European Climate Law)을 제안하여, 2030년까지 최소한 55%의 온실가스를 감축하겠다는 보다 상향된 목표(기존 목표는 1990년 대비 40% 감축)를 설정했다. 이 새로운 감축 목표는 유럽 전반의 사회-경제-환경적 영향을 고려한 종합적 영향 평가를 바탕으로 수립되었다.

유럽집행위원회는 '2030 기후목표 계획(2030 Climate Target Plan)'을 통해 향후 10년간 EU의 온실가스 감축 활동을 강화하고, 2050년 기후중립 목표를 책임 있게 달성하고자 한다. '2030 기후목표 계획'은 다음과 같이 크게 3가지 세부 목표를 설정하고 있다. 첫째, 2050년까지 기후중립을 달성하기 위해 보다 과감하고 비용 효과적인 추진 방안을 마련한다. 둘째, 경제 성장과 함께 그린 일자리 창출을 활성화하면서 온실가스를 지속적으로 감축해 나간다. 셋째, 지구 온도 상승을 1.5도로 제한하고 기후변화의 심각한 위험들을 방지하기 위해 전 세계 국가들이 보다 과감히 행동하도록 유도하고 관련 협력을 강화한다. 2021년 7월 14일, 집행위원회는 2030년 기후목표와 2050년 기후중립 달성과 관련된 일련의 법안들을 채택했다.

〈그림 1〉 유럽 그린딜(European Green Deal)의 주요 구성요소

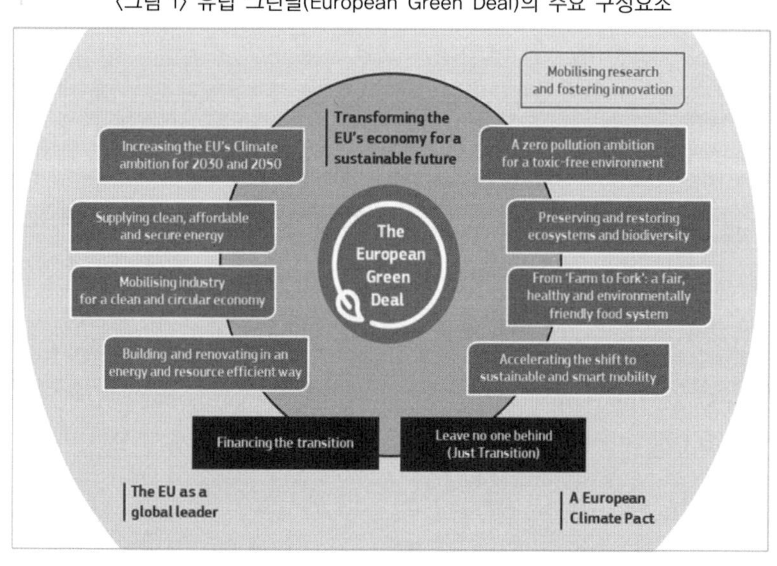


출처: 유럽집행위원회(European Commission)

그런데 우리는 유럽 그린딜의 다른 실행분야들이 '기후' 분야의 목표와 밀접하게 연관되어 있다는 점을 인식할 필요가 있다. 가령 '에너지' 분야를 보면, 유럽의 기후중립 달성을 위해 청정에너지로의 전환은 필수적이라는 것을 알 수 있다. EU 전체 온실가스 배출에서 에너지 분야

가 차지하는 비중은 얼마나 될까? 무려 75% 이상이다. 에너지 생산과 이용으로 인해 막대한 양의 온실가스가 배출되기 때문에, EU의 에너지 시스템을 탈탄소화하지 않고서는 2030년 기후목표는 물론, 2050년까지 기후중립을 달성하겠다는 EU의 장기적 목표는 실현 불가능하다. 따라서 유럽 그린딜은 청정에너지 전환을 위해 다음의 3가지 핵심 원칙을 기반으로 관련 정책을 추진하고 있다: (1) 안정된 그리고 적정가격의 EU 에너지 공급 보장, (2) 통합된, 상호 연결된 그리고 디지털화된 EU 에너지 시장 구축, (3) 에너지 효율성 우선 고려, 건물의 에너지 효율성 개선 및 재생에너지 중심의 전력 분야 구축이 이에 해당한다. 청정에너지로의 전환은 유럽 전체의 온실가스 배출량을 줄이고 유럽 시민들의 삶을 실제적으로 개선하는 데 그 주된 목적이 있다.

2019년 말, EU의 모든 회원국들은 2021-2030년 기간에 대한 10개년 '국가에너지기후계획(National Energy and Climate Plans: NECPs)'을 집행위원회에 제출했으며, 향후 2년마다 진전된 실행보고서를 의무적으로 제출하기로 합의한 상태이다. 그리고 2020년 12월 집행위원회가 발표한 '지속가능한 스마트 교통 전략(Sustainable & Smart Mobility Strategy)'에 의하면, EU는 2030년까지 최소 3천만 대 이상의 무공해 차량이 운행되고, 2035년까지 무공해 대형 항공기가 시장에 도입될 수 있도록 기후중립을 위한 과도기적 목표를 설정했다. 또한 유럽 내에서 철도 이용을 적극적으로 장려하기 위해 고속철도의 운행량을 2030년까지 2배로 늘리고, 화물철도의 운행량은 2050년까지 2배 이상 확대하기로 결정하였다.

## 3. 독일의 수도 베를린, 유럽을 선도하는 기후친화적 미래 공동체 만들기

2009년, 영국의 유력 시사 주간지 이코노미스트(The Economist)의 산하 연구기관인 '이코노미스트 인텔리전스 유닛(Economist Intelligence Unit: EIU)'은 유럽의 30개국, 30개 주요 도시의 환경 영향을 평가한 '유럽 녹색도시 인덱스(European Green City Index)'를 발표했다. 유럽 녹색도시 인덱스는 총 8개 영역의 30개 세부 지표에 따라 각 도시의 '친환경성'을 측정하고 비교 평가했다. 구체적으로 인덱스의 8개 평가 영역에는 도시의 온실가스 배출, 에너지, 건물, 교통, 물, 폐기물 및 토지 이용, 대기, 환경 거버넌스 분야들이 포함되었다. 8개 영역의 종합적 평가를 기반으로 한 인덱스의 최종 순위를 보면, 우선 덴마크의 수도 코펜하겐(1위), 스웨덴의 수도 스톡홀름(2위) 등 북유럽 국가의 도시들이 평가 순위의 상위권을 주로 차지했으며, 그 외에 오스트리아의 수도 빈(4위), 네덜란드의 수도 암스테르담(5위) 그리고 스위스의 대표적 도시인 취리히(6위)가 상위권의 높은 평가를 받았다. 인덱스의 보고서는 일반적으로 도시의 경제력과 인덱스의 순위가 밀접한 상관관계가 있다고 언급했다. 하지만, 상위 10개 도시 중 이러한 상관관계에서 유일하게 예외인 도시가 있었다. 바로 독일의 수도 베를린이었다. 베를린은 다른 상위 10개 도시에 비해 1인당 GDP가 현저하게 낮았지만 인덱스의 순위에서 8위를 기록했으며, 특히 '건물' 분야의 환경 평가에서는 30개 조사 도시 중 가장 높은 평가를 받았다.

〈표 1〉 2009년 '유럽 녹색도시(European Green City)' 순위 및 평가 결과

| Ranking | City | Country | Score |
|---|---|---|---|
| 1 | Copenhagen | Denmark | 87.31 |
| 2 | Stockholm | Sweden | 86.65 |
| 3 | Oslo | Norway | 83.98 |
| 4 | Vienna | Austria | 83.34 |
| 5 | Amsterdam | Netherlands | 83.03 |
| 6 | Zurich | Switzerland | 82.31 |
| 7 | Helsinki | Finland | 79.29 |
| 8 | Berlin | Germany | 79.01 |
| 9 | Brussels | Belgium | 78.01 |
| 10 | Paris | Belgium | 73.21 |
| 11 | London | UK | 71.56 |
| 12 | Madrid | Spain | 67.08 |
| 13 | Vilnius | Lithuania | 62.77 |
| 14 | Rome | Italy | 62.58 |
| 15 | Riga | Latvia | 59.57 |
| 16 | Warsaw | Poland | 59.04 |
| 17 | Budapest | Hungary | 57.55 |
| 18 | Lisbon | Portugal | 57.25 |
| 19 | Ljubljana | Slovenia | 56.39 |
| 20 | Bratislava | Slovakia | 56.09 |
| 21 | Dublin | Ireland | 53.98 |
| 22 | Athens | Greece | 53.09 |
| 23 | Tallinn | Estonia | 52.98 |
| 24 | Prague | Czech Republic | 49.78 |
| 25 | Istanbul | Turkey | 45.20 |
| 26 | Zagreb | Croatia | 42.36 |
| 27 | Belgrade | Serbia | 40.03 |
| 28 | Bucharest | Romania | 39.14 |
| 29 | Sofia | Bulgaria | 36.85 |
| 30 | Kiev | Ukraine | 32.33 |

출처: EIU, 2009 재구성

〈표 2〉 독일의 수도 베를린과 우리의 수도 서울의 비교 개관

| Category | BERLIN | SEOUL |
|---|---|---|
| 인구 | 356만 명 | 1,050만 명 |
| 면적 | 892 $km^2$ | 605 $km^2$ |
| 연 강수량 | 752 mm | 2,044 mm |
| 평균 온도 | 9.5 ℃ | 12.1 ℃ |
| GDP (USD) | 1,580억 달러 | 8,460억 달러 |

출처: C40 Cities 재구성

베를린은 독일의 수도이자 독일에서 가장 인구가 많은 도시이다. 우리의 서울과 비교하면, 베를린의 인구는 2021년 현재 326만 명으로 서울보다 1/3 정도 수준이지만, 도시의 전체 면적은 서울보다 1.5배 정도 크다. 베를린은 독일에서 단위 면적 당 녹지공간이 가장 많은 도시 중 하나로서, 다양한 시민 공원과 대규모 녹지공간이 도심 곳곳에 잘 조성되어 있다. 한 가지 특이한 점은 독일이 세계적인 '자동차 강국'이지만 수도의 시민들은 자동차를 소유하기보다 대중교통(버스, 지하철 및 트램)과 자전거 이용을 선호하고 있다. 베를린은 독일의 주요 10개 도시 중 총 인구 대비 자동차 소유율이 매우 낮은 편에 속한다. 도심의 다양한 녹지공간과 높은 대중교통 이용률은 베를린이 유럽의 녹색도시로 자리잡는 데 크게 기여한 요소이다. 베를린은 또한 유럽 녹색도시 인덱스의 '공기 질' 분야에서도 상위권의 높은 평가를 받았다. 인덱스의 보고서 내용에 따르면, 동서독의 오랜 분단 상황을 겪고 도시의 재정 여건이 열악했던 베를린이, 통일 후 독일의 수도의 지위를 회복하고 유럽의 친환경 도시로 변모한 것은 "칭찬할 만한 업적(creditable achievement)"이라고 평가하며, 이러한 제한된 조건에서 런던과 파리와 같은 유럽의 대도시들보다 높은 평가를 받은 것에 주목했다.

〈그림 2〉 베를린 도심의 대규모 시민 녹지공간, 티어가르텐(Tiergarten) 전경
출처: Berlin.de

그러면 과거 유럽의 냉전과 이념 대결의 상징이자 동서 분단의 도시였던 베를린이 현재는 어떻게 유럽의 친환경 도시로 변모하며 기후친화적 지속가능한 공동체를 만들어가고 있을까? 그리고 지구적 기후변화에 대응하기 위해 베를린은 도시 차원에서 어떤 기후목표를 설정하고, 지역적으로 어떤 기후행동을 실천해 나가고 있을까? 유럽의 기후변화 대응을 선도하고 기후친화적 미래 공동체를 구축하고자 하는 베를린의 도전과 그 여정의 이야기를 도시의 주요 기후정책과 실행계획을 중심으로 살펴보기로 하자.

**Step 1. 고민하기**
**: 탄소중립 도시를 향한 베를린의 도전, '2050 기후중립 베를린'**

그 첫걸음은 지구적 기후변화의 영향에 대해 베를린이 지역적으로 어떻게 대응해야 하는지 고민하는 것이었다. 그 고민의 결과가 바로 '2050 기후중립 베를린(Climate-neutral Berlin 2050)'이라는 베를린의 장기적 기후목표이다. 우리 정부가 2020년 10월 '2050 탄소중립'을 공식적으로 선언하고 2021년 현재 국내의 지방정부들이 이에 동참하고 있는 반면, 베를린 지방정부는 이미 2011년 독일 연방정부와는 별도로 도시 차원의 탄소중립 목표를 발표했다. '2050 기후중립 베를린'이란 2050년까지 베를린의 온실가스 배출을 1990년 배출량 대비 85% 감축하여 도시의 탄소중립을 달성하고, 이를 통해 지구적 기후변화에 대한 국제적인 공동의 노력에 선도적으로 기여하는 것이다. 무엇보다 도시 차원의 탄소중립을 통해 베를린을 기후친화적 공동체로 만들어 도시의 지속가능한 발전을 촉진하고 궁극적으로 베를린 시민의 삶의 질을 개선하는 것이다. 당시 베를린 지방정부는 도시의 에너지 공급을 화석연료 중심에서 신재생에너지로 전환함으로써 얻어지는 지역의 경제적 효과를 최대 1억 3,800만 유로로 추정했다.

유럽 그린딜 정책의 주요 구성요소에서도 중요하게 반영된 바와 같이, 특히 이러한 변화와 성장의 과정에서 취약계층의 시민들이 소외되지 않고 탄소중립을 향한 과정이 '공정한 전환(just transition)'이 되도록 하는 것은 기후친화적 공동체를 만들기 위한 오랜 고민의 산물이라고 볼 수 있다. 2021년 5월 29일, 우리 정부에서 대통령 직속으로 '2050 탄소중립위원회'가 공식 출범되고, 두 달 남짓이 지난 2021년 8월 5일에 '2050 탄소중립 시나리오' 초안이 발표되고, 같은 해 10월에 최종안이 신속히 확정되었다. 하지만 정부의 최종안에 대한 산업계와 시민사회의 비판과 저항은 물론, 탄소중립 시나리오에 대한 여러 이해 당사자들 간의 사회적 갈등이 심화되고 있는 상황이다. 우리는 독일의 연방정부와 베를린 지방정부가 에너지전환과 탄소중립의 과정을 왜 '미래를 위한 공동의 프로젝트'이자 '민주주의를 실험하는 또 다른 과정'으로 보고 있는지 성찰해 보아야 한다.

충분한 고민과 성찰 그리고 대화와 소통의 민주적 과정은 정책의 사회적 수용성을 높이고 사회적 합의를 단단하게 다짐으로써 실제적인 정책 수립과 이행 과정에서 보다 큰 성과를 가져다준다. 독일에서 탈원전 정책을 포함한 에너지전환 및 탄소중립에 대한 시민 저항(civil resistance)은 매우 미약해 거의 찾아볼 수 없지만, 기후변화 문제를 '기후위기'로 인식하고 긴급한 기후행동을 촉구하는 시민 운동(civil movement)은 지역의 경계를 넘어 더욱 거세지고 있다는 것을 쉽게 목격할 수 있다.

〈그림 3〉 베를린의 연방의회 광장에서 열린 기후행동 시위에서 연설하는 그레타 툰베리

출처: The New York Times, 2021년 9월 27일

이러한 상황은 독일의 수도인 베를린도 마찬가지이다. 이제 베를린은 최근 유럽 통합의 중심지를 넘어, 자발적 시민참여를 바탕으로 한 글로벌 기후행동의 대표 도시로 자리 잡고 있다. 기후친화적 미래 공동체를 향한 베를린의 도전은 지방정부의 하향식 정책 과정에서 설정된 일방적인 기후목표가 아닌, 시민사회와 다양한 이해당사자들의 고민과 상호작용의 결과물임을 주목할 필요가 있다.

### Step 2. 계획하기
### : 유럽을 선도하는 탄소중립 베를린 만들기, (어떻게) 가능한가

베를린의 고민과 소통의 과정과 그 중요성은 기후친화적 도시를 만들기 위한 '계획하기' 단계에서도 그대로 잘 나타나 있다. 2013년, 베를린 지방정부는 '2050 기후중립 베를린'의 달성 가능성을 조사하고 실현가능한 정책 시나리오를 제시하기 위해 독일의 대표적인 기후변화 분야 연구소인 포츠담 기후영향연구소(Potsdam Institute for Climate Impact Research: PIK)를 주축으로 연구 컨소시엄을 구성하였다. 베를린 지방정부의 도시개발-환경국이 프로젝트를 주관하는 정부의 전문기관의 역할을 했으며, 포츠담 기후영향연구소는 연구 책임기관의 역할을 담당했다. 그 외에 '2050 기후중립 베를린' 연구 컨소시엄에는 비영리 연구기관 및 에너지 분야 민간기관, 도시 계획 및 건축 분야의 민간기업 그리고 관련 법률회사가 다양하게 참여했다. 연구 컨소시엄은 거의 1년간 총 2회의 대규모 이해당사자 회의, 총 10회의 주제별 워크숍 그리고 다수의 개별 인터뷰를 거쳐 마침내 2014년 3월, '2050 기후중립 베를린' 타당성 연구보고서를 발표했다.

연구 책임을 담당한 포츠담 기후영향연구소의 한스 요아힘 쉘른후버(Hans Joachim Schellnhuber) 교수는 타당성 보고서의 서두에 '2050 기후중립 베를린'의 중요성에 대해 다음과 같이 언급했다: "독일이 '에너지전환'이라는 특별한 실험을 하고 있기 때문에, 전 세계가 독일이라는 국가와 수도인 베를린을 주목하고 있다. 독일은 그 성공 여부를 떠나 화석연료와 핵에너지에서 효율적인 재생에너지 기반의 경제로 전환하는 글로벌 모델이 될 것이다. 하지만 이러한 변화는 독일의 수도인 베를린의 노력 없이는 달성할 수 없다. 마찬가지로 독일의 '에너지전환' 없이는 베를린도 기후중립 도시가 될 수 없다. (……) 베를린은 기후보호, 신기술, 지속가능한 도시개발을 과감히 선도하는 도시가 될 수 있을 것이다. 그 때가 되면 베를린 시민들은 독일의 수도에 대해 충분히 자부심을 갖게 될 것이다."

타당성 연구보고서는 먼저 베를린의 온실가스 배출 현황과 분야별 감축 가능성을 조사한 후, 이를 기반으로 '2050 기후중립 베를린'을 위한 2개의 시나리오를 마련하고 각 시나리오에 따라 분야별 정책 방향과 감축 전략을 제시했다. 베를린의 온실가스 배출량은 1990년 이후 꾸준히 감소하고 있다. 아래 그림에서 보는 바와 같이, 1990-2005년 기간에는 도시의 온실가스 배출이 연평균 1.7% 감소했으나, '2050 기후중립 베를린' 선언 직전 5년간(2005-2010년)은 연평균 0.4% 감소한 것으로 조사되었다. 이에 따라 타당성 연구보고서는 '2050 기후중립 베를린' 달성을 위해 2011년부터 2050년까지 연평균 2% 온실가스 감축이 필요하다는 것을 제시했다. 구체적인 온실가스 배출량을 살펴보면, 베를린의 1990년 온실가스 배출량은 총 2,930만 톤이었는데, 2010년에는 2,130만 톤으로 총 배출량이 감소하여 결과적으로 20년간 약 27%가 감축된 것이다. 그리고 이러한 감축 현황을 바탕으로 타당성 연구보고서는 기후중립 달성을 위해 2050년까지 440만 톤으로 도시의 온실가스 배출을 줄여야 한다는 감축 계획을 제안했다. 온실가스 배출 현황과 감축 분야는 (1) 에너지 공급, (2) 건물 및 도시개발, (3) 경제, (4) 가정 및 소비, (5) 교통 분야로 구분하여 특정 분야별로 관련 연구가 수행되었다.

아래 그림은 '2050 기후중립 베를린' 타당성 연구보고서에서 제시된 '기준 시나리오(Reference Scenario)'와 2개의 '목표 시나리오(Target Scenario)'를 보여주고 있는데, 온실가스 감축 전망과 기후중립 달성 가능 여부를 시나리오별로 쉽게 비교해서 확인할 수 있다. 여기서 기준 시나리오는 추가적인 정책 변화 없이 현재의 감축 전략을 그대로 이행했을 때 나타나는 결과로 이해하면 된다. 기준 시나리오에 따르면, 2050년까지 1990년 배출량 대비 총 68% 감축하여 도시의 총 온실가스 배출량이 950만 톤으로 줄어드는 것으로 전망되나 기후중립 달성은 불가능한 것으로 나타났다. 반면에 타당성 연구보고서가 제시한 2개의 목표 시나리오는 각각 85%, 87% 감축하는 것으로 전망되어, 각 목표 시나리오에 따라 분야별 감축 전략을 이행할 경우 기후중립이 모두 가능하다는 것을 보여주었다.

〈그림 4〉 베를린의 1990–2010년 온실가스 배출량 변화와 2050년 감축 시나리오

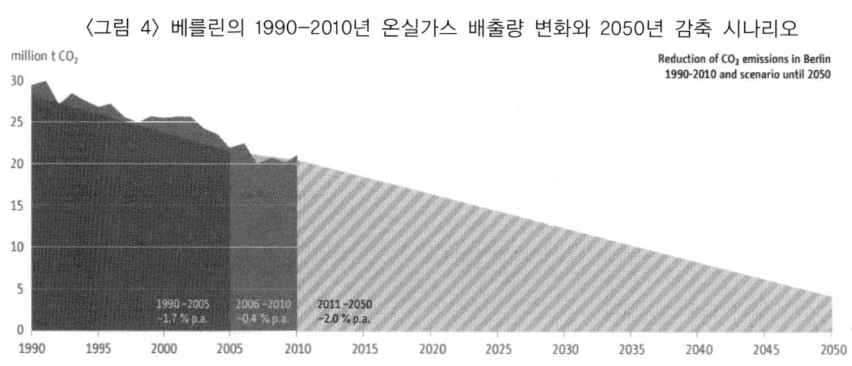


출처: 베를린 도시개발-환경국, 2014

타당성 연구보고서의 분석에 따르면, 제1 목표 시나리오는 “집중형의 효율적인 도시”를 목표로, 제2 목표 시나리오는 “분산형의 상호 연계된 도시”를 목표로 분야별 감축 전략이 수립되었다. 전반적으로 제2 목표 시나리오가 제1 목표 시나리오보다 분야별로 더 과감한 전략을 추진하는데, 가령 교통 분야의 경우 두 시나리오 모두 화석연료를 사용하지 않는 것이 공통된 전략이지만, 제2 목표 시나리오는 제1 목표 시나리오보다 개인의 자동차 의존도를 크게 낮추는 전략을 채택하고 있다. 아울러 제2 목표 시나리오는 대중교통과 공유차량의 이용을 보다 적극적으로 장려하고 있다. 또한 가정 및 소비 분야에서는 제1 목표 시나리오가 친환경 소비를 베를린의 주요 도심 지역으로 국한한 반면, 제2 목표 시나리오는 도시 전체에서 광범위하게 시행하는 것으로 제안했다. 2014년 3월, 당시 베를린 지방정부의 미하엘 뮐러(Michael Müller) 도시개발-환경국장은 ‘2050 기후중립 베를린’ 타당성 연구보고서가 베를린의 생태적-경제적-사회적 문제들의 상호관계를 규명했으며, 연구 컨소시엄이 에너지 현대화와 같은 중요한 대책들의 실현 가능성을 면밀하게 다루었다고 언급했다. 연구 컨소시엄의 책임자였던 쉘른후버 교수는 “타당성 연구보고서를 통해 베를린은 현대적 대도시가 기후친화적 수준으로 탄소 발자국을 줄일 수 있다는 것을 증명해 냈다. 그리고 과학을 통해 가능한 경로들을 찾아냈다. 이제 이러한 경로에 걸음을 내딛는 것은 오직 베를린에게 달려 있다”라고 말하며, ‘2050 기후중립 베를린’의 의미와 중요성을 강조했다.

<그림 5> '2050 기후중립 베를린' 타당성 연구보고서의
'기준 시나리오(Reference Scenario)'와 2개의 '목표 시나리오(Target Scenario)'

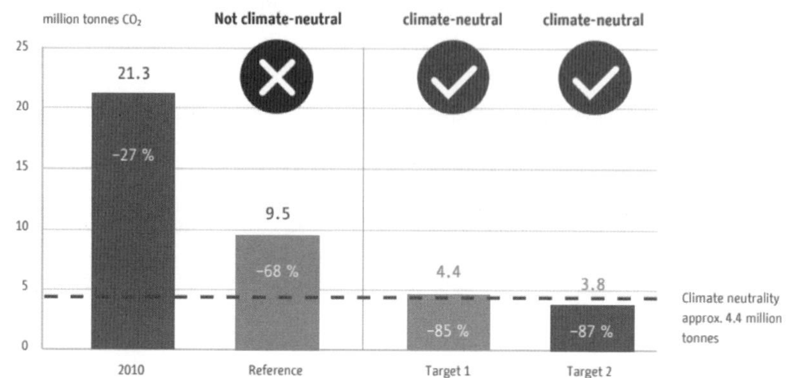


출처: 베를린 도시개발-환경국, 2014

타당성 연구보고서의 결과를 기반으로 베를린 도시개발-환경국은 민간기관이 주도하는 연구 컨소시엄을 재차 구성하고, 이후 전문가 회의 및 워크숍 그리고 시민참여 중심의 '베를린 도시 포럼(Berlin City Forum)'을 포함한 15개월간의 연구조사 과정을 거쳐 2016년 5월, '2050 기후중립 베를린: 베를린 에너지-기후보호 프로그램을 위한 권고안(Recommendations for a Berlin Energy and Climate Protection Programme)'을 발표했다. 권고안은 타당성 연구보고서의 분야별 온실가스 감축 잠재력 및 목표 시나리오에 따라 구체적인 실행전략을 제시했다. 권고안의 제1장 '출발점과 도전과제'는 베를린의 에너지전환의 현황과 탄소중립의 중요성을 언급하며, 베를린이 기후친화적 도시를 만들기 위해서 "이제는 이론을 실행하는 것이 중요하다"고 강조했다. 타당성 연구보고서가 '2050 기후중립 베를린'의 실현 가능성을 점검하고 확인한 작업이었다면, 권고안은 이를 실천하기 위한 종합적인 실행전략인 '베를린 에너지-

기후보호 프로그램(Berlin Energy and Climate Protection Programme: BEK)' 수립을 위해 보다 체계적이고 구체적인 제안사항들을 제시한 결과물이었다. 그리고 마침내 2018년 1월, '2050 기후중립 베를린'을 향한 실제적인 로드맵을 보여주는 '2030 베를린 에너지-기후보호 프로그램(BEK 2030)'이 독일 지방의회에 의해 채택되었다. BEK 2030은 베를린의 장기적 기후목표를 달성하기 위한 과도기적 계획이자, 100여 개의 구체적인 대책들을 포함한 통합적인 접근 전략이다.

### Step 3. 실천하기
### : 기후친화적 공동체를 향해 베를린은 무엇을 하고 있는가

그럼 현재 베를린은 BEK 2030에 따라 '2050 기후중립 베를린'을 위해 무엇을 하고 있을까? 우리가 BEK 2030에서 특히 주목해야 할 베를린의 기후행동은 바로 에너지 분야에 있다. 베를린은 2050년까지 도시 전체에서 사용되는 전기와 난방의 50%를 재생에너지원이 차지하도록 목표를 설정하고 재생에너지 이용을 확대하고 있다. 이 목표는 베를린이 탄소중립 도시로 전환하는 데 크게 기여할 수 있는 기후정책 목표이다. 베를린은 이미 2017년에 갈탄 사용을 중지했으며, 2030년까지 석탄 사용을 단계적으로 중지해 나가고 있다. 베를린은 독일에서 탈석탄 정책을 선언하고 이를 법제화한 최초의 지방정부이다. 2019년에 발표된 탈석탄 연구보고서에 따르면, 탈석탄으로 인해 연간 2백만 톤의 이산화탄소가 감축될 수 있다고 추정했는데, 이는 베를린 전체 배출량의 13%에 해당한다. 보고서는 탈석탄을 통해 미세먼지와 중금속이 현저하게 감소하여, 도시 전체의 대기질과 강의 수질이 개선될 것으로 전망했다. 현재 베를린 지방정부는 베를린의 가장 큰 에너지 공급업체인 바텐팔(Vattenfall)과 다양한 이해당사자들과 협력하면서, 베를린의 탈석탄을 2030년보다 앞당겨 달성하려고 노력하고 있다.

태양에너지는 베를린의 에너지전환과 탄소중립에 있어서 매우 중요한 청정에너지로 여겨지고 있다. 베를린 지방정부는 '태양의 도시 마스터플랜(Masterplan Solarcity)'을 기반으로 장기적으로 도시의 전기의 1/4을 태양에너지로 공급하기 위해 관련 전략을 추진하고 있다. 베를린은 현재 BEK 2030의 주요 목표에 따라 베를린에 위치한 모든 공공건물의 지붕에 태양광 시스템을 설치하고 있다. 베를린은 재생에너지를 중심으로 한 에너지전환과 탄소중립을 통해 도시 전반의 경제가 성장하고, 특히 에너지 분야 사업이 활성화되고 새로운 일자리가 창출되기를 기대하고 있다. 이와 함께 2030년까지 비즈니스 부문의 에너지 소비를 5-10% 감축하고 기업의 에너지 효율성을 개선해 나가고 있다. 에너지 분야의 기술은 계속 새로워지고 복잡해지면서 관련 전문 인력들조차 충분한 지식과 노하우가 부족한 상황에 놓여 있다. 베를린은 이러한 문제를 인식하고 에너지전환과 탄소중립을 위한 직업교육기관 및 대학들의 역할을 강화하고 있다.

앞서 설명한 바와 같이, BEK 2030과 세부 실행전략들은 베를린 지방정부가 '2050 기후중립 베를린'을 실현시키기 위해 추진하고 하고 있는 가장 핵심적인 기후정책 수단이다. 베를린의 이러한 기후행동 과정에서 우리가 주목할 점은 베를린 지방정부가 'BEK 2030 디지털 모니터링-정보시스템(Digital Monitoring and Information System of BEK 2030: diBEK)'을 구축하여 BEK 2030의 실행 과정과 추진 현황을 모니터링하고 이를 일반에 모두 공개하고 있다는 것이다. 정보 공개 및 공유와 관

〈그림 6〉 베를린 시청사 지붕의 태양광 시스템 설치 모습

출처: 베를린 환경-교통-기후보호국

련된 '투명성(transparency)'은 파리협정에서 합의된 주요 원칙으로 베를린이 지역적 기후행동 차원에서 실천하고 있는 중요한 성과이자 다른 글로벌 도시들이 참고할 만한 모범 사례라고 볼 수 있다.

베를린 지방정부는 디지털 모니터링-정보시스템을 기반으로 2018년부터 매해 'BEK 2030 실행에 관한 모니터링 보고서'를 발간하여 실행 현황과 관련 데이터를 모두 공개하고 있다. 이 연간 모니터링 보고서는 베를린의 온실가스 배출량 변화와 기후변화 대응을 위한 주요 부문별 전략 및 대책의 실행 현황에 대해 상세하게 보고하고 있으며, 이와 함께 기후변화 적응에 관한 전략과 대책의 실행 현황도 다루고 있다. 2020년 모니터링 보고서에 따르면, 베를린의 2019년 이산화탄소 배출량은 약 1,720만 톤으로 1990년 배출량 대비 41.1% 감축했다. 이는 베를린이 2020년까지 도시의 총 온실가스 배출을 1990년 대비 40% 감축하겠다는 '2020년 기후목표'를 조기에 달성했다는 것을 보여준다. 또한 2020년

모니터링 보고서는 베를린이 실행전략을 계획대로 추진할 경우, 2020년 도시의 이산화탄소 배출량이 1,660만 톤으로 감소(1990년 대비 43.2% 감축)할 것으로 전망했다.

〈표 3〉 1990-2019년 베를린의 최종에너지 소비에서의 이산화탄소 배출량 변화

| 연도 | 배출량(단위: 1,000ton) | 1990년 대비 변화(단위: %) |
|---|---|---|
| 1990 | 29.215 | - |
| 2000 | 25.217 | -13.7 |
| 2010 | 22.417 | -23.3 |
| 2011 | 20,648 | -29.3 |
| 2012 | 20.848 | -28.6 |
| 2013 | 21.396 | -26.8 |
| 2014 | 20.134 | -31.1 |
| 2015 | 19,479 | -33.3 |
| 2016 | 20,053 | -31.4 |
| 2017 | 19,116 | -34.6 |
| 2018 | 18,506 | -36.6 |
| 2019 | 17,217 | -41.1 |

출처: 베를린 환경-교통-기후보호국, 2021a

### Step 4. 다시 고민하고 변화하기
### : '기후 비상사태' 선포와 '2045 기후중립' 선언

2019년 12월 10일, 베를린은 지구적 기후위기를 심각하게 인식하고 긴급한 행동을 촉구하고자 독일 내 지방정부로는 최초로 "기후 비상사

태(Climate Emergency)”[1]를 공식적으로 선포했다. 베를린 지방정부는 가속화되는 지구온난화로 인해 발생하는 기후변화의 위기를 글로벌 기후 비상사태로 인식하면서, 베를린이 도시 차원에서 기존의 기후행동을 보다 강화하고 파리협약의 기후목표 달성을 위해 추가적인 노력을 강구하겠다고 표명했다. 그리고 2021년 6월 8일, 베를린 지방정부는 기후 비상사태에 대한 종합적인 실행계획 결의안인 ‘기후 비상사태에 대한 베를린의 강화된 대책’을 통과시켰다. 결의안에는 도시의 건물, 교통, 에너지 공급 등 주요 분야별로 보다 강화된 대책들이 포괄적으로 포함되었다.

대표적인 변화로, 도심의 ‘차 없는 거리’ 도입 및 확대는 교통 분야의 시민친화적 기후행동으로서 베를린 시민들에게 큰 호응을 얻고 있다. 2021년 8월의 관련 중간보고서에 따르면, 베를린 시내의 대표적인 쇼핑 구역인 프리드리히-슈트라세(Friedrichstraße)의 ‘차 없는 거리’에 대한 설문조사에서 82%의 시민들이 지속적인 운영에 대해 찬성을 표했다(반대 13%, 무응답 5%). 또한 다른 도심 구역에 대한 확대 시행에 대해서는 더 많은 시민들이 찬성을 했다(찬성 85%, 반대 10%, 무응답 5%). 베를린 지방정부의 환경-교통-기후보호국은 베를린에서 “걷기는 가장 일상적이면서 가장 많이 이용하는 이동 형태”라고 소개하면서, 대부분의 도로가 자동차나 기타 교통수단이 아닌 걷는 길 중심으로 변모할 것이라고 강조하고 있다. 실제로 베를린은 독일의 주요 대도시 중 인구 대비

1 “기후 비상사태(Climate Emergency)”는 2019년, 옥스퍼드 사전에 의해 ‘올해의 옥스퍼드 단어(Oxford Word of the Year)’로 선정되었다. 옥스퍼드 사전은 기후 비상사태를 “기후변화를 줄이거나 멈추기 위해 그리고 기후변화로 인한 잠재적으로 되돌릴 수 없는 환경 피해를 방지하기 위해 긴급한 행동이 필요한 상황”이라고 정의했다.

자동차 소유 및 이용률이 가장 낮은 편에 속한다. 베를린은 또한 버스나 지하철보다 자전거를 도시의 대중교통 수단으로 장려하고 있는데, 향후 자전거 도로 인프라를 지속적으로 확대하면서 최소 100km 이상 규모의 '자전거 스피드(고속) 네트워크'를 새롭게 조성할 계획이다.

베를린이 2011년 '2050 기후중립 베를린' 선언을 하고 10년 지난 2021년은 베를린의 기후변화 대응에 있어서 큰 전환기라고 평가할 수 있다. 2021년 8월 19일, 베를린 지방정부는 '베를린 기후보호 및 에너지전환에 관한 법률(Berlin Climate Protection and Energy Turnaround Act: EWG Bln)'에 대한 개정안을 채택하고, 베를린의 새로운 기후목표와 정책 방향을 설정했다. 새로운 조례에 따라 베를린은 기존의 '2050 기후중립 베를린'을 수정해 '2045 기후중립 베를린'을 선언하고, 2045년까지 1990년 배출량 대비 95%의 온실가스를 감축하기로 발표했다. 이를 위해 2030년과 2040년에 대한 도시의 온실가스 감축 목표 또한 상향 조정하여, 1990년 대비 각각 70%, 90% 감축하기로 결정했다. 아울러, 베를린 지방정부는 현재 추진 중인 BEK 2030을 2022년에 새롭게 수정하여, '2045 기후중립 베를린'을 위해 보다 강화된 실행전략과 세부 대책들을 수립할 예정이다.

〈그림 7〉 베를린 도심의 대표적 쇼핑 구역인 프리드리히-슈트라세(Friedrichstraße)의 '차 없는 거리' 시행(2020년 8월) 전과 후의 모습

출처: 베를린 환경-교통-기후보호국, 2021c

## 4. 맺음말 : "도시는 기후변화의 원인이자 해결책"United Nations

도시는 기후변화의 주된 원인이지만, 기후변화 완화와 적응의 모든 분야에서 상당한 해결책을 제공할 수 있다. 기후변화의 발생 자체는 기후 시스템의 변화나 환경적 현상으로 이해할 수 있지만, 기후변화에 대한 대응은 단순히 환경적 문제를 넘어 지구 공동체의 전반적인 발전 문제와 밀접한 관련이 있다. 특히 전 세계적으로 도시화가 급속도로 진행되고 있는 상황에서, 도시가 어떻게 성장하고 발전하는가는 당면한 기후위기를 극복하고 궁극적으로 모든 시민이 살기 좋은 지속가능한 공동체를 만드는 데 매우 중요하다. 우리는 도시의 기후행동의 대표적 사례로서 EU 최대의 도시이자 독일의 수도인 베를린이 기후친화적 공동체를 만들기 위해 지역적 차원에서 어떠한 노력을 하고 있는지 살펴보았다. 과거 동서 냉전의 분단의 도시에서 유럽을 선도하는 기후친화적 도시로 변모하고 있는 베를린의 도전과 여정은, 지역적 경계를 넘어 이러한 도전과 여정에 동참하고자 하는 많은 도시들에게 영감(inspiration)을 주기에 충분하다.

무엇보다 우리가 베를린의 기후행동에서 주목할 점은 베를린이 다양한 이해당사자들이 함께하는 민주적 과정을 통해 시민들의 광범위한 참여와 단단한 지지를 기반으로 기후친화적 미래 도시를 만들고 있다는 사실이다. 베를린은 현재 독일의 에너지전환과 국가 차원의 탄소중립 달성을 위해 독일의 수도로서 중추적인 역할을 담당하고 있으며, 동시에 지역적 기후행동을 선도하는 글로벌 도시로서 '2045 기후중립 베를린'을 향한 다양한 정책적 실험을 시도하고 있다. 베를린의 기후정책에서 살펴본 바와 같이, 도시 차원의 탈석탄 정책 추진과 '기후 비상사태' 이후 과감한 정책 변화는 향후 베를린의 가장 큰 도전과제이자 새로운 전환의 기회가 될 것이다. 베를린이 기후정책의 지속적인 혁신과 변화를 통해 유럽을 선도하는 기후친화적 공동체를 만들어가길 기대해 본다.

### 참고문헌

Berlin - Official Website: www.berlin.de

Berlin Senate Department for Urban Development and the Environment (2014) Climate-Neutral Berlin 2050 - Results of a Feasibility Study.

Berlin Senate Department for Urban Development and the Environment (2016) Climate-Neutral Berlin 2050 - Recommendations for a Berlin Energy and Climate Protection Programme (BEK).

Berlin Senate Department for Urban Development and the Environment (2018) Berlin: more climate-friendly - Climate Protection in Berlin.

Berliner Senatsverwaltung für Umwelt, Verkehr und Klimaschutz (2021a) Monitoringbericht zur Umsetzung des Berliner Energie- und Klimaschutzprogramms.

Berliner Senatsverwaltung für Umwelt, Verkehr und Klimaschutz (2021b) Verstärkte Maßnahmen Berlins in Anerkennung der Klimanotlage.

Berliner Senatsverwaltung für Umwelt, Verkehr und Klimaschutz (2021c) Flaniermeile Friedrichstraße: Zwischenbericht.

Berliner Senatsverwaltung für Umwelt, Verkehr und Klimaschutz - "Autofreie Kieze und Straßen: Berlin gewinnt durch neue Räume":

https://www.berlin.de/sen/uvk/verkehr/verkehrsplanung/fussverkehr/autofreie-kieze-und-strassen/

C40 Cities - Official Website: https://www.c40.org/

European Commission - European Green Deal:

https://ec.europa.eu/info/strategy/priorities-2019-2024/european-green-deal_en

Melissa, Eddie (2021) Ahead of German Election, Hundreds of Thousands Demand Climate Action. The New York Times, 27 September.

Potsdam Institute for Climate Impact Research (2014) Berlin can be climate-neutral

by 2050: Feasibility Study. Press Release, 17 March:
https://www.pik-potsdam.de/en/news/latest-news/archive/2014/berlin-can-be-climate-neutral-until-2050-feasibility-study

Seto K.C., S. Dhakal, A. Bigio, H. Blanco, G.C. Delgado, D. Dewar, L. Huang, A. Inaba, A. Kansal, S. Lwasa, J.E. McMahon, D.B. Müller, J. Murakami, H. Nagendra, and A. Ramaswami (2014) Human Settlements, Infrastructure and Spatial Planning. In: Climate Change 2014: Mitigation of Climate Change. Contribution of Working Group III to the Fifth Assessment Report of the Intergovernmental Panel on Climate Change [Edenhofer, O., R. Pichs-Madruga, Y. Sokona, E. Farahani, S. Kadner, K. Seyboth, A. Adler, I. Baum, S. Brunner, P. Eickemeier, B. Kriemann, J. Savolainen, S. Schlömer, C. von Stechow, T. Zwickel and J.C. Minx (eds.)]. Cambridge University Press, Cambridge, United Kingdom and New York, NY, USA.

United Nations - UN News - "Cities: a 'cause of and solution to' climate change:
https://news.un.org/en/story/2019/09/1046662

United Nations Environment Programme (UNEP) - "Cities and Climate Change":
https://www.unep.org/explore-topics/resource-efficiency/what-we-do/cities/cities-and-climate-change

United National Human Settlements Programme (2011) Global Report on Human Settlements 2011: Cities and Climate Change.

World Bank (2010) Cities and Climate Change: An Urgent Agenda. Urban development series; knowledge papers no. 10. Washington, DC:
https://openknowledge.worldbank.org/handle/10986/17381

# 제 2 부

# 갈등과 성찰

# 한국사회의 갈등과 그 해법 연구

이종철 연세대학교 인문학연구소 전임연구원

## 1. 머리말

20세기의 한국사의 전개를 돌이켜 보면 참으로 신산辛酸하다. 한국인들에게 지난 20세기는 이 민족의 고통이 집약되고 점철된 역사라 해도 과언이 아니다. 일제의 식민지 치하에서 수탈을 당하고, 전후 강대국들의 합의하에 타율적으로 이루어진 해방은 곧장 분단사태로 이어졌다. 자율적으로 획득한 독립이 아닌 상태이다 보니 불가피하게 미소 간에 시작된 냉전의 선봉에 서게 되었다. 결국 한국은 식민지 치하로부터 해방된 지 5년도 되지 않은 상태에 같은 민족끼리 전쟁을 치루면서 전국토가 초토화되는 대단히 비극적인 경험을 겪게 되었다. 이때 겪은 전쟁의 치명적인 내상과 그 이후 이어진 분단의 경험은 70년이 지난 이 시점에 이르기까지 한국사회의 대립과 갈등의 깊은 원인을 제공하고 있다.

전쟁 이후 그리고 수십 년 동안 지속된 냉전 체제하의 한국에서 분단과 반공 이데올로기는 억압적인 통치 이데올로기로 작용하고 독재체제의 구축에 악용되었다. 이승만 정권하에서 그랬고, 박정희와 전두환 정권하에서는 더욱 극심했다. 그럼에도 한국의 민주화 경험은 역동적으로 독재와 억압을 헤쳐 왔다. 60년 4.19 혁명과 70년대 반유신 반독재 투쟁, 5.18 광주의 항쟁, 그리고 87년도의 민주화 운동이 그렇고, 비교적 최근에 벌어진 촛불 시위는 한국의 민주화 운동을 상징하는 뚜렷한 족적이다. 다른 한편으로 한국의 경제발전도 눈부실 만큼 비약적으로 이루어져 왔다. 수출 주도, 재벌 위주의 경제 성장 정책에 대한 비난이 커도 이런 경제발전 시스템이 한국 사회의 경제를 비약적으로 발전시키고 사회 전체를 개방화하고 다양화한 데는 이론의 여지가 없을 것이다. 하지만 발전 일변도의 한국 경제는 90년대 말에 IMF라는 최대의 경제 위기를 경험하게 되고 그것을 극복하는 과정에서 신자유주의의 물결에 급격하게 휩쓸리며 비정규직을 양산하고 불평등의 골을 깊게 했다. 21세기로 들어서면서는 의료와 복지 상태가 개선되면서 평균 수명이 늘어나게 된다. 그로 인해 고령화 현상이 심화되면서 사회 체제의 탄력이 약해지는 면도 있고, 다문화와 환경 등 다양한 부문에서 새로운 갈등들이 현저하게 증가하는 면도 있다.

서구의 많은 국가들이 수백 년 동안 경험했던 근대화를 한국은 아주 짧은 시기에 경제적으로나 정치적인 측면에서 압축적으로 경험했다. 성공이 큰 만큼 근대화의 부작용도 적지 않아서 사회 내부에는 수많은 갈등과 대립이 산재하게 되었다. 필자는 한국 사회를 지배하는 이러한 갈등을 크게 이념 갈등과 지역 갈등 그리고 세대 갈등으로 나누어서 살펴보고자 한다. 분단 시대는 반공을 억압적인 통치 이데올로기로 악용하는 빌미가 되었다. 과거의 대부분의 독재 정권은 반공을 통치 이데올로기로 삼으면서 반대 목소리를 억압하는 데 활용했다. 반공 이데올로기는 민주화가 이루어진 21세기에도 여전히 힘을 발휘하고 있다. 대표적으로 통진당 해산 사건이 그 경우이다. 정권의 미운털이 박혔다고 공당을 국가보안법 위반으로 해산하고 소속 국회의원을 8년씩 감옥살이를 시키는 경우는 민주주의 국가에서 유례를 찾기 힘든 현상이다. 그만큼 반공 이데올로기는 구시대의 사라진 유령이 아니라 잠복해 있다가 언제든 현실 세계를 위협하는 강력한 힘이라 할 수 있다. 1990년대 초원복집 사건에서 나온 '우리가 남이가'라는 표현은 한국사회에 만연된 지역 연고주의를 잘 말해준다. 지역주의가 나름대로 정치적 이유도 갖고 있지만 어느 지역에 사느냐는 거의 우연에 가까운 사실이다. 그런데 이런 지역주의를 정치인들은 선거 때마다 시시때때로 악용하면서 지역감정을 부추겨 왔다. 지역주의 자체가 통치의 강력한 수단이 되기도 했다. 예전보다는 많이 희석되었지만 여전히 대구 경북과 전남 광주의 지역주의는 강하다. 한국의 자본주의가 급성장을 하면서 상대적으로 소홀시되었던 노동권 역시 집단화되면서 힘을 키웠다. 하지만 20세기 후반에 겪은 IMF와 그 이후 극복 과정에서 새로운 불평등과 비정규직의 문제는 자본에 비해 열악한 노동 현실을 잘 드러내고 있다. 4차 산업 혁명으로 진입한 21세기의 한국사회는 전통적인 노사 갈등과 새로운 산업 개편 과정에서 적응하지 못한 노동력이 야기할 수 있는 갈등을 해결해야 하는 큰 부담도 안고 있다. 한국 사회는 빠른 사회 발전 이상으로 급격하게 고령화되면서 세대 간의 갈등 문제도 적지 않게 키우고 있고, 외국 노동자들의 급격한 유입으로 인해 다문화 갈등의 소지도 많이 안고 있다. 이렇게 많은 부문에서 나타난 갈등들은 잠재적이건 현실적이건 한국 사회를 극단적으로 분열시키는 원인이 되고 있다.

오늘날 한국 사회의 갈등과 대립이 보여주는 뚜렷한 현상은 그것들이 구조적으로 화해 불가능할 정도로 진영 논리화 되는 점에 있다. 이제는 사회의 어떤 문제가 되었든 보수와 진보, 우파와 좌파 등으로 갈라져서 피터지게 싸우는 것이 일상화되어 있다. 한 편에는 성조기와 이스라엘 국기를 든 태극기 부대와 엄마 부대가 있고, 다른 편에서는 민주주의라는 이름을 걸면서 정권 사수를 위해 일체의 내부 비판을 거부하는 지지 세력들이 서로 간에 양극화된 대립과 갈등을 격화시키고 있다. 이러한 갈등은 촛불 시민들의 절대적 지지를 통해 탄생한 문재인 정권하에서 오히려 더욱 극심한 양상을 보인다. 2019년 조국 교수를 법무부 장관으로 임명하면서 본격적으로 대립했던 진보와 보수 간의 갈등은 나라를 극도로 분열시켰다. 나중에는 이른바 법의 이름을 걸고 검찰 권력과 법무부까지 권력 투쟁을 일삼고 있다. 이런 양극화된 현실에서 중간지대의 목소리는 회색분자로 치부되고 오로지 아생살타我生殺他의 칼날만 번뜩인다. 만일 이런 갈등을 극복하지 못한다면 한국 사회는 앞으로 점점 더 큰 어려움에 빠져들 수 있을 것이다. 가뜩이나 분단된 남북 간의 갈등도 심한데 사회 내부에서 지금처럼 갈등과 대립을 키워나간다면 대한민국호의 미래를 어떻게 장담할 수 있겠는가?

지금과 같이 양극화된 진영논리가 갖는 가장 큰 문제는 크게 두 가지로 꼽아 볼 수가 있다. 첫째로 선과 악, 옳고 그름의 문제를 상대화시킴으로써 모든 문제를 아전인수격으로 해석하는 빌미가 될 수 있다. 둘째로 진영논리는 문제의 차원을 발전적으로 해소하지 못하고 추상적인 부정만을 일삼을 수 있다. 이런 상태에서는 오로지 손바닥 뒤집기만 있을 뿐 미래로의 전진이나 발전이 없다. 이 글은 철학자의 관점에서 이처럼 양극화된 한국 사회의 진영논리의 양태를 분석하고 그에 관한 해법을 모색해 보고자 한 하나의 시론이다. 필자는 먼저 한국사회의 진영 논리가 갖는 구조적 갈등을 고대 그리스의 비극 시인인 소포클레스의 『안티고네』[1]를 비교 분석하면서 그 작품 안에서 구조적인 갈등이 어떻게 다루어지고, 어떤 결과를 낳는지를 상세하게 검토할 것이다. 나중에 독일 철학자 G.W.F Hegel은 그의 청년기 주저인 『정신현상학』[2]이란 작품의 '참다운 정신' 장에서 고대 그리스의 정신을 기술할 때 이 작품을 끌어들인다. 헤겔은 이 작품에 대한 분석을 통해 그리스 정신의 구조적 한계를 제시하는 동시에 로마의 '법치주의'로 이어질 수밖에 없는 필연성도 제시한다. 아울러 헤겔은 여기서 그치는 것이 아니라 로마의 '법치주의'가 갖고 있는 근본적인 한계도 지적하고 있다.

필자는 헤겔의 이러한 분석이 한국사회의 구조적 갈등을 이해하는 데 중요한 단서가 될 수 있다고 보았다. 진영 간의 구조적 갈등과 그것을 풀기 위한 법치주의는 오늘날 한국 사회가 당면하고 경험하고 있는 현실을 가장 잘 드러내 준다고 할 수 있다. 하지만 당면한 한국사회의 현실에서 보듯 법이 전가의 보도가 될 수는 없다. 헤겔도 로마법의 정신의 한계를 지적한 바와 같이 법은 그것이 안고 있는 형식주의의 한계를 극복할 수 없다. 때문에 법치를 통해서 한국사회의 갈등을 해결하기란 여전히 요원하다고 할 수 있다. 필자는 여기서 대승 불교의 '불이不二'론의 논리를 끌어들여 새롭게 구조적 갈등에 대한 해법을 제시하고자 했다. 먼저 『안티고네』라는 작품을 통해 오늘날 한국 사회가 갖고 있는 진영 논리와 그리스 정신의 갈등의 유사성을 살펴보자.

---

1 소포클레스,『오이디푸스왕–아가멤논 · 코에포로이 · 안티고네』, 천병희 옮김, 문예출판사, 2001.

2 G.W.F. Hegel,『정신현상학』 2권, 임석진 옮김, 한길사, 2005.

### 2.1 진영논리와 『안티고네』

현실의 정치적인 갈등을 이해하고 분석하는 데 고대 그리스의 문학 작품을 끌어들이는 것은 일견 새로운 접근이라 할 수 있다. 이러한 갈등에 대한 분석들은 사회학자나 정치학자들 사이에서 광범위하게 논의되고 있다. 하지만 인문학적 시각에서 이러한 갈등을 조망하고 새로운 성찰의 기회를 찾아본다는 점에서 이 글의 참신성이 있다고 할 것이다. 그런 맥락에서 소포클레스의 비극 작품인 『안티고네』는 한국 사회의 갈등을 조명할 수 있는 새로운 시도이자 해법이라 할 수 있다.

그리스 비극 시인으로 알려진 소포클레스의 작품 『안티고네』는 서구의 고전으로서 끊임없이 재해석되고 있다. 이 작품은 대학로에서 잊을 만하면 리바이벌되는 고전적 비극이다. 『안티고네』는 조국을 배신한 폴리네이케스와 그것을 수호하려는 에테오클레스가 왕권을 둘러싸고 전쟁을 벌이다 둘 다 전사하는 데서 시작한다. 문제는 시신을 어떻게 처리하느냐는 데 있다. 동서양과 고금을 막론하고 장례는 혼례만큼이나 인륜지 대사로 중요한 의미를 지니고 있다. 고대 그리스 사회에서도 사정은 마찬가지이다. 호머의 『일리아드』에서 트로이의 명장 헥토르를 죽인 영웅 아킬레우스는 자기의 친구인 파트로클레스를 죽인 헥토르에 대한 분노를 참을 수 없어 그의 시신을 전차에 달고 다니면서 모욕하고 훼손한다. 이런 모습을 본 헥토르의 부모와 아내의 가슴은 찢어질 만큼 아팠을 것이다. 그날 밤 아킬레우스에게 트로이의 늙은 프리아모스 왕이 찾아와 아비의 비통한 심정을 이야기하면서 자식의 시신을 돌려줄 것을 간청한다. 아킬레우스는 고향에 계신 부모를 생각하며 차마 이 청을 거절하지 못한다. 시신을 앞에 두고 아킬레우스와 프리아모스는 눈물을 흘리며 화해한다. 그만큼 시신 처리 문제는 고대 그리스 사회의 인륜사에서 중대한 문제이다. 그런데 새로운 왕 크레온은 반역자의 장례를 치러주는 자는 똑같이 들판에서 까마귀밥이 되리라는 명령을 내린다.

> 에테오클레스는 우리 도시를 위하여 싸우다가 모든 면에서 뛰어난 장수로서 전사하였으니, 그를 무덤에 묻어주고 지하의 가장 훌륭한 사자死者들에게 어울리는 온갖 의식을 베풀 것이오. 그러나 그와 형제간인 폴뤼네이케스는, 내 말하노니, 추방에서 돌아와 조국 땅과 선조들의 신들을 화염으로 완전히 불사르고, 친족의 피를 마시고, 나머지는 노예로 끌고 가려고 하였으니, 그와 관련하여 나는 도시에 알리게 했소이다. 아무도 그에게 장례를 베풀거나 애도하지 말고, 새 떼와 개떼의 밥이 되고 치욕스러운 광경이 되도록 그의 시신을 묻히지 않은 채 내버려두라고 말이오.[3]

국법을 수호하는 통치자의 입장에서 이런 명령은 지극히 당연하다고 볼 수가 있을 것이다. 만일 조국을 반역한 자와 그 조국을 지키려다 죽은 자를 똑같이 취급한다면, 통치의 근간이 무너지고 국가는 혼란에 빠질 것이다. 통치자는 사람들의 행위와 관련해 옳고 그름, 정의와 부정의의 차이를 명백히 해줘야 하는데 그런 차이를 무력화하기 때문이다. "누군가가 월권하여 법을 짓밟고 자신의 통치자들에게 명령하려 든다면, 나로서는 결코 그를 칭찬할 수 없다. 누구든지 도시를 세운 자에게는 큰일이든 작은 일이든, 옳은 일이든 옳지 않은 일이든 마땅히 복종해야 한다."[4] 그런데 죽은 자들의 누이인 안티고네는 이러한 왕의 명령을

---

3 소포클레스, 같은 책, 195-205쪽.

4 소포클레스, 같은 책, 663-668쪽.

정면으로 거역하면서 죽은 오라버니 폴리네이케스의 장례를 치러준 것이다. 왕 크레온은 안티고네의 이런 도발적 행동을 보면서 크게 분노한다. "네가 감히 법을 어겼단 말이냐."라고 질책하는 크레온의 말에 대해 안티고네는 조금도 주저하지 않고 당당하게 자신이 했다고 밝힌다. "그래요, 고백합니다. 제 행동을 부인하지 않겠어요."[5] 더 나아가 안티고네는 자신의 행동이 신들이 세워 놓은 오랜 불문율에 기초해 있다고 하고, "자신의 혈육을 존중하는 것은 결코 수치스러운 일이 아녜요."[6]라면서 정당화하는 것이다.

> 네, 그 포고를 나에게 알려주신 이는 제우스가 아니었으며 하계下界의 신들과 함께 사시는 정의의 여신께서도 사람들 사이에 그런 법을 세우시지는 않았기 때문이지요. 나는 또 그대의 명령이, 신들의 확고부동한 불문율들을 죽게 마련인 한낱 인간이 무시할 수 있을 만큼 강력하다고는 생각지 않았어요. 왜냐하면 그 불문율들은 어제오늘에 생긴 것이 아니라 영원히 살아 있고, 어디서 왔는지 아무도 모르기 때문이지요. 나는 한 인간의 의지가 두려워서 그 불문율들을 어김으로써 신들 앞에서 벌을 받고 싶지가 않았어요.[7]

크레온이 볼 때 안티고네의 이런 행동은 방자하기 그지없어 보인다. 안티고네는 단순히 왕의 명령을 어긴 돌발적인 행동을 한 것이 아니라 자신의 행동에 대해 강한 신념을 갖고 있는 것으로 보이기 때문이다. 고대 그리스에서 죽은 자는 하데스의 세계에 속하며, 따라서 그 세계

---

5 소포클레스, 같은 책, 443쪽.
6 소포클레스, 같은 책, 512쪽.
7 소포클레스, 같은 책, 450-459쪽.

에 시신을 돌려주기 위해 매장하는 풍습은 죽은 자에 대한 최대의 예우이다. 죽은 자를 매장하는 이 최후의 의무는 완전한 신의 법에 속하고, 가족이 할 수 있는 적극적인 인륜적 행동이라 할 수 있다. 안티고네는 이런 하데스의 법에 대한 강한 확신을 갖고 죽은 형제를 매장해주었다. 안티고네는 아무리 국가의 반역자일지언정 장례를 치러주는 것이 천륜에 부합된다고 생각한 것이다. 반면 크레온은 이런 하데스의 법을 무시하고 현존하는 국가의 법과 질서를 고수하기 위한 명령을 내렸고, 그것을 거역한 안티고네를 국가의 반역자로 간주할 수밖에 없는 것이다. 매장을 둘러싼 안티고네와 크레온의 대립은 불가피한 동시에 치명적이다.

그들의 생각은 너무나 완고해서 서로 한 치도 물러서려 하지 않는다. 크레온과 안티고네의 대립은 파국을 충분히 예상하면서도 서로 마주 보고 달리는 기차와도 같다. 제3자가 중재를 해보려고 무진 애들을 쓰지만, 전혀 씨알도 먹히지 않는다. "인간은 누구나 다 실수할 수 있어요. 그러나 실수를 하더라도, 자기가 저지른 실수를 고칠 줄 알고 고집을 피우지 않는 자는 더 이상 조언과 행복으로부터 버림받은 사람이 아니오. 고집만이 어리석음의 죄를 짓게 되는 것이다."[8] 안티고네의 약혼자이자 크레온의 아들인 하이몬은 자살하기 전에 아버지 크레온을 설득하려고 무진 애를 쓴다. "마음속에 한 가지 생각만 품지 마십시오. 아버지 말씀만 옳고 다른 것은 옳지 않다고 생각지 마십시오."[9] 그렇다. 나만이 옳고 다른 사람이 옳지 않다고 우리는 어떻게 알 수 있는가? 각자 자기

8 소포클레스, 같은 책, 1025-1029쪽.

9 소포클레스, 같은 책, 705-707쪽.

만의 잣대를 가지고 있다고 생각하는 이 포스트모던한 상대주의는 오늘날만의 이야기가 아니다. 이미 오래 전에도 사람들은 다들 자기식으로 세상을 생각하고 재단했던 것이다. 이때 누가 옳고 누가 그르다는 것을 어떻게 아는가? 모르기 때문에, 쉽게 알 수 없기 때문에, 우리는 끊임없이 보다 많은 사람들과 소통하고, 그들이 납득할 수 있는 객관적이고 합리적인 잣대를 찾고 있는 것이 아닌가? 동양의 고전에도 이런 말이 나온다.

> 나와 자네가 논쟁을 한다고 하세. 자네가 나를 이기고 내가 자네를 이기지 못했다면, 자네는 정말 옳고 나는 정말 그른 것인가? 내가 자네를 이기고 자네가 나를 이기지 못했다면, 나는 정말 옳고 자네는 정말 그른 것인가? 한쪽이 옳으면 다른 한쪽은 반드시 그른 것인가? 두 쪽이 다 옳거나 두 쪽이 다 그른 경우는 없을까? 자네도 나도 알 수가 없으니 딴 사람들은 더욱 깜깜할 뿐이지. 누구에게 부탁해서 이를 판단하면 좋을까?[10]

옳고 그름을 쉽게 판단하기 어려울 때, 가장 큰 지혜는 '서로 오류를 범할 수도 있다'고 하는 일종의 '개방성'에 있는 반면, 가장 큰 어리석음은 자신의 무오류를 주장하는 완고함의 '폐쇄성'에 있다. 그래서 힘 있고 높은 자리에 있는 사람일수록, 귀를 열어서 다른 사람의 이야기를 겸허하게 들을 수 있어야 할 것이다. 나중에 영국의 과학 철학자 K.R. 포퍼는 '오류가능성'에 대한 개방성을 '반증가능성'(falsification)으로 개념화하면서 과학과 비과학을 나누는 지표로 삼기도 했다.[11] 과학이 말

---

10 장자, 『장자』, 오강남 옮김, 현암사, 2007, 129쪽.
11 K.R. 포퍼, 『과학적 발견의 논리』, 박우석 옮김, 고려원, 1994.

하는 진리는 하나의 가설과 같아서 새로운 사례에 의해 얼마든지 수정할 수 있다. 과학적 정신의 핵심은 이런 개방성에 있다고 본 것이다. 반면 비과학은 그것을 부정하는 새로운 사례를 만나면 늘 견강부회牽强附會하면서 어떤 식으로든 자신의 체계를 고수하려고 한다. 말하자면 비과학을 지탱하는 핵심 정신은 폐쇄성이라 볼 수 있다. 포퍼는 과학에서 발견한 이 논리를 사회 철학적인 문제에도 적용해서 끊임없이 땜질하면서 폐쇄적인 체계를 유지하고자 하는 철학들을 '개방사회'의 적으로 규정한다.[12] 포퍼의 논리는 안티고네와 크레온의 완고한 대립에도 적용될 수 있을 것이다.

지도자로서 가장 어리석은, 아니 그 이상으로 사악한 덕은 남의 말을 전혀 들으려 하지 않는 고집불통이다. 과거에도 그럴진대, 오늘날처럼 개방된 민주주의 사회에서는 말할 필요도 없을 것이다. 『안티고네』의 크레온에게서 바로 이런 완고함과 폐쇄성을 볼 수 있다. 크레온은 말한다. "내가 이 나이에 이런 풋내기에게서 사리를 배워야 한단 말이냐?"[13] 그는 사랑하는 자식 하이몬의 충고조차 단호하게 거부한다. 왕은 자신의 권위만을 완고하게 고수한다. 게다가 이런 충고를 받아들여 안티고네의 태도를 허용하는 것을 한낱 비천한 여인에게 굴복하는 것만큼이나 싫어한다.

> 우리는 질서를 가져다주는 것을 보호해야 하며, 결코 한 여인에게 져서는 안 된다. 꼭 그래야 한다면, 우리가 한 여인에게 졌다는 말을 듣느니 차라

---

12 K.R. 포퍼, 『열린 사회와 그 적들』, 이한구 옮김, 민음사, 2006.
13 소포클레스, 같은 책, 726-727쪽.

리 한 남자의 손에 쓰러지는 편이 더 나을 것이다.[14]

그럴지도 모를 일이다. 대립과 대결이 첨예화되면서 온갖 수단과 방법이 다 동원되는 것은 동서고금을 불문하고 큰 차이가 없다. 겉으로는 국가의 법질서 수호라는 대의명분을 내세우지만, 그 이면에는 남자가 어찌 여자에게 질 수 있겠느냐는 생물학적 치졸함이 감추어져 있는 것이다. 각자 자기 생명을 지키려는 생존 본능의 의지, 자기 관할 영역을 양보할 수 없다는 원시적 본능이 더 크게 작용하는지도 모른다. 이런 생물학적 본능은 모든 생명체에 공통된 것인데 어떻게 인간이라고 다르겠는가? 하지만 말이다. 달리 생각해 보면, 도대체 인간적인 것이 무엇이겠는가? 그런 원시적 본능, 생물학적 자존심 때문에 못 하겠다는 것이 아니고, 그런 것들에도 불구하고 감히 손을 내밀 수 있고 따듯이 품어줄 수 있는 데서 인간 정신의 고결함과 위대함이 있지 않겠는가? 도대체 동물과 인간의 차이가 무엇이겠는가? 생물학과 윤리학이 갈라지는 지점이 어디에 있는가?

사정은 안티고네에게서도 마찬가지이다. 여동생 이스메네는 안티고네의 비극적 운명을 예감하면서 현실론을 통해 그녀의 마음을 돌리려고 애를 쓴다. "우리는 명심해야 해요. 첫째, 우리는 여자들이며 남자들과 싸우도록 태어나지 않았어요. 그다음 우리는 더 강한 자의 지배를 받고 있는 만큼, 이번 일들과 더 쓰라린 일에 있어서도 복종해야 해요."[15] 하지만 죽음도 불사하겠다는 안티고네는 단호하게 "너의 협력이 달갑지

---

14 소포클레스, 같은 책, 677-680쪽.

15 소포클레스, 같은 책, 61-64쪽.

않아."[16]라고 하면서 이스메네의 간청을 뿌리친다.

결국 이렇게 각자 자신의 입장만을 완고하게 고수하면서 대립하던 크레온과 안티고네는 함께 몰락하고 만다. 감옥에 갇힌 안티고네가 자살하자 그 약혼자인 하이몬과 어머니 에우리디케가 뒤를 이어서 자살을 한다. 크레온 왕은 하루아침에 아들과 처를 잃는 비극적 현실을 대하고서 망연자실한다. 하지만 후회는 너무 늦게 오고, 그 대가는 너무나 참혹한 것이다. 이런 소포클레스의 『안티고네』의 비극적인 전개와 결말은 진영논리로 구조적인 대립을 일삼고 있는 한국을 너무나 적나라하게 선취하고 있다고 해도 틀리지 않다. 그렇다면 21세기 한국사회의 갈등과 관련해 우리가 『안티고네』라는 작품에 대해 배울 수 있는 가르침은 무엇일까?

## 2.2 로마법의 형식주의와 그 한계

오래된 고전인 이 작품에 대한 해석은 다양하고 분분하다. 아리스토텔레스는 저 유명한 『시학』에서 비극이 주는 연민과 공포, 영웅적 인간들의 희생 그리고 파국을 통해 느끼는 카타르시스와 같은 정서적 효과를 강조한다.[17] 이런 정서적 효과가 전 시대의 종교의 역할을 대신해서 폴리스를 하나로 결속하고 시민들의 마음을 위무하기도 한다.[18] 안타까운 비극의 전개를 보면서 관객들은 저런 일들이 우리 자신에게도 벌어

16 소포클레스, 같은 책, 70쪽.

17 아리스토텔레스, 『시학』, 천병희 옮김, 숲, 2017.

18 이종철, 「헤겔 『정신현상학』에서의 '인륜성과 법'의 문제」, 『헤겔연구』 35집, 한국헤겔학회, 2014 참조.

질 수 있다는 개연성에 대해 반성하면서 자기 자신을 되돌아볼 수도 있다. 그러므로 비극의 전형인 『안티고네』가 갖는 효과는 다양하다. 또 다른 해석들도 많이 있다. 남성인 크레온과 여성 안티고네의 대립 구조에 입각해서 가부장적 원리와 모성적 원리의 충돌로 보기도 하고, 안티고네를 남성이자 왕의 명령에 당당히 맞서는 페미니스트적 여성의 전형으로 보기도 한다.[19] 법철학에서는 왕의 명령과 천륜의 대립을 인간의 법과 신의 법, 실정법과 자연법이 대립하는 고전적 케이스로 보기도 한다.[20] 정신분석학의 새로운 전통에서는 죽음의 무덤을 향해 비장하게 걸어가는 안티고네에게서 죽음의 미학, 숭고의 아름다움을 읽으려 한다.[21] 혹은 전통적인 여성성의 전형으로 보는 해석과 달리 아버지 오이디푸스와 오빠 폴리네이케스의 삶과 자신을 일체화하려는 안티고네에게서 근친혼 코드를 읽으려는 시도도 있다.[22] 오이디푸스와 안티고네는 같은 어머니의 자궁을 공유한 형제이자 부녀지간이다.

아무튼 『안티고네』를 어떻게 해석하느냐에 따라 새로운 장르와 새로운 영역이 개척될 정도이다. 앞서 언급했듯, 독일의 철학자 헤겔은 『정신현상학』에서 『안티고네』라는 작품을 참다운 정신인 그리스 정신을 해석하는 데 끌어들이고 있다. 그에 따르면 그리스 사회는 그리스 인륜 공동체를 움직이는 두 가지 원리의 갈등과 충돌을 해결하지 못해 필연적으로 해체될 수밖에 없다고 간주하고 그것을 『안티고네』라는 작품에

19 조현준, 「안티고네 : 숭고미에서 퀴어 주체로」, 『현대정신분석』 8(2), 한국현대정신분석학회, 2006.12 참조.

20 민윤영, 「안티고네 신화의 법철학적 이해」, 『법철학연구』 제14권 제2호, 한국법철학회, 2011 참조.

21 조현준, 같은 글.

22 조현준, 같은 글.

대한 해석으로 보여주었다. 헤겔은 그 이후 등장한 로마의 법치국가는 그리스 사회가 풀지 못한 갈등에 대한 대안으로 제시되었지만, 동시에 법 자체의 형식주의적 한계 때문에 충분한 해결책이 되지 못한다. 『안티고네』에 대한 헤겔의 이런 해석은 절반의 해법만 제시해줄 뿐 『안티고네』의 딜레마를 충분히 극복하지는 못한 것으로 나는 본다. 필자는 이런 헤겔 해석을 넘어서 양극화된 진영 논리의 해법을 원효의 오래된 화쟁논리에 기초한 불이不二론에서 모색해 보고자 한다.

헤겔의 『안티고네』 해석은 특별히 역사철학적이다. 그는 이 작품이 그리스의 시대정신을 형상화한 것으로 보고, 그리스 정신이 쇠락하면서 로마의 정신으로 이행할 수밖에 없는 것으로 본다. 다분히 후행적 정당화로 보일 수 있겠지만, 이러한 해석이 시사하는 바도 크다. 이러한 헤겔의 해석은 두 가지 측면에서 두드러진다. 한편으로는 『안티고네』가 가족과 국가, 인간의 법과 신의 법, 남성과 여성처럼 그리스적 인륜을 지탱하면서도 화해하기 어려운 두 가지 원칙, 두 가지 법의 충돌을 극명하게 드러내는 것으로 해석한다. 그 하나는 인간의 법이자 왕의 명령이고, 남자의 원칙이고 국가의 원리라면, 다른 하나는 신의 법이자 천륜이고, 여자의 원칙이자 가족의 정신이다. 『안티고네』의 비극은 이 상반된 원리와 법이 구조적으로 대립하면서 완벽하게 파멸한다는 데 있다. 여기서는 대립을 매개할 수 있는 중재자도 없고, 반성과 성찰을 허용하는 전지적 관점도 없다. 다만 여기서는 각자의 행동을 규율하는 특수성의 원리와 법을 고수하려는 완고함만이 있다. 마치 오늘날 한국사회를 지배하는 진영논리에 따른 대립과 크게 다르지 않다. 『안티고네』의 비극은 이러한 대립을 해소하지 못한 채 그 두 세계가 동시에 몰락할 수밖에 없는 경험을 웅변해준 것이다.

다른 한편으로 헤겔은 역사철학적 관점에서 그리스 사회가 몰락한 후 등장하는 로마 제국에 주목한다. 우리가 굳이 이것을 역사적인 사실로 바라볼 필요는 없다. 여기서 중요한 것은 그리스 사회를 지배하는 특수성의 원리가 몰락하고 제국 로마에서 새로운 인간형이 등장하고, 그들을 지배하는 새로운 국가 원리가 요구된다는 점이다. 안티고네와 크레온은 그리스 인륜 공동체를 규율하는 특수성의 원리에 지배를 받았다. 안티고네와 크레온은 각자 그들이 대변하는 정신의 화신으로서, 그들은 이러한 대립적 정신의 영향과 규정 안에서 행동할 수밖에 없다. 때문에 그들에게 근대인에게서 보여지는 자유로운 선택과 결정 같은 것은 찾아볼 수가 없다. 그들은 이러한 특수성의 정신을 구현하는 과정에서 불가피하게 대립하고 동시에 몰락하고 만 것이다.

그리스 사회가 해체된 후 로마의 제국에서 등장하는 새로운 인간을 묘사하기 위해 헤겔은 '인격'(Person) 혹은 '법적 인격'[23]이라는 표현을 사용하고 있다. 즉 법적 인격(Person)은 더이상 그리스 사회의 경우처럼 특수성의 원리에 지배되지 않는 형식적 자아이다. 인격은 근대적 개인을 선취한 개념으로, 자신의 자립과 자유를 우선시하는 익명의 다수이고 원자화 된 주체이기도 하다. 아울러 헤겔은 그리스의 폴리스가 해체되면서 등장한 새로운 로마적 제국을 '영혼 없는 공동체', '죽은 정신'으로 묘사하기도 한다. 인격은 절대 다수의 원자들로 해체된 개인들로서 이 거대한 제국을 형식적으로 구성하고 있을 뿐이다. 인격(Person)은 전체(신분 질서)의 규정을 받는 크레온이나 안티고네와 같은 성격(caracter)과 다르게, 전체로부터 분리되고 고립된 개별자이기도 하다. 헤겔은 단

---

23 헤겔, 같은 책, 57쪽.

독자의 의미를 강조하기 위해 인격을 '무수히 많은 점들'[24]로 묘사하고, 그들을 횡적으로 엮는 유대는 그리스 사회에서 보듯 인륜 공동체의 생동하는 정신이 아니라 타율적인 법적 강제와 형식적 평등의 원리라고 했다.

법에 의해 규율되는 사회 형태는 모든 사회 갈등과 분쟁을 보편적인 법의 이념에 따라 해결하고자 한다. 근대의 법치국가에서 보듯, 법은 갈등을 매개하고 중재하는 최종 심급으로서 제3자의 역할을 대신한다고 볼 수 있다. 법이 갖는 추상적이고 형식적인 측면은 개개인의 사정과 관계없이 무차별적으로 적용이 되기 때문에 이해관계의 대립이나 갈등을 해결하는 데는 적격이다. 하지만 추상적 형식으로서의 법은 내용상의 차별을 완벽하게 해결할 수 없다. 법치국가의 형식적 평등은 자본주의 사회의 발전에 따른 빈부격차와 마찬가지로 실질적인 내용상의 불평등을 숨길 수 없는데, 이런 내용상의 불평등에 따라 형식적 법의 불평등한 적용이 이어질 수 있다. 한국사회에서 법에 대한 불신이 가장 큰 이유는 이른바 무전 유죄나 유전 무죄와 같이 불평등하게 유지되고 있는 법적 현실에 있다. 이런 경우가 심화되면 법은 여지없이 권력과 부의 수단으로 전락하는 경우가 적지 않다. 전관예우와 같은 것도 법과 그 법을 구현하는 법률가들의 현실적인 타락을 보여주는 것이라 할 수 있다.

법이 내용상의 불평등과 차별을 해결하지 못할 뿐 아니라 오히려 심화시킬 수도 있는 가장 큰 이유는 법이 갖고 있는 장점이자 동시에 단점인 형식주의적 성격 때문이다. 헤겔은 이런 의미로 법적 상태에서 평등

24 헤겔, 같은 책 57쪽.

하게 인정되고 있는 인격권과 소유권은 형식적이고 추상적인 것에 불과하다는 점을 지적한다.[25] 원자화 된 개체들의 법적인 형식적 인격성이 현실 속에서 자신의 권리를 확인하는 것이 곧 나의 것으로서의 소유인데, 소유에서의 불평등이 여전히 상존하고 있기 때문이다. 이것이 법치法治의 한계이다.

> 내 것의 현실적 내용이나 규정은 (내 것이라는) 이 공허한 형식 속에 포함되어 있지 않으며, 그러한 내용에 (그것이 외형적인 소유물이건 아니면 정신이나 성격의 내면적인 빈부이건) 관심을 갖지도 않는다. 그 내용은 형식적 보편자와는 다른 그 자체의 권력에 속하는데, 이러한 권력은 우연적이고 자의적인 것이다. 때문에 법의 의식은 그 법이 현실적으로 유효한 곳에서조차 스스로의 완전한 비본질과 실재성의 상실을 경험하는 것이다. 그러므로 한 개인을 하나의 인격(Person)으로 호칭하는 것은 경멸을 표현하는 것이다.[26]

법은 보편적 잣대의 역할을 하지만 동시에 형식적이기 때문에 내용의 우연성에 의해 좌우된다. 이러한 우연성은 권력과 부에서 특별히 많이 나타난다. 한국사회에 유별난 내로남불이나 전관예우, 유전 무죄와 무전 유죄와 같은 것들이 단적으로 그런 현실을 보여주고 있다. 그렇다 보니 법이 정치 권력이나 자본의 도구로 전락하는 현상도 한국 사회에서 두드러지게 보이는 또 다른 현실이다. 더 나아가 오늘날 한국 사회에서 법은 그 자체 권력이 되고 있다고 해도 과언이 아니다. 과거 군사정

---

25 헤겔, 같은 책, 59쪽.

26 헤겔, 같은 책, 60-61쪽. 번역은 필자가 다소 수정을 했음.

권이 87년도의 형식적 민주화 이후 퇴조했지만, 그 자리를 메운 것은 판검사 혹은 변호사와 같은 법률 기술자들이라 해도 과언이 아니다. 그들은 법률 전문가로서의 전문성을 살려 행정과 정치 등 많은 분야에서 새로운 엘리트 기득권의 자리를 차지하고 있다. 사정이 그렇다면 법치는 전 시대의 연고와 같은 특수성의 원리에 비해 하등 달라진 것이 없지 않은가? 법치가 전 시대의 연고를 대신할 수 있는 형식적 잣대의 역할을 한 것은 전 시대의 특수성의 논리에 지배된 현실보다는 발전된 측면이라고 할 수 있다. 하지만 법은 그것의 형식성으로 인해 실질적 측면의 한계를 안고 있기 때문에 그것을 보완할 수 있는 방법도 염두에 두어야만 한다. 여하튼 법은 민주주의와 자본주의가 상당 수준 정착된 한국 사회에서 진영 갈등을 해소하기에는 역부족이다.

### 2.3 갈등의 상대화와 불이不二론

나는 이처럼 구조적으로 대립해서 양극화된 진영논리를 극복할 수 있는 대안 논리로 삼국을 통일한 신라에서 비슷한 사회적 갈등을 겪으면서 화해와 통일의 논리를 찾았던 원효의 화쟁사상和諍思想과 대승불교의 불이不二론을 원용하고자 한다. 잘 알다시피, 원효의 화쟁사상은 신라가 삼국을 통일한 후 여전히 갈라져 있는 민심과 각 부문의 갈등을 하나로 화해시키고 조화시키려는 의도에서 나온 사상이다. 대승불교의 불이론은 이처럼 양 극단으로 갈라진 것을 상대화시켜 그것을 극복할 수 있는 강력한 논리이다.

불이론, 즉 '둘이 아니다'는 논리는 성聖과 속俗, 부처와 중생, 깨달음과 무명이 다르지 않다는 대승불교의 핵심적인 가르침이다. 서양철학식으로 이야기하면 온갖 형태의 이원론에 대한 통렬한 비판이라 할 수 있다. 기독교식으로 보아도 천국은 사후의 세계에서 천국을 찾는 것이 아니라 지금 살고 있는 이 땅에 건설할 나라라는 의미이다. 그것은 지상의 나라와 천상의 나라, 현상과 이데아를 구분하는 두 세계 론을 거부하는 것이기도 하다. 반면 '하나도 아니다'라고 하는 불일不一은 그 둘을 단순히 하나로 동일시하는 것도 아니다. 만약 성과 속을 무조건적으로 동일시할 경우 탁한 속을 개선하고 비판할 수 있는 성의 세계를 잃어버릴 수가 있다. 우리가 일상적으로 경험하는 현상의 세계는 어쩔 수 없이 한정되어 있는 세계이고 불완전한 세계이다. 때문에 이 세계를 액면 그대로 인정할 경우 현실 세계의 부패와 불평등을 속수무책으로 방치하는 결과를 빚을 수 있다. 플라톤이 말하는 현상과 이데아의 관계는 이 불완전한 속의 세계를 넘어서 보편과 이데아의 지평을 보여줄 수 있다. 그런 의미에서 불일은 동양적인 정태적 일원론이 현상 고착에 빠지지 않도록 해줄 뿐만 아니라 이런 세계를 비판하고 이 세계를 초월해서 지향할 수 있는 보편의 세계의 논리적 필요성을 보여주는 것이다. 다른 한편 서양적 사유에서 많이 나타나는 이원론의 한계도 뚜렷하다. 그것은 플라톤의 경우처럼 탈세계론으로 발전할 수 있거나, 진영논리처럼 분열을 극단화할 수도 있다. 불이不二의 정신은 그런 이원론의 한계를 돌파할 수 있는 논리라고 할 수 있다. 그 점에서 '둘도 아니고 하나도 아니다'라는 것은 일원론과 이원론 모두를 아우르면서 넘어서는 화쟁和諍의 논리라고도 할 수가 있다. 그것은 하나도 치고 둘도 치고, 하나와 둘 모두를 끌어안는 화합의 논리이다. 그것은 논리를 넘어선 역설이고 살아있는 삶의 통찰이라고 할 수 있다. 우리는 이런 역설에 기대서 끊임없이 현재를 상대화하고, 두 세계로의 초월을 다시 넘어설 수 있을 것이다.

현재의 한국 사회는 '나는 옳고 너는 그르다'거나 '내가 하면 로맨스, 남이 하면 불륜'이라는 식의 극단적인 자기중심주의와 확증편향, 내로남불이 판을 치고 있다. 프레임 정치가 만연하고, 진영논리로 양극화되면서 내부 갈등이 극심한 상태이다. 광화문에는 태극기 부대들이 판을 치고 있고, 온라인에는 흔들리지 않는 신념으로 무장된 이데올로기 전사들이 넘친다. 이들에게는 논리와 합리성도 의미가 없다. 그저 자신이 속한 진영과 자신이 지지하는 이념이 전부다. 이들의 구조적인 대립과 갈등은 한국 사회 전반에 걸쳐서 안티고네와 크레온이 대립한 것처럼 해소되지 않는 투쟁을 되풀이하고 있다.

이런 갈등을 해소하지 못한다고 한다면 한국사회의 미래를 낙관하기 힘들다. 남북이 갈라져 섬과 같은 나라에서 자칭 타칭 보혁 갈등, 계급 갈등, 지역 갈등, 세대 갈등, 젠더 갈등 등 수많은 갈등으로 온 나라가 들끓고 있다. 이런 내부 문제도 해결하지 못한 상태에서 오랫동안 단절되어 있던 남북 간의 통일을 어떻게 말할 수 있고, 통일 이후의 한국에 대한 비전을 과연 어떻게 가질 수 있을까? 철학은 오래전 비트겐슈타인이 표현한 것처럼 '파리통 속의 파리'와 같은 이런 한국 사회의 형국에 탈출로를 말해줄 수 있어야 한다고 본다. 무엇보다도 극단화 된 갈등의 양 논리를 상대화시킬 수 있는 논리가 필요하다. 자신들이 고수하는 가치가 변경 불가능한 절대적 가치가 아니라 얼마든지 틀릴 수 있고 상대화될 수 있는 가치라고 한다면 그러한 상대적 가치들을 가지고 악다구니처럼 대립과 투쟁을 일삼을 까닭이 없기 때문이다. 이러한 깨달음이 이루어진다면 얼마든지 가치의 대립과 갈등을 넘어서 서로 간에 화해와 조화를 꾀할 수 있을 것이다. 그 점에서 '둘도 아니고 하나도 아니다'는 대승불교 정신의 의미는 지금 시대에 가장 요구되는 화합의 논리이며,

우리가 화두로 삼아 끊임없이 그 의미를 되묻고 깨달아야 하지 않을까 한다.

## 3. 나가는 말

이제 마지막으로 한국사회의 갈등과 관련해 좀 더 포괄적으로 생각할 수 있는 문제들 몇 가지를 더 언급하고 이 글을 맺고자 한다. 내가 말하고자 하는 것들이 우리 사회의 갈등을 해결할 수 있는 정답이 될 수는 없지만, 최소한 방향은 이야기할 수 있을 것이다. 첫째로 최소한 선과 악, 참과 거짓을 판단할 수 있는 법의 객관적 역할을 확보할 수 있어야 한다. 그 점에서 법을 엄정하게 집행하고 판단할 수 있는 검찰과 사법부의 독립이 필수적이어야 한다. 둘째로, 한국사회의 가장 큰 문제 중의 하나는 갈등을 비판적이고 객관적으로 조명해야 할 언론이 진영논리의 한 축이 되어 선전과 선동의 역할을 한다는 데 있다. 이런 현상은 보수나 진보를 막론하고 공통적으로 나타나는 현상이다. 한 국가를 형성하는 제4의 부서라고 할 언론이 이처럼 자기가 속한 진영의 선전 기관지를 자처하면서 행동하는 것은 대단히 위험스러운 현상이다. 그 점에서 무엇보다 언론 본연의 역할 회복이 특히 중요하다. 같은 선상에서 이야기할 수는 없겠지만 극단적 선동을 일삼는 1인 미디어(유튜브)나 종편의 위험도는 앞으로 갈수록 높아질 수 있다. 이들의 무책임한 영향은 미래로 갈수록 커지면서 사회 분열의 큰 원인이 될 가능성이 높기 때문에 하루라도 빨리 방만한 자유에 대한 엄정한 책임을 묻는 조치가 필요하다. 표현의 자유가 무조건적인 능사는 아니다. 셋째, 법치주의와 민주주의가 정착하기 위해서는 무엇보다 경제적 불평등을 해소하고 문화적 다양성을 보장할 필요가 있다. 항산이 있어야 항심이 있다(有恒産 有恒心)는 맹자의 오랜 말을 상기할 필요도 없이, 경제적 불평등이 노골적으로 유지되는 한 한국사회의 통합은 요원하다. 넷째, 사회 교양의 차원에서도 집단의 억압으로부터 개인의 다른 목소리를 보호하고 관용(tolerance)할 수 있는 성숙한 정신이 요구된다. 그러기 위해서는 지금보다 훨씬 더 개인의 자유와 자율, 그리고 개성을 키울 수 있는 사회로 나아갈 수 있어야 한다. 이런 것들을 고려하면서 불이론을 적절히 활용한다면, 그것은 현재와 같은 진영논리와 구조적 대립의 장벽을 극복할 수 있는 좋은 도구가 될 수 있을 것이다.

### 참고문헌

민윤영, 「안티고네 신화의 법철학적 이해」, 『법철학 연구』 제14권 제2호. 한국법철학회, 2011.08.

아리스토텔레스, 『시학』, 천병희 옮김, 숲, 2017.

이종철, 「헤겔 『정신현상학』에서의 인륜성과 법의 문제」, 『헤겔연구』 no.35, 한국헤겔학회, 2014.

장자, 『장자』, 오강남 옮김, 현암사, 2007.

조현준, 「안티고네 : 숭고미에서 퀴어 주체로」, 『현대정신분석』 8(2), 한국현대정신분석학회, 2006.12.

G.W.F. Hegel, 『정신현상학』 2권, 임석진 옮김, 한길사, 서울, 2005.

K.R. 포퍼, 『과학적 발견의 논리』, 박우석 옮김, 고려원, 1994.

K.R. 포퍼, 『열린 사회와 그 적들』, 이한구 옮김, 민음사, 2006.

# 복합평등의 철학적 기원 탐구와 동서문명의 융합*

**박정순** 전 연세대학교 철학과 교수

## 1. 복합평등의 철학적 의의

사회적 존재인 인간은 자신의 성취와 실패에 대해서 절대적인 고립 속에서가 아니라 남과의 비교를 통해서 자신이 행복하거나 불행하다고 느낀다. 따라서 모든 사람이 최소한의 행복감과 자존감을 갖기 위해서는 어떤 유형의 평등은 필연적으로 요청될 것이다. 그러나 존재론적 평등, 기회의 평등, 조건의 평등, 결과의 평등으로 대별되는 평등의 다양한 개념적 유형들 사이의 상충과 아울러 복지, 자원, 역량으로 구분되는 평등의 실질적인 내용적 대상들 사이의 갈등 때문에 현대 사회에서 어떠한 유형과 내용을 가지는 평등이 실현가능한지에 대한 철학적 논란은 여전히 계속되고 있다.[1] 특히 공산주의 진영의 붕괴 이후 국내외적 불평

---

* 이 글은 박정순, 『마이클 월저의 사회사상과 철학적 깨달음: 복합평등, 철학의 여신, 마방진』(서울: 철학과 현실사, 2017), 제4장 「복합평등의 철학적 기원」, pp.161-198을 축약하고 제목을 바꾸어 수록한 것이다.

1 Norman Daniels, "Equality of What: Welfare, Resources, or Capabilities?"

등을 심화시키는 신자유주의의 득세로 말미암아 평등주의의 실행 가능성 문제는 현대 윤리학과 사회철학에서 중차대한 도전적인 안건의 하나로 자리 잡게 되었다.

마이클 월저(Michael Walzer)의 평등 사상이 주목을 받기 시작한 것은 한 사회의 사회경제적인 불평등은 최소수혜자의 최대이익을 보장하는 한에서만 허용된다는 존 롤즈(John Rawls)의 『정의론』(1971)에 비견될 수 있는 그의 『정의의 영역들: 다원주의와 평등의 옹호』(1983)가 출간된 연후이다.[2] 월저는 『정의의 영역들』에서 특히 분배적 정의 문제에 주목하고, 사회적 가치는 특정한 사회에서 그러한 사회적 가치가 가지는 공유된 사회적 의미에 가장 충실하게 분배되어야 한다고 주장한다. 따라서 정의원칙은 롤즈의 "최소수혜자의 최대이익 증진의 원칙(maximin principle)"처럼 모든 사회적 가치들에 일률적으로 적용되는 것이 아니고 그러한 사회적 가치들의 각 영역에 타당한 다원적인 원칙들로 구성된다(SJ, 9-10쪽).

『정의의 영역들』에서 월저는 모든 사회와 제도의 정의 여부를 객관적으로 평가하기 위한 보편적인 정의원칙을 수립하려는 롤즈의 『정의론』에서 개진된 자유주의적 보편주의를 비판한다. 이러한 보편적이고 추상적이고 철학적인 정의원칙을 정의 문제에 대한 시민들의 현실적이고 구체적인 합의보다 우선시키는 것은 비민주주적일 뿐만 아니라, 그러한

*Philosophy and Phenomenological Research*, Vol. 50 (1990), 273-296쪽.

2 John Rawls, *A Theory of Justice* (Cambridge: The Belknap Press of Harvard University, 1971). 번역본은 존 롤즈 지음, 황경식 역, 『정의론』(서울: 이학사, 2003) 참조. Michael Walzer, *Spheres of Justice: A Defence of Pluralism and Equality* (New York: Basic Books, 1983). 이하 본문에서 SJ로 약함. 번역본은 마이클 왈쩌 지음, 정원섭 외 옮김, 『정의와 다원적 평등: 정의의 영역들』(서울: 철학과 현실사, 1999) 참조.

원칙은 구체적 상황에 적용될 수 있는 현실성도 결여되어 있다는 것이다(SJ, xiv쪽). 또한 월저는 분배적 정의원칙이 규제하는 분배의 대상, 즉 사회적 기본가치들에 관련해서 롤즈를 비판한다. 롤즈는 사회적 기본가치란 "합리적 인간이 그가 다른 무엇을 원하든 상관없이 많이 가지기를 원하리라고 생각되는 것"으로 보고 "권리와 자유, 기회와 권한, 소득과 부, 자존감"을 예로 든다.[3] 그러나 월저는 모든 도덕적 물질적 세계를 망라해서 생각할 수 있는 사회적 기본가치의 목록은 없다고 논파한다(SJ, 8쪽).

따라서 월저의 정의원칙 도출의 방법론과 분배 대상의 가치론은 다원적이고도 특수적이다. 즉, "정의원칙들 자체는 그 형식에서 다원적이다; 상이한 사회적 선 혹은 가치(social goods)는 상이한 이유에 따라서, 상이한 절차에 따라서, 그리고 상이한 주체에 의해서 분배되어야 한다. 이러한 차이는 사회적 가치 자체에 대한 상이한 이해로부터 유래한다. 이러한 상이한 이해는 역사적이고 문화적인 특수주의의 필연적 산물이다"(SJ, 6쪽). 가치들의 정의로운 분배는 사회구성원들이 그러한 가치들의 "사회적 의미"에 대해서 가지고 있는 공유된 "사회적 이해"에 달려 있다(SJ, 7쪽; 313쪽). 따라서 "정의는 사회적 의미에 상대적이다"(SJ, 312쪽). 다시 말하면, "분배의 기준과 방식은 가치 그 자체가 아니라 가치의 사회적 속성에 내재해 있다. 그 가치가 어떤 것이고, 그것이 사람들에게 어떠한 의미를 갖는 것인지를 이해한다면 그것이 어떻게, 누구에 의해서, 어떤 이유에 따라서 분배되어야 하는가를 이해할 수 있게 된다. 모든 분배는 가치의 사회적 의미에 상대적으로 정의 여부가 결정

3 Rawls (1971), 92쪽.

된다"(SJ, 8-9쪽). 월저에 따르면, 모든 분배적 논변은 도덕적 관점에서 "단순히 공통된 의미에 호소하는 것"이다(SJ, 29쪽).

다원적이고 특수적인 사회적 가치론으로부터 가치의 사회적 의미가 뚜렷이 구별될 때 분배는 각 영역에 따라서 자율적이어야 한다는 명제가 도출된다. 즉, "각각의 사회적 가치 혹은 일련의 가치는 오직 어떤 분배적 기준 혹은 방식만이 적합한 분배 영역(distributive sphere)을 구성한다"(SJ, 10쪽). 상이한 가치를 상이한 이유에 따라서 분배하고, 분배되는 가치들의 사회적 의미가 독특하게 구별될 때, 정의로운 분배는 사회적 가치들과 그 고유한 분배 기준이 적용되는 영역의 자율성을 보장하는 것이다. 이것이 바로 월저의 성가를 높이고 있는 복합평등론 혹은 다원평등론(complex equality theory)이다. 복합평등론은 상이한 사회적 가치들이 단일한 방식에 의해서가 아니라 그러한 사회적 가치들의 다양성과 그것들에 부착되어 있는 의미들을 반영하는 다원적 영역들의 기준들에 의해서 분배되도록 요구한다(SJ, 20쪽).

월저는 총 11가지의 분배 영역을 제시하고 있으며, 각 분배 영역은 분배 대상이 되는 가치에 대한 공유된 의미 이해에 의거한 "내재적 원칙(internal principle)"에 따라 분배가 결정되어야 한다고 주장한다(SJ, 9쪽, 19쪽). 11가지의 분배 영역은 공동체 구성원의 자격, 사회적 안전과 복지, 부와 상품, 직장과 직위, 천하고 힘든 노동, 자유 시간, 교육, 친족관계와 사랑, 신의 은총, 사회적 인정, 그리고 정치권력이다. 이러한 각 분배 영역의 내재적인 분배 원칙을 개략하면, 공동체 구성원의 자격은 기본적으로 국민들의 합의에 의해서, 사회적 안전과 복지는 필요에 의해서, 부와 상품은 자유 교환에 의해서, 직장과 직위는 공적에 의해서, 천하고 힘든 노동은 엄격한 평등에 의해서, 자유 시간은 자유 교환과 필요에 의해서, 기본 교육은 엄격한 평등에 의하고 고등 교육은 시장과 공적에 의해서, 친족 관계와 사랑은 이타주의에 의해서, 신의 은총은 자유로운 추구와 헌신에 의해서, 사회적 인정은 자유롭고 자발적인 교환에 의해서, 정치권력은 설득력과 민주주의에 의해서 분배되어야 한다는 것이다.

복합평등은 돈, 권력 등 지배적인 사회적 재화와 가치를 동일하게 나누려는 단순평등(simple equality)의 근시안성과 전체주의적 함축성을 경계한다. 그러한 단순평등을 유지하기 위해서는 국가의 개입이 필연적으로 요청되고, 따라서 관료주의적인 정치권력이 또다시 투쟁의 대상이 되는 상황이 발생된다(SJ, 15쪽). 복합평등을 이해하기 위해서는 어떤 사회적 가치나 재화의 대부분을 소유하는 "독점(monopoly)"과 어떤 영역의 가치가 다른 영역의 가치를 잠식하는 "지배(dominance)"의 구분이 중요하다(SJ, 10-11쪽). 월저는 독점의 문제보다 지배의 문제에 주안점을 두고, 돈과 권력 등 지배적인 가치가 다른 가치들과 교환(exchange)되거나 전환(conversion)되는 것을 방지하는 복합평등을 추구한다.[4] 즉 어떤 지배적 가치가 타 영역의 가치를 침해하는 교환을 봉쇄함으로서 독점의 심각성을 약화시키겠다는 것이 그 요점이다.[5] 복합평등 사회는 상이한 가치들이 독점적으로 소유될 수 있지만, 특정한 가치가 다른 가치로 "전환"되지 않는 사회이다. 각 분배 영역 안에서는 어느 정도의 독점이 있어 "많은 조그마한 불평등"이 용인되기는 하지만 그것이 분배

---

4 Stephen Mulhall and Adam Swift, *Liberals and Communitarians* (Oxford: Blackwell, 1992), 148쪽.

5 월저는 개인 혹은 정치권력이 화폐를 통해서 구매할 수 없는 "봉쇄된 교환(blocked exchang-es)"의 예로 14가지를 든다(SJ, 100-103쪽). 그리고 "권력 사용의 봉쇄(blocked uses of power)"의 예로 9가지를 들고 있다(SJ, 283-284쪽).

영역 간의 전환 과정을 통해서 "지배"로 변환되지 않는다(SJ, 17쪽). 또한 각 분배 영역에 내재하는 고유한 원리를 무시하여 어떤 한 영역이 다른 영역을 침범하는 "전제(tyranny)"도 사라지게 된다(SJ, 19쪽).

월저는 가치에 대한 공유된 사회적 의미와 그에 따른 분배 영역의 상대적 자율성을 보장하는 복합평등론이야말로 사회정의를 위한 "정당성의 원칙(a principle of legitimation)"이고 "비판적 원칙(a critical principle)"이며, 또한 근본적인 사회비판을 위한 "급진적 원칙(a radical principle)"이라고 역설한다(SJ, 9쪽, 10쪽). 왜냐하면, 가치의 사회적 의미가 훼손되고, 독립적이고 자율적인 영역들이 타 영역에 의해서 침해되고, 분배 기준들이 위배될 때, 사회적 부정의는 파악되고 비판될 수 있기 때문이다. 그래서 월저는 "충실한 영역 방어야말로 사회를 정의롭게 만드는 관건이다." 라고 지적한다(SJ, 319쪽). 충실한 영역 방어는 가장 큰 부정의의 두 가지 사례인 자본의 지배(domination)와 정치권력의 전제(tyranny)를 방지하기 위한 교환과 사용의 봉쇄(blocked exchanges and uses)에 집중되어 있다(SJ, 100-103쪽; 283-284쪽). 월저의 복합평등론은 독단적이고 불공평한 지배나 전제가 영속화되거나 고착화되는 상황을 제어하는 하나의 기준점이 된다. 또한 영역 방어는 분배 영역의 자율성을 해치고, 한 영역의 가치가 다른 영역의 가치로 전환되는 비근한 사례인 면죄부, 친족등용주의, 정략결혼, 성매매, 뇌물, 성직 및 관직 매매 등을 배제한다(SJ, 9쪽).

복합평등한 사회는 하나의 이상적 모형으로서, 그러한 사회는 아직까지 존재한 적이 없다. 월저의 복합평등론은 기본적으로 사회적 부정의에 대한 비판적인 기준이지만, 그 기준은 또한 만약 한 사회의 구성원들이 실제로 다양한 분배 영역에 참여하여 활동하고, 각 분배 영역의 자율성을 성공적으로 방어한다면 어떠한 사태가 도래한 것인가를 기술하는

서술적 기준이기도 하다.[6]

## 2. 복합평등의 철학적 기원: 보에티우스, 피타고라스, 낙서

월저의 복합평등론은, 그 스스로가 인정하고 있듯이, 사적 영역과 공적 영역, 공권력의 승계와 가족, 국가와 시민사회, 정치와 경제, 교회와 국가 등을 구분한 근대 자유주의의 공헌과 유산을 수용한 것이다.[7] 월저의 복합평등론은 자유주의의 이러한 전통을 보다 급진화하여 정의의 각 영역의 자율성을 보장하는 탈중앙화되고 "분권화된 민주적 사회주의"로 발전된 것이다(SJ, 318쪽). 또한 월저의 복합평등론은 평등주의적이고도 다원민주주의적인 가치들에 대한 공동체주의적 헌신을 반영한다고 평가될 수 있다.[8]

월저는 자신의 복합평등론이 인간의 다양한 재능의 광범위한 분산을 배경으로 이루어진다고 지적한다.[9] 보다 엄밀하게 본다면, 복합평등론과 인간 재능의 광범위한 분산과 발현은 일방적인 관계라기보다는 상호보완적인 것으로 보는 것이 더 타당할 것이다. 복합평등론은 자율성이 보장된 다양한 분배 영역 속에서 만개하는 다양한 가치와 능력과 성취들

---

6 Walzer, "Exclusion, Injustice, and the Democratic State," *Dissent* (Winter, 1993), 49쪽, 55-56쪽.

7 Walzer, "Liberalism and the Art of Separation," *Political Theory*, Vol.12 (1984), 315-330쪽.

8 월저의 공동체주의적 복합평등론과 사회비판이론에 대한 구체적인 논의는 박정순, 『마이클 월저의 사회사상과 철학적 깨달음: 복합평등, 철학의 여신, 마방진』(서울: 철학과 현실사, 2017) 참조.

9 Walzer (Winter, 1993), 62쪽.

사이의 통약불가능성을 통해서 인간의 사회적 서열화를 무력화시킬 뿐만 아니라, 왜 금권정치, 신정정치, 노인정치, 기술자 지배정치 등 하나의 가치와 그것의 소유에 관련된 자질이 다른 모든 가치들과 자질들을 지배하려는 작금의 정치적 사회적 시도들이 부정의인지를 판결해준다. 월저는 신자유주의 아래 만연된 승자독식 시장(winner-take-all market)은 승자와 패자를 양분화시키는 이데올로기적 도식으로서 결코 정당화될 수 없는 시장의 지배 책략이므로 복합평등론이 우선적으로 배제해야 할 대상이라고 강조한다. 그는 모든 영역에 걸친 성공자와 실패자의 집단이 존재할 가능성도 있음을 부인하지 않는다. 그러나 그는 인류 역사와 일상적 삶을 통해 볼 때 개인의 자질과 능력은 모든 영역에 아주 근본적으로 분산되어 있다고 믿는 것이 더 타당할 것이라고 생각한다. 그래서 그는 이러한 다양하게 분산된 자질과 능력이 돈 버는 능력과 정치권력에 위축되지 않고 충분히 발현되는 상황, 즉 지배와 전제와 부당한 전환을 배제하는 충실한 영역 방어와 교환의 봉쇄가 가능해질 때, 복합평등의 실현 가능성은 충분히 실제적인 것이라고 주장한다.[10]

월저는 인간의 다양한 재능의 광범위한 분산이야말로 복합평등론을 가능케 하는 사회학적 사실이라고 다음과 같이 주장한다:[11]

> 복합평등은 (사회적 가치의 상이성뿐만 아니라 또한) 인간의 상이성과 아울러 인간들 사이의 다양한 자질, 관심, 능력 등의 상이성에 대응한다. …… 그러한 자질, 이익, 그리고 능력의 범위는 매우 넓으므로 특정한 개인

---

10 Walzer, "Response," David Miller and Michael Walzer, ed. *Pluralism, Justice, and Equality* (Oxford: Oxford University Press, 1995), 290-292쪽.

11 Walzer (Winter, 1993), 62쪽.

들에게 그러한 것들의 어떤 긍정적인 혹은 부정적인 집합만이 극단적으로 편향해서 나타나는 증거를 –물론 내 자신의 경험이 어떤 증거를 제시하지는 못하겠지만– 나는 발견하지 못했다. 이 탁월한 수학자는 정치적 숙맥이고, 이 재능 있는 음악가는 다른 사람들과 어떻게 지내야 하는지에 대해서는 도무지 감이 없고, 이 능란하고 자상한 부모는 사업적 재능은 전무하고, 이 도전적이고 성공한 실업가는 도덕적 비겁자이고, 이 거리에서 구걸하는 거지 혹은 저 감옥의 죄수는 솜씨 있는 장인이거나 아무도 모르는 시인이거나 혹은 멋진 웅변가일지도 모른다.

월저가 꿈꾸는 다원적인 복합평등 사회에서 우리의 삶은 구체적으로 어떠한 양태로 나타날까?[12] 비록 그 사회는 "모든 사람의 행복과 불행이 공동체 전체에 의해서 공유"되는 정도까지는 아니겠지만(SJ, 70쪽), 기본적으로 우리의 행복과 불행은 여러 종류와 방식으로 존재한다는 다원주의적 인식에 따른 상호 존중과 자존감이 풍만한 사회가 될 것이다. "상호 존중과 공유된 자존감은 복합평등의 심층적 원동력이다. 이러한 가치들은 다시 복합평등을 지속 가능케 하는 원천이 될 것이다"(SJ, 321쪽). 복합평등은 하나의 "도덕적 결속이다. 그것은 강자와 약자, 운이 좋은 사람과 불운한 사람, 부자와 빈자를 결합하여 모든 이익의 차이를 초월하는 연합을 창출"할 것이다(SJ, 82-83쪽). 따라서 복합평등은 삶의 승리에 대해서 겸손하게 할 뿐만 아니라 삶의 실패에 대해서도 위안을 줄 것이다. 복합평등은 자만과 계급적 특권 의식을 감소시킬 뿐만 아니라 자기 비하와 모멸감, 그리고 압제적 명령과 그에 따른 맹종도 사라지

12 같은 논문, 284쪽; Walzer, 제11장 "A Day in the Life of a Socialist Citizen," in *Obligations* (Cambridge: Harvard University Press, 1970).

게 할 것이다.[13] 따라서 복합평등은 절대적 불평등만이 아니라 상대적 박탈감도 아울러 감소시킬 것이다.[14]

보에티우스(Boethius)는 『철학의 위안』에서 일찍이 인간 운명의 복합평등적 특성에 대해서 갈파하고, 그것을 철학적 위안의 중대한 기제로 삼은 바 있다. 월저는 복합평등의 선구자로 파스칼과 마르크스를 들고 있으나,[15] 어떤 면에서 인간 운명 자체의 복합평등을 논한 보에티우스가 더 중요할지도 모른다:[16]

> 어느 면에서든 자기의 상태에 불만이 없을 정도로 그렇게 완전하게 행복한 사람은 없다. 불안과 근심으로 가득 찬 것이 인간사의 본질인 것이다. 인간사는 결코 모든 것이 완벽하게 잘 되어 가지는 않는 법이며, 또한 항상 변함없이 머물러 있는 일도 없다. 어떤 사람의 경우는 부유하기는 하되 천민 태생임을 수치로 여겨 불만이며, 또 어떤 사람은 태생은 고귀하되, 자기 가문의 가난함 때문에 널리 알려지는 것을 달가워하지 않는다. 어떤 사람들은 부와 고귀한 태생의 축복을 받았지만 아내가 없기 때문에 불행하고, 또 어떤 사람들은 행복한 결혼을 했지만 자식이 없으므로 자기의 핏줄이 아닌 상속자를 위해 그들의 돈을 절약하는 셈이 되며, 또 어떤 사람은 자식

13 Walzer (1995), 284쪽.

14 Nancy Rosenblum, "Moral Membership in a Postliberal State," *World Politics*, Vol.36 (1984), 591쪽.

15 월저는 ① 사회적 가치들의 고유한 작동영역과 그 사회적 의미에 따른 분배원칙의 설정, ② 한 영역에서의 분배원칙을 무시하는 전제에 대한 비판이라는 두 가지 관점에서 파스칼과 마르크스를 복합평등론의 사상적 선구자로 지목한다(SJ, 18-19쪽).

16 A. 보에티우스, 박병덕 옮김, 『철학의 위안』(서울: 육문사, 1990), 제2권, 63쪽. 복합평등한 모든 사람의 인생 자체는 궁극적으로 죽음을 통해서 단순평등을 실현할 것이다. "영예의 오만함을 멸시하는 평등주의자인 죽음은 신분의 높고 낮음을 무시하고 모든 것들을 똑같이 격하시키며, 힘 있는 자들이나 미천한 자들이나 모든 것들을 똑같이 격하시킨다." 제2권, 82쪽.

을 두는 축복을 받았지만 자식들의 나쁜 행위 때문에 눈물을 흘린다. 운명의 여신이 자기에게 내려 준 운명을 받아들이기란 누구에게 있어서나 용이한 일은 아니다.

월저가 강조하는 인간 재능의 광범위한 분산에 관련된 복합평등 상태와 보에티우스가 강조하는 인간 운명에서의 행복과 불행의 다양한 착종이 가져오는 복합평등 상태는 그 추론적 관점에서 유비적으로 일맥상통하는 면이 있음을 포착하기는 어렵지 않을 것이다.

보에티우스가 『철학의 위안』에서 그 위안의 요체로 삼은, 인간의 행복과 불행에 관한 복합평등적 양태에 대한 철학적 관조는 종국적으로 형이상학적 조화나 일치인 하모니아(harmonia)를 강조하는 피타고라스(Pythagoras)의 자연적 정의(natural justice) 혹은 우주적 정의(cosmic justice)로까지 소급될 수 있을 것이다. 이러한 소급의 단초로서 우리는 보에티우스가 철학의 여신에게 한 다음과 같은 말을 지적할 수 있다: "당신은 날마다 나의 귀와 나의 생각 속에 '신神을 따르라'는 피타고라스 학파의 금언金言을 주입시키곤 했습니다. 그리고 당신이 나의 정신을 신의 그것과 흡사한 경지까지 이끌어 주시고 있었던 까닭에, 내가 가장 비열한 정신의 도움을 구하려 한다는 것은 거의 있을 수 없는 일이었습니다."[17] "신을 따르라"는 피타고라스의 경구는 원래 이암블리쿠스(Iamblichus)의 『피타고라스의 생애』에서 부각되었던 것이다: "더 나아가서, 이 모든 교훈들은 하나의 단일한 근원적인 원리인 신성의 목적에 근거하고 있다. 따라서 모든 삶의 총체는 철학의 원리이자 교설인 신을

---

17 보에티우스 (1990), 제1권, 37쪽.

따르는 것으로 귀착된다."[18] 신을 따른다는 것은 신과 일치된다는 것이며, 보에티우스의 『철학의 위안』에 전승되었듯이, 그것은 인간이 분노, 고통, 욕망, 무지 등에 의해서 스스로 지배당하지 않는 것을 의미한다. 그러기 위해서는 인간 영혼의 신적인 부분을 정화하려는 노력이 있어야 한다고 피타고라스는 강조했던 것이다.[19]

그렇다면, 최후의 고전 철학자요, 최초의 스콜라 철학자라고 평가되고 있는 보에티우스로부터 피타고라스에게로 그 사상적 기원을 소급하는 것은 결코 견강부회라고 할 수 없을 것이다.[20] 인간의 운명에 대한 보에티우스의 철학적 관조와 위안은 그 원형을 피타고라스에서 찾아 볼 수 있다. 보에티우스의 『철학의 위안』에 있는 "사라짐으로써 인간을 불행하게 만들 수 없는 행복은, 있음으로 해서 인간을 행복하게 만들 수도 없는 것이다"라는 구절처럼,[21] 마지막 구절에서 "영혼의 구원"이 언급되고 있는 피타고라스의 『황금시편』에서도, "운명이 주는 행운은 불확실하며, 그러한 행운들을 얻더라도 그것들이 동시에 사라질 수 있다는 것을 생각하라"라는 일맥상통하는 구절이 있다.[22] 또한 피타고라스는 "불운 속에서 어떻게 스스로를 도울 것인가를 아는 사람은 그리 많지

---

18 *The Life of Pythagoras* by Iamblichus of Chalcis in David Fideler, ed. *The Pythagorean Sourcebook and Library* (Grand Rapids: Phanes Press, 1988), 79쪽.

19 존 스트로마이어 · 피터 웨스트브룩 지음, 류영훈 옮김, 『인류최초의 지식인간: 피타고라스를 말하다』(서울: 통큰, 2005), 69쪽.

20 Sarah Pessin, "Hebdomads: Boethius Meets the Neopythagoreans," *Journal of the History of Philosophy*, Vol. 37 (1999), 29–48쪽.

21 보에티우스 (1990), 제2권, 66쪽.

22 Philip Wheelwright, ed. *Presocratics* (New York: The Odyssey Press, 1966), "Pythagoreanism; From the Golden Verses," 55–56쪽. 『황금시편』에 대한 국내 번역으로 존 스트로마이어 · 피터 웨스트브룩 (2005)을 참조하기는 했으나 번역은 저자의 번역임.

않다. 운명은 인간의 판단을 흐리게 한다. 운명은 계속해서 인간을 끝없는 슬픔 속으로 여기저기 내몬다"고 지적하고, "신이 운명을 통해서 우리에게 보내준 슬픔이 무엇이든지간에 인내를 가지고 참으며, 당신에게 어떤 일이 닥치더라도, 불평하지 마라"고 조언한다.[23]

인간의 운명에 대한 피타고라스의 이러한 철학적 관조는 그의 자연적 혹은 우주적 정의의 개념으로부터 유래한다. 그의 자연적 혹은 우주적 정의는 조화로운 우주, 즉 코스모스적 하모니아(cosmic harmonia) 개념에 근거하고 있다. 자연적 혹은 우주적 정의는 이러한 우주의 조화로운 질서의 원칙을 따르는 것을 의미한다. 그러한 "원칙은 균형과 평등을 보전하고, 서로 대립하는 자연적 힘들 중 어느 하나가 나머지 다른 것들에 대한 전제(tyranny)를 확립하는 것은 막는다."[24] 보에티우스도 이를 답습하여, "세계는 끊임없이 변화하면서도 조화를 유지하며, 원소들은 본질적으로 상충하면서도 평온을 유지한다"고 언명한다.[25] 월저의 복합평등론에서 각 분배 영역의 자율성을 해치는 전제와 지배(domination)는 강력하게 배제된다. 전제는 다음과 같이 규정된다: "사회적 선 혹은 가치들은 사회적 의미를 가지므로 우리는 이러한 의미에 대한 해석을 통해서 분배적 정의에 이르는 길을 추구한다. 우리는 각 분배 영역에 내재하는 원칙들을 찾는다. …… 이러한 원칙들을 무시하는 것이 전제이다. 둘 사이에 본질적인 연관이 없는, 하나의 가치를 다른 가치로 전환시키는 것이 일단의 사람들이 관할하고 있는 어떤 영역을 침범하는 것이다.

---

23 Pythagoras, "The Golden Verses," in Fideler (1988), 163-164쪽.

24 J. L. Stocks, "Plato and the Tripartite Soul," *Mind*, New Series, Vol. 24 (1915), 207쪽.

25 보에티우스 (1990), 제2권, 84쪽.

…… 다른 가치들을 획득하기 위해서 정치권력을 사용하는 것이 전제적 사용인 것이다"(SJ, 14쪽). 또한 월저는 "지배는 어떤 사회적 가치를 그 사회적 의미의 제약을 받지 않고 사용하거나 혹은 어떠한 사회적 가치의 의미를 자의적으로 형성하여 사용하려는 방식을 기술한다"고 밝힌다(SJ, 10-11쪽).

피타고라스의 자연적 혹은 우주적 정의의 개념은 그의 『황금시편』의 다음 구절에서 찾아 볼 수 있다: "신의 축복을 탄원하기 전까지는 어떠한 일도 시작하지 마라. 만약 이것을 확고하게 믿는다면, 당신은 머지않아 신과 죽음을 피할 수 없는 존재인 인간, 그리고 어떻게 모든 것이 왔다가 돌아가는가 하는 존재의 진정한 본질을 알게 될 것이다. 그리고 자연은 모든 면에서 거의 동등하다(Nature in all is almost equal)는 진리를 알게 될 것이다. 따라서 당신은 바랄 수 없는 것을 바라지 않게 되고, 그 무엇에도 소홀함이 없게 될 것이다."[26] "자연은 모든 면에서 거의 동등하다"는 피타고라스의 언명은 자연적 혹은 우주론적 정의에서의 복합평등적 측면을 강조하는 것처럼 보인다. 이러한 자연과 우주의 복합평등적 측면은 인간의 운명에서의 행 · 불행에 대한 보에티우스의 철학적 관조의 이면에 흐르는 형이상학적 원리라고 할 수 있을 것이다.

피타고라스의 자연적 혹은 우주적 정의의 복합평등적 측면은 그의 마방진(魔方陣: magic square)으로 우리를 인도한다. 마방진은 1에서 $n^2$까지의 정수를 가로 · 세로 · 대각선의 합이 전부 같아지도록 n행 n열의 정사각형 모양으로 나열한 방진을 말한다. 마방진이라 함은 그것이 여러 정사각형의 숫자 배열인 방진들 중에서 상하 · 좌우 · 대각선의 합이

26 Pythagoras, "The Golden Verses," in Fideler (1988), 164쪽.

모두 같은 특수한 조건을 만족하는 마술적인 성질은 가진 방진이라는 뜻이다.[27] 마방진은 그 상수적 합의 일정성에서 감지되는 신비한 규칙성과 조화로 말미암아 인류의 모든 문명에서 하나의 질서정연한 우주적 자연적 사회적 체계를 상징하는 것으로 등장했던 것이다.[28] 피타고라스의 마방진은 3차 마방진, 4차 마방진, 5차 마방진 등이 있으며 그 각각의 합은 모두 일정하게 15, 34, 65이다. 예를 들면 3차 마방진은 위로부터 풀어서 쓴다면, {(8,1,6), (3,5,7), (4,9,2)}의 자연수의 배열로 이루어져 있으며, 상하 좌우 양 대각선의 총 8번의 합이 모두 일정하게 15가 된다. 피타고라스의 마방진은 그가 이집트에 체류했을 때 배워 고대 그리스 사회에 전파한 것으로 생각되며, 따라서 피타고라스학파를 위시한 다른 수학자들에게도 널리 알려졌으리라고 추정된다. 피타고라스의 마방진은 그의 자연적 혹은 우주적 정의에서의 하모니아 개념, 보다 명확하게는 "자연은 모든 면에서 거의 동일하다"는 자연적 혹은 우주적 정의의 복합평등적 측면에 대한 하나의 수학적 상징이라고 말할 수 있을 것이다.[29]

인류 문명에서 최초로 등장한 마방진은 중국의 낙서洛書이다. 중국의 낙서는 3행 3열의 3차 마방진이다. 낙서는 하도河圖와 함께 주역의 근본 원리가 함축된 도서로 간주되고 있다. 『주역周易』「계사전繫辭傳」에는 "하도와 낙서가 나타나니 성인이 이를 법칙으로 삼았다"는 언급

27 전용훈, 「수학사의 미스터리 마방진: 숫자속에 숨겨진 우주의 질서」, 『과학동아』 제14권, 제7호 (1999년 7월), 69쪽.

28 Clifford A. Pickover, *The Zen of Magic Squares, Circles, and Stars* (Princeton: Princeton University Press, 2002), 207쪽.

29 Hobert Huson, *Pythagoron: The Religious, Moral and Ethical Teachings of Pythagoras: Reconstructed and Edited* (Refugio: Texas, 1947), 214쪽.

이 나온다.[30] 낙서는 {(4,9,2), (3,5,7), (8,1,6)}으로 배열된 3행 3열의 3차 마방진으로서 그 상수적 합은 15이다. 낙서는 지금으로부터 4000년 전경 중국 하나라 우왕이 황하의 범람을 막기 위해 치수를 할 때 낙수에서 나타났던 거북의 등에 각인된 마방진으로서, 우왕이 천하를 다스리는 대법으로 삼았다고 전해내려 오고 있다.[31] 그렇지만 하도와 함께 낙서의 진정한 의미는 무엇이고, 또한 그 대법은 과연 무엇인가 하는 논란은 끊임없이 전개되어 왔던 바 있다.[32] 낙서의 사회철학적 함축성에 관한 언급은 다음에서 찾아 볼 수 있다: "낙서는 현실적으로 하나의 구조가 완벽하게 존재하기 위해서는 수량적으로 균형을 일정하게 유지해야 된다는 점을 밝히고 있다. 처음과 끝이 맞물리고, 위와 아래가 얽혀서 전후좌우가 서로 균형 있게 조화를 얻어야만 그 조직체가 제대로 유지되는 것임을 상징했다."[33] 따라서 낙서는 사회통합의 모범으로서 간주된다. 이러한 사회통합적 모범의 관점에서 그 분배정의론적 함축성을 명백하게 언급하고 있는 것은 다음과 같다: "하도의 선천적인 자연의 질서체계가 있음에도 낙서의 후천적인 화합체계가 필요한 까닭은 인간은 만물의 영장으로 단지 자연의 주어진 조건에 만족하지 않고, 한 사람의 낙오자나 차별을 받는 이가 없이 전체가 다 함께 안락하게 사회를 만들려는 인간애의 정신을 …… 담았기 때문이다. …… 상하上下의 귀하고 천함도 균등하게 배분하여 정신적 가치는 위에 사람에게 후하게 주고, 물질적 가치는 아래 사람에게 후하게 분배하였으

30 『주역』, 「계사전」 상, 제11장.

31 Frank J. Swetz, *Legacy of the Luoshu* (Chicago: Open Court, 2002), "Introduction."

32 문재곤, 「하도 낙서의 형성과 개탁」, 『중국철학』 제2권 (1991), 123-159쪽.

33 서정기 역주, 『새시대를 위한 주역』 上(서울: 다락방: 1999), 29쪽.

니 각각 소원을 성취시키려는 노력이다."[34] 낙서의 이러한 사회철학적 분배정의론적 함축성을 감안해볼 때 그 사회통합의 모범적 특성은 낙서의 복합평등적 관점에서 유래한다고 단언해도 과언은 아닐 것이다.

우리의 논의에 주제적으로 관련된 것은 아니므로 여기서 구체적인 논의를 전개할 수 없지만, 복합평등에 대한 마방진적 해석은 우주 내에서 존재하는 성좌들을 비롯한 천체는 국부적으로는 불균등하지만 전체적으로 보면 균등하게 분포하고 있다는 우주의 균등성 이론(homogeneity of the universe theory)과 연계될 수 있을 것이다. 그리고 월저의 복합평등론은 다양한 분배적 영역에서의 카오스적인 불평등 상태에서 복합평등이라는 일정한 이차적인 규칙성이 창발(emergence)하는 사회현상에서의 복잡계 이론(complex system theory)으로도 간주될 수 있을 것이다.[35]

## 3. 마방진으로서의 복합평등과 그 해석적 논란

월저의 복합평등론은 한편으로는 공동체의 사회적 분화와 가치의 파편화가 심화된 모던 혹은 포스트모던 시대에서 자유와 평등을 조화하여 사회정의를 실현할 수 있는 유일한 현실적 대안이라고 칭송을 받는다. 그러나 다른 한편으로는 무한경쟁 속에서 승자독식 시장의 지배를 당연시하는 신자유주의적 세계화 시대에 역행하는 초라한 반동적인 사회민주주의적 환영幻影에 불과하다는 비판을 받고 있다.[36] 보다 구체적으로,

---

34 서정기, 「禮節文化再建의 시대적 과제」, 『세종문화회관 대강연집: 예절부흥으로 새시대를 열자』(서울: 동양문화연구소, 2000), 8쪽.

35 John L. Casti, *Complexifcation* (New York: Harper Perennial, 1994) 참조.

복합평등론에 대해서 11가지 분배 영역 자체와 아울러 그것들에 따른 내재적 분배 원칙의 임의적 설정과 분배 영역 간 교환의 엄격한 제한을 위한 국가의 통제적 간섭과 개입의 필요성 고조 등에 관련된 다양한 문제점들이 지적되어 왔다. 또한 복합평등은 어떤 한 영역의 지배적 가치가 다른 영역들의 가치들로 전환되거나 혹은 그것들을 지배하는 것을 방지하는 데에 초점을 맞추므로 한 영역에서의 독점을 방치하게 되어 심각한 불평등을 용인하게 된다는 평등주의적 관점에서의 비판이 전개되었던 바 있다.[37] 그렇지만 여기서는 복합평등론에 대한 철학적 기원을 통해서 밝혀진 복합평등론에 관한 심리위안적 특성, 그리고 자연적 혹은 우주적 정의로서의 마방진적 해석에 대한 논란에 그 초점을 맞출 것이다.

월저의 복합평등론은, 제2장에서 논의한 것처럼, 정교 분리 등 사회적 제 영역에서의 근대적인 "분리의 기술(art of separation)"에 근거하고 있다.[38] 더 나아가서 복합평등론은 상이한 영역에서의 상이한 사회적 가치들이 상이한 이유와 절차에 따라서, 상이한 주체에 의해 시행되는 다원적인 분배적 정의원칙들에 의해서 실현된다는 의미에서 다양한 사회적 분화가 이루어진 탈근대적인 사회에 기반하고 있다(SJ, 6쪽). 따라서 복합평등론의 철학적 기원을 보에티우스의 『철학의 위안』을 통해 피타고라스의 마방진적인 우주적 정의에로 소급시킴과 아울러 종국적으로 마방진의 신화적인 원형인 중국의 낙서까지 소급시킨 것은 시대착오

---

36 Rosenblum (1984), 590쪽; Mark Lilla, "The Phantom of Democratic Socialism," *The Public Interest*, Vol. 73 (1983), 125-133쪽.

37 Miller and Walzer (1995), "Introduction" 참조.

38 Walzer (1984) 참조.

적인 전근대적 회귀라고 폄하될 수도 있을 것이다. 이것은 영미 사회철학 및 윤리학 분야에서 최전선에 있는 (신화로부터 지적 활동을 해방했던) "세계의 탈주술화"된 이론을 "재주술화"하는 것이라는 우려도 제기될 수 있을 것이다.[39]

이러한 관점에서 마방진으로서의 복합평등은 봉건제도를 정당화하는 이데올로기적 기제로도 작용할 수 있다는 비판이 제기될 수 있다. 이러한 이데올로기적 정당화의 기제는 사회정의에 대한 정당한 요구를 발생시키지 못하게 할 것이며, "계층적 사회를 인가하는 고정된 자연질서에 대한 믿음"을 통해 인간의 자존감을 상이한 방식으로 뒷받침해 준다.[40] 이러한 봉건주의적 믿음은 보다 구체적으로 다음과 같이 설명될 수 있을 것이다:[41]

> 봉건 체제나 혹은 계급 제도에 있어서는 각자는 사물의 질서에 따라 자신에게 할당된 지위를 취한다는 믿음을 갖게 된다. 그의 비교는 아마도 자신의 지위나 계층 내에 국한해서 이루어질 것이며, 이러한 서열화는 결국 인간이 통제할 수 없게끔 확립되고 종교나 신학에 의해서 인가된 많은 비교될 수 없는 집단을 만들어낸다. 사람들은 하등의 의혹도 품지 않고서 그들의 지위에 몸을 내맡기며 모두가 자신의 소임을 부여 받은 것으로 보기 때문에, 모든 사람은 동일하게 운명 지워졌고 섭리자의 눈에는 똑같이 귀한 것이라고 주장한다. 이러한 사회관은 사회 정의의 문제를 일으키는 여건을 생각 속에서 제거함으로써 문제를 해결하고 있다.

39 김재범, 『주역사회학』(서울: 예문서원, 2001), 252쪽.

40 롤즈 (2003), 700쪽.

41 같은 책, 699쪽.

아마도 마방진적인 복합평등 사회에서는 사회계층적 상향이동 욕구도 고조되지 않을 것이다. 또한 모두들 자신의 영역에서 최선을 다하는 것으로 만족하고 살아갈 것이다. 이것은 "각자에게 자신의 몫을(to each his/her own; suum cuique)"이라는 고대로부터의 정의관의 기본 신조를 현대적으로 실현하는 한 가지 방식이 될 것이다. 그러나 다양한 분배 영역들 사이에서의 가치의 교환을 봉쇄당하고 자신의 봉건적 영역(feudalistic fief/turf)에서만 복합평등적으로 안주하며 사는 것은 현대인에게 적합하지 않은 고도의 "심리적 금욕주의"를 요구하는 것인지도 모른다.[42] 따라서 월저의 복합평등론은 현대사회에서 직접적으로 현실화시킬 수 있는 방식의 미래 설계가 아니라는 점에서 하나의 유토피아론이 될 수도 있다. 또한 인간의 행·불행에서의 마방진적인 복합평등적 측면을 강조함으로써 얻는 철학적 위안은 사회적 상층 계급과 하층 계급 사이에 엄연히 존재하는 복합적인 혹은 누적적인 불평등의 간극을 은폐하려는 하나의 "허위적 위안(a false comfort)"인지도 모른다.[43]

월저의 복합평등론을 마방진으로 해석하는 것은, 마방진이 마술적인 상수적 합을 갖는 것으로 미루어 볼 때, 개인 복지의 측정과 개인 간 복지 비교에서 그 기수적인(cardinal) 측정과 비교 가능성을 함축한다는 비판이 제기될 수 있다. 마방진으로서의 복합평등은 모든 분배 영역들에서 각 개인들의 총체적인 입지에 대해서 결과적 평등인 상수적인 합계를 산출할 수 있다는 것을 의미한다. 이것은 결국 메타차원적인 이차적인 평등으로서의 복합평등을 "총체적인 실질적 평등(overall literal equality)"

42 Rosenbaum (1984), 593쪽.

43 Sheila Briggs, "The Politics of Identity and The Politics of Interpretation," *Union Seminary Quarterly Review*, Vol. 43 (1989), 177쪽.

으로 간주하는 것을 의미한다.[44] 이러한 실질적 평등으로서의 복합평등은 2차적인 것으로 돈과 권력 등 지배적인 가치들에 대한 1차적인 평등을 추구하는 (월저가 굳이 피하려고 하는) 단순평등하고는 다른 것이다.

총체적인 실질적 평등으로서의 복합평등은 애덤 스위프트(Adam Swift)에 의해서 제기된 바 있다. 그는 월저의 복합평등론은 하나의 사회적 계산법(social arithmetic)으로서 복합평등이 다양하게 분화된 분배 영역들 속에서 개인들의 다양한 높고 낮은 입지들에 대한 "가중적 평균치(the weighted average of the positions)"를 통해서 산출될 수 있다고 주장한다. 복합평등한 사회에서는 모든 사람들은 거의 동일한 가중치를 갖게 될 것이다. 특히 사회계층이 공고화되지 않은 사회라면, 모든 사람이 어떤 분야에서는 높은 위치를 차지하고, 어떤 분야에서는 낮은 위치를 차지할 것이므로 복합평등의 달성이 쉬울 것이다. 그러한 사회에서 각 개인은 각 분배 영역에서 여러 가지 높고 낮은 위치를 점하게 되므로 총체적으로 볼 때 각자의 위치는 평등 상태에 접근할 것이다. 이것은 결국 "사회적 불평등에 대한 복합적 감소(complex reduction of social inequalities)"로서의 복합평등을 산출하게 된다는 것이다.[45]

리처드 아르니슨(Arneson)은 월저의 복합평등이 결국 복합적인 불평등(complex inequality)으로 전락하지 않기 위해서는 복합평등이 총체적인 실질적 평등으로 해석되어야만 한다고 주장한다. 아르니슨은 만약

---

44 Richard Arneson, "Against 'Complex' Equality," David Miller and Michael Walzer. ed. *Pluralism, Justice, and Equality* (Oxford: Oxford University Press, 1995), 234쪽.

45 Adam Swift, "The Sociology of Complex Equality," David Miller and Michael Walzer. ed. *Pluralism, Justice, and Equality* (Oxford: Oxford University Press, 1995), 254-255쪽.

그렇지 않다면 월저의 복합평등론은 이미 언급한 복합평등의 봉건주의적인 고색창연한 평등감을 옹호하거나, 아니면 우연적인 의미에서만 평등주의가 될 뿐이라고 주장한다. 즉 월저의 복합평등론은 그 자체로서는 모든 영역에서의 승자와 패자가 양분되는 누적적인 복합적 불평등 사회와도 양립 가능하며, 또한 그러한 승자와 패자 사이의 엄청난 간극을 용인하는 승자독식 시장과도 양립가능하다는 것이다. 그러한 승자독식 시장에서 복합평등은 기껏해야 상층부에 있는 다양한 승자들 사이에서나 가능하게 될 것이라는 것이다.[46]

그러나 데이비드 밀러(David Miller)는 월저의 복합평등을 총체적인 실질적 평등으로 해석하는 이상과 같은 스위프트와 아르니슨의 관점에 대해서 극력 반대한다.[47] 밀러는 분배적 정의에서 분배 대상이 되는 사회적 가치들에 대해서 월저가 강조한 다원주의적 특성에 주목한다. 제1장에서 이미 논의한 것처럼, 월저에 의거하면, "상이한 사회적 선 혹은 가치(social goods)는 상이한 이유에 따라서, 상이한 절차에 따라서, 그리고 상이한 주체에 의해서 분배되어야 한다. 이러한 차이는 사회적 가치 자체에 대한 상이한 이해로부터 유래한다. 이러한 상이한 이해는 역사적이고 문화적인 특수주의의 필연적 산물이다"(SJ, p.6). 이러한 관점에서 밀러는 복합평등을 총체적인 실질적 평등으로 해석하는 것은 상이한 가치들에 대한 통약가능성(commensurability)을 전제하고 있다고 본다. 그러나 이것은 사회적 가치들 사이에서의 근본적인 차이와 통약불가능성(incommensurability)을 강조하고 있는 월저의 복합평등론과 배치된다고

46 Arneson (1995), 233쪽.

47 David Miller, "Complex Equality," in Miller and Walzer (1995), 205쪽.

주장한다. 그래서 "만약 돈과 정치적 권력이, 말하자면, 근본적으로 상이한 유통적 혹은 통용적 가치(currencies)를 가지고 있다면, 둘 사이의 전환은 불가능하다"고 예증한다.[48] 따라서 밀러는 월저의 복합평등을 일종의 정치적 조건의 평등이라고 할 수 있는 신분 혹은 자격의 평등(equality of status)으로 해석한다.[49] 이러한 신분 혹은 자격의 평등에 의해서 각 사회의 구성원들은 한 사회에서의 성원권(membership right)을 가짐으로써 동등한 시민권(equal citizenship)을 획득하게 된다는 것이다.[50] 이러한 동등한 시민권은 월저가 강조한 것처럼 다양한 경제적 사회적 분배 영역들에서 상이한 개인들의 다양하고도 자유로운 참여 활동과 상이한 입지와 분배적 혜택을 보장하기 위한 기본적 관건이 된다(SJ, 63쪽).

복합평등을 총체적인 실질적 평등으로 해석하는 것에 관련된 이러한 논란에 대해서 월저는 다음과 같이 자신의 입장을 밝힌다. 한편으로, 월저는 총체적인 실질적 평등으로 복합평등을 해석한 스위프트의 입장에 대해서도 찬동하지 않는다. 월저는 복합평등이, 스위프트가 주장한 것처럼, 상이한 사회적 분배영역에서 각 개인들의 상대적 입지에 대한 평균적 가중치를 통해서 가장 잘 측정될 것으로는 생각하지 않는다. 또한 스위프트가 해석하는 총체적인 실질적 평등으로서의 복합평등이 달성되기 위해서는 어떤 독재적인 정치적 장치가 필요할 것이라는 우려도 내비춘다. 물론 월저는 상이한 분배 영역들에서 각 개인들의 상대적 입지에 대한 주관적인 자기 평가가 어떤 보상적인 효과를 가져올 것이라는 점은 인정한다. 즉 봉급은 낮지만 하는 일이 중요하거나 흥미가 있거나, 혹은

48 같은 논문, 205쪽.
49 같은 논문, 204쪽.
50 Miller, "Introduction," in Miller and Walzer (1995), 13쪽.

많은 여가 시간을 주는 것처럼, 어떤 한 영역에서의 우월한 입지가 다른 영역에서의 열등한 입지를 보상할 수 있다. 다른 한편으로, 월저는 상이한 사회적 가치들의 근본적인 통약불가능성(radical incommensurability)을 강조하는 밀러의 입장에 대해서도 유보적인 태도를 취한다. 월저는 복합평등론이 자율성이 보장된 다양한 분배 영역 속에서 만개하는 사회 구성원들의 다양한 가치와 능력과 성취들 사이에서 어느 정도의 통약불가능성을 통해서 인간의 사회적 서열화를 무력화시킨다는 것을 기본적으로는 강조하고 있다.[51] 그러나 월저는 가치의 자기 평가에서 가치들 상호 간에 보상적 효과가 있으므로 밀러가 주장하는 것처럼 근본적인 통약불가능성을 주장하고 싶지는 않다는 점을 밝힌다. 그러나 월저는 상이한 가치들 사이의 보상 효과 혹은 전체적 서열에 관한 사회적 평가에 있어서는 격렬한 사회적 불일치가 존재할 것이라고 본다. 그리고 이러한 불일치가 평등주의적 효과를 가져올 것이라고 기대한다. 이러한 관점에서 월저는 복합평등한 사회의 부정적인 특성에 대해서 더 확신을 갖는다. 그러한 사회에서는 어느 한 집단의 사람들이 지배적인 위치에 있거나 모든 가치가 한 방향으로 편향적으로 흐르지 않게 된다는 것이다. 이러한 부정적 특성이 확고하게 되면, 불평등한 사회에서 만연된 승자의 자만과 계급적 특권의식을 감소시킬 뿐만 아니라 패자의 자기비하와 모멸감, 그리고 승자의 압제적 명령과 패자의 그것에 따른 맹종도 사라지게 할 것이라는 것이다.[52]

그러나 월저의 이러한 자기 해명에 대해서 하토그(Hartogh)는 그것이

---

51 Walzer (1995), 285쪽.

52 같은 논문, 284쪽.

매우 역설적인 것이라고 비판한다. 우리가 월저의 복합평등론이 올바른 분배적 정의론이라는 것을 믿고, 그것에 의거하여 한 사회의 근본적인 불평등을 파악하고 비판하려고 할 때, 복합평등론은 사회적 가치들에 대한 통약적인 사회적 평가가 불가능하므로 실질적인 사회비판 원칙으로 작동할 수 없다는 것이다. 복합평등론이 상이한 가치들 사이의 통약 불가능성이 주는 우연적인 (가치 우열에 대한 사회적 논란을 해소할 수 없다는 점에서) 평등주의적인 효과에만 의거한다면, 복합평등론은 결국 상이한 가치들에 입각한 각 분배 영역들에서 각 개인들의 전반적인 입지를 고려할 수 없는 "광범위한 무지"에 귀착하고 만다는 것이다.[53]

복합평등을 총체적인 실질적인 평등으로, 더 나아가서 고전적이고 봉건주의적인 하모니의 상징인 마방진으로 해석하는 것은 이상과 같은 다양한 논란 속에 휩싸여 있다. 그러나 우리가, 심지어 월저의 자기 해명에도 반하여, 복합평등에 대한 마방진적 해석을 견지하는 이유는 복합평등이 하나의 평등, 즉 총체적인 실질적 평등이라는 점을 담보하기 위한 일종의 상징체계가 필요하기 때문이라고 말할 수 있을 것이다. 그렇지 않다면, 이차적 평등으로서의 복합평등이 하나의 실질적인 평등으로 나타날 것이라는 보장은 그 어디에서도 찾아볼 수 없을 것이다.

## 4. 결론: "과거의 미래"로서의 복합평등

복합평등은 어떤 분배 영역의 가치가 다른 분배 영역의 가치를 잠식

---

53 Govert den Hartogh, "The Architectonic of Michael Walzer's Theory of Justice," *Political Theory*, Vol. 27 (1999), 521쪽.

하는 지배(dominance)가 사라지고, 각 분배 영역의 자율성이 확보된 이후에 등장하는 부차적인 결과(by-product)이다(SJ, 20쪽).[54] 복합평등이 부차적인 결과라는 것은 그것이 중요하지 않다는 것이라기보다는 월저의 복합평등론은 일차적인 각 분배 영역에서의 자율성의 확보를 우선적 과제로 삼으며, 그것이 달성되면 복합평등은 후속적으로 도출되는 메타 차원적인 이차적인 속성으로서의 결과라는 것을 의미한다.[55] 그렇다면 그러한 이차적인 결과를 단순한 정치적 조건 혹은 기회의 평등으로서 신분과 자격의 평등으로만 보는 것은 분명히 결과적 평등의 속성을 갖는 복합평등을 기회와 조건의 평등으로만 소극적으로 해석하는 것이 될 수 있다. 그러나 복합평등을 총체적인 실질적인 평등으로 볼 경우, 우리는 그것을 확인할 수 있는 사회적 계산법(social arithmetic)을 정식화하기는 매우 힘들다는 것을 알게 되었다. 따라서 월저가 복합평등이 가져오게 될 부정적 혹은 소극적 특성, 즉 특정한 가치가 다른 가치들로 전환되어 그것들에 대한 지배를 행사하는 것과 각 분배 영역에 내재하는 고유한 분배 원리를 무시하는 전제에 대한 동시적 해소를 강조하고 있는 것은 충분히 이해될 수 있는 일이다.[56] 그러나 우리는 그러할 경우 이차적인 평등으로서의 복합평등이 하나의 실질적인 평등이 된다는 것은 우연적인 것에 불과하다는 점을 지적했다.

---

54 Miller, “Introduction” (1995), 3쪽.

55 이러한 관점에서 밀러는 복합평등은 일차적인 어느 한 분배영역에 직접적으로 적용될 수 없고, 일차적인 기준들 사이에 상충이 있을 경우의 최종조정자(tiebreaker)의 역할을 한다고 주장한다: Miller, “Introduction” (1995), 13-15쪽. 그러나 복합평등의 역할을 최종조정자로만 국한하는 것은 복합평등의 평등주의적 함축성을 크게 약화시킨다는 비판이 제기된다. Arneson (1995), 234쪽. Hartogh (1999), 521쪽.

56 Walzer (1995), 284-285쪽.

복합평등의 이러한 우연적인 평등주의적 효과가 극복되기 위해서는, 복합평등은 총체적인 실질적 평등인 마방진으로 해석되어야만 할 것이다. 그러나 복합평등에 대한 마방진적 해석은 기술적인 개인 간 복지 비교와 총체적인 실질적 평등을 감독하고 시행하기 위한 독재국가적 통제기구를 요구한다는 문제에 봉착한다. 따라서 우리는 복합평등에 대한 마방진적 해석을 견지하는 이유가 복합평등이 하나의 평등이라는 것을 보증하기 위한 상징체계가 필요하기 때문이라는 점을 분명히 했다. 월저 자신도 "정치적 사유에서 상징주의의 역할"이라는 논문에서 상징적 체계의 필요성을 강조하고 있다: "정치적 사유에서 상징주의의 역할에 대해서 언급하는 것이 필요할 것이다. 전통적인 우주론과 신학은 하나의 정치적 이론이 도출될 수 있는 일련의 명제들을 제시했던 것이 아니고, 오히려 그것들은 하나의 이론이 형성될 수 있는 이미지와 유비추론적 대상들을 제시하였던 것이다."[57]

이러한 관점에서 우리는 복합평등이 총체적인 실질적 평등이라는 그 근원적인 철학적 의미로 보아 보에티우스의 『철학의 위안』으로 소급될 수 있으며, 더 나아가서 피타고라스의 우주적 정의로서의 하모니아의 개념에 이르게 된다는 점을 입증하려고 노력했다. 총체적인 실질적 평등이라는 복합평등에 관한 하나의 상징적 해석을 통해서 우리는 오랜 동안 신비적 형상으로만 남아 있던 마방진의 원형인 중국의 낙서가 지니고 있었던 분배정의론적 함축성을 밝힐 수 있게 되었다. 마방진은 단지 흥미를 끄는 숫자놀음만은 아니고, 그것은 "세계질서에 관한 심원한

57 Walzer, "On the Role of Symbolism in Political Thought," *Political Science Quarterly,* Vol. 82 (1967), 194-195쪽.

철학적 문제"를 함축하고 있다.[58] 그 철학적 문제에 관해 4천 년 동안 지속되었던 의문에 대한 해결의 단초는 이제 마련된 셈이다.

복합평등의 철학적 기원 탐구는 이렇게 인류의 과거 정신사의 미래 함축성에 대한 또 하나의 흥미진진한 사례를 발견하게 해준다. 물론 이러한 근원 탐구는 "하늘 아래 새로운 것이 없다"는 경구를 강변하는 것만은 아니다. 우리는 도덕철학과 사회철학의 방법론에 관련해볼 때 월저의 복합평등론이 "새로운 창안(invention de novo)"이 아니라, 인류 문명에 잠재해 있었던 근원적 원칙들을 현대적인 관점에서 재해석하고 명료화하는 작업을 통해서 등장한 것임을 강조하고자 하는 것이다.[59] 어떤 의미에서 월저의 복합평등론은 인류 문명에서 고대로부터 하나의 일상적 신조로서 정립되었던 철학적 위안의 기제를 현대적 관점에서 체계적으로 종합하고 정식화한 것이라고도 해석할 수 있을 것이다.[60] 나아가서 월저의 복합평등론은 우주와 인간사회의 조화에 관한 형이상학적인 미학적 관조와 도덕철학적인 사회적 이상으로서 인류의 동서 문명세계를 관통하는 하나의 "궁극적 원리(a supreme principle)"라고 해도 과언이 아닐 것이다.[61]

---

58 Herman Schubert, *Mathematical Essays and Recreations* (Chicago: Open Court Publishing Company, 1898), 63쪽.

59 Michael Walzer, *Interpretation and Social Criticism* (Cambridge: Harvard University Press, 1987), 16쪽.

60 "팔방미인은 그 어떤 것도 통달한 것이 없다" (Jack-of-all trades, but a master of none); "인생만사 새옹지마"; 날카로운 뿔이 있는 짐승은 날카로운 이빨이 없다는 "각자무치"(角者無齒); "미인박명"(美人薄命) 등은 모두 어떤 면에서 복합평등적인 철학적 위안의 기제를 담고 있는 것으로 해석될 수 있을 것이다.

61 밀러는 월저의 복합평등론이 "전통적인 의미에서의 궁극적 원리"로서 제시된 것이 아니라고 해석하지만, 복합평등에 대한 우리의 철학적 기원 탐구는 복합평등을 충분히 그러한 궁극적 원리로서 해석할 수 있게 만든다. Cf. Miller, "Introduction" (1995), 13쪽.

# 빅데이터 시대에 인문학은

**이경구** 한림대학교 한림과학원 교수

## 1. 들어가는 글

인공지능과 빅데이터 관련 이슈가 해마다 일상을 파고든다. 코로나가 비대면 세계를 앞당겨 '비대면의 일상'이 보편화했지만, 변화는 이전부터 시작하고 있었고, 지금도 진행 중이다. 2021년 상반기에 비트코인이 일상의 화제가 되었는가 하면, 하반기에는 메타버스가 연일 화두가 되고 있다. 가상현실이 무한에 가깝게 진화하듯, 앞으로도 새로운 버전이 빈곤해지는 일은 없을 듯하다.

50대 중반인 필자는 2018년까지 스마트폰을 쓰지 않았고, 종이신문과 DVD에 의존하는, 이제는 아득히 멀어진 예스러운 생활에 꽤 만족했다. 디지털 환경에 대한 실존적 고민 혹은 불가피한 관심은 사실 집에서 부대끼는 아이들 때문이었다. 두 아이는 각각 2002년과 2005년에 태어났고, 이 글을 쓰는 2021년에는 대학교 1학년과 고등학교 1학년에 재학 중이다. '디지털 네이티브'라는 네이밍의 첫 주인공인 세대인지라 SNS,

컴퓨터게임, 유튜브, OTT 등은 그들에게 살다 보니 새로 들어오는 낯선 것들이 아니라, 애초부터 존재하는 것들이었다. 그리고 몇 년 전엔가 큰 아이와의 대화에서 '나무위키'라는 사이트를 알게 되었을 때 '낯섦'과 '당연'이란 세대 차이는 현실이 되었다.

이후 나는 본격적으로 디지털 관련 공부도 좀 하고, 스마트폰도 쓰고, OTT 서비스도 접하면서 변화를 실감하고 있다. 영화 '매트릭스'에서, 모피어스가 제시했던 두 개의 알약 중 빨간 약을 먹어버린 네오처럼, 지금은 돌이킬 수 없는 길에 접어든 것이다.

한국사 그중에서도 조선후기 정치사상사를 전공하는 필자는 이제 어지간한 자료는 한국학 자료를 잘 구축해 놓은 기관들의 사이트, 예컨대 국사편찬위원회의 '한국사데이터베이스', 한국고전번역원의 '한국고전종합DB', 국립중앙도서관의 '대한민국 신문아카이브' 등을 주로 검색한다. 과거에 구입해 놓은 책, 자료, 사전들은 하릴없이 연구실 서가에서 먼지만 쌓이고 있는 형편이다. 뿐인가. 메모만 해 놓고 미처 출처를 찾지 못했던 주희朱熹의 짧은 글을, 설마 하며 구글에서 검색했다가 손쉽게 찾았던 경이로움을 이제는 훨씬 자주 경험하고 있다. 수업을 위해 글로 작성해 두었던 강의안들은 대부분 사라졌고, 구글과 유튜브를 검색해 얻은 사진, 각종 이미지, 영상 자료의 비중이 늘어나고 있다. 저녁에는 뉴스 정도만 공중파-케이블 서비스를 이용하고, 오락-유흥은 OTT 서비스로 직행한다.

필자가 속해 있는 연구소인 한림과학원에서 2005년부터 진행해 온 일련의 개념사 연구프로젝트도 크게 변하고 있다. 이 프로젝트는 2005년에 '한국 인문・사회과학 기본개념의 역사・철학사전 편차 사업'에서 시작했다. 이 주제는 2007~2017년에 한국연구재단이 지원하는 인문한국(HK) 사업에 '동아시아 기본개념의 상호소통 사업'이라는 아젠다로 선정되어 확장, 지속되었다. 그런데 인문한국 사업 기간인 2010년대 중반부터 일부 연구자들은, 전통적인 사상사 연구와 친연했던 개념사 연구 방법론과는 다른, 주요 자료들을 코퍼스(corpus, 말뭉치)로 구축하고 이를 활용하는 연구를 개척하였다. 새로운 연구방법론은 크게 보면 이른바 '디지털 인문학'에 속한다고 볼 수 있다. 한림과학원이 2018~2025년 동안 수행하는 인문한국플러스(HK+) 사업에서는 '횡단, 융합, 창신의 동아시아 개념사'를 아젠다로 제시했는데, 그 기간에는 코퍼스를 활용하는 개념사 연구를 또 하나의 연구 축으로 설정하였다.

초점을 새 세대에 돌리면 변화가 몰고 올 파장은 훨씬 심대해질 것임을 예상할 수 있다. 그들은 전통적인 문해력과는 다른 '디지털 문해력'을 자연스레 경험하며 자라고 있다. 그들의 성장에 따라 전통적 문해 구조, 다시 말해 문자를 중심으로 생산 – 유통 – 소비되는 사회 구조 전반은 변화할 것이다. 그 구조를 기반으로 설계되고 유지되어 온 대학의 학제 시스템과 연구 체제 역시 변화를 요구받을 것이다. 물론 그 미래는 다양한 버전을 보장할 터이고, 따라서 '나 몰라라' 하고 사는 일도 충분히 가능하겠지만, 적어도 문자 위주의 소통은 현재보다 비중이 작아질 수밖에 없음은 불가피해 보인다.

그렇다고 그 같은 미래를 무조건 긍정하고 찬동하자는 것은 아니다. 불이나 금속을 보고 마침내 활용법을 찾고, 죽음 앞에서 이유를 따지며 사유의 발걸음을 뗐던 먼 옛날 선조들을 생각하면, 시간은 항상 새로운 도전거리를 던졌고, 우리는 전환 혹은 진보의 계기로 삼아왔다. 자명해 보였던 전제가 허물어지는 폭이 클수록 엄청난 변화는 사유와 경험이 풍성해지는 전기로 삼는 게 현명해 보인다. 인문학은 새로운 화두話頭

가 넘쳐나는 대양大洋에 선 것이 아닐까?

이 글은 이상의 변화를 체험한 필자가 인문학의 현재와 방향에 대해 시범 삼아 쓴 글이다. 엄밀한 연구에 기반해 쓰지는 않았다. 사실 이 분야에 대한 연구, 조사는 다들 막 시작한 참이라 엄밀한 기준도 아직 미흡하다고 본다. 이 글을 읽는 독자에게는 경험의 차이가 있음도 알려드리고 싶다. 필자의 경험 위주로 서술한 아래 내용은 기성세대에겐 참신할 수도 있지만, 지금의 청년 세대에게 얼마나 호소력을 가질지 잘 모르겠다. 자기가 오래 공부해왔던 전공 분야처럼 가르치려는 유혹에 빠진 글이라면 바람직하지도 않으며, 필자는 깊게 들어갈 능력도 없다. 그저 필자 세대의 맥락을 정리하고 제시하며, 새 세대가 나아갈 기반을 깔아주는 게 그나마 감당할 만한 몫이라고 생각한다. 필자가 시민강의나 수업에서 경험하거나 제시한 예를 먼저 들어보며 시작한다.

## 2. 나무위키와 궁예[1]

주로 30대 이상이 청중인 역사 관련 시민 강좌에서 필자는 '나무위키'의 궁예 항목을 보여주며 시작하는 경우가 종종 있다. 대중들의 역사 소비의 새 흐름을 소개하는 맥락에서였다. 나무위키를 고른 이유는 주로 한국의 젊은 세대가 자주 이용하는 사이트이고, 궁예 항목이 한국사 쪽에서의 새 동향, 정확히 말해 젊은 층의 역사 이해 특히 '밈' 현상 같은 소비를 잘 보여주기 때문이었다.

---

1 이 절은 필자의 이전 글인 「역사학 이후의 역사학」(일송기념사업회 편, 『과학 질주 시대, 학문과 인간이 던지는 질문』, 2019, 푸른역사)에서 동명의 절을 재서술하였다.

나무위키의 궁예를 보았을 때 청중들의 반응은 대개 '이거 사전인가요?'식이었다. 내가 처음 접했을 때를 생각하면 어느 정도 예상했던 바였다. 그들의 짧은 인상 속에는 '얼마나 믿을 수 있나요?'라는 의미도 내포되어 있다. 이는 전문가들이 작성한 지식, 예컨대 사전적 정의의 권위를 크게 의심치 않았던 세대로서는 당연한 반응이다. 그리고 애초 젊은 '덕후들'이 주목하는 대중문화 특히 서브컬처를 집성集成하며 출발한 나무위키의 성격에 대한 일면 타당한 지적이기도 하다. 나무위키의 '나무위키' 항목에서는 자신의 신뢰성에 대해 '키워드를 받아 더 자세한 자료를 직접 찾아볼 수 있는 창구 정도로 활용하는 것이 바람직하다'고 자평할 정도이니 말이다.[2]

나무위키의 신뢰를 의심하는 데에는 우리 같은 평범한 이들이 '의사疑似 사전'이라 할 수 있는 작업에 동참한다는 '낯선 과정'도 작용할 것이다. 이 점은 크게는 '집단지성'에 대한 동의 여부에 속하는 문제이겠다. 또 무제한에 가까운 분량, 지속적인 갱신, 하이퍼 기능, 문자와 이미지와 동영상의 혼재, 과거에 대한 설명에 국한하지 않고 현재의 대중문화까지 포괄되어 설명하는 방식 등도 하나같이 새로운 차원이다.

---

2 나무위키, 「나무위키」 '7. 내용의 신빙성과 신뢰성'; 이와 관련해서 나무위키 자체의 평가는 이 매체가 사회적으로 지닌 함의와 활용의 폭을 이해하는 데서 꼭 숙지해야 할 사항이다. '애니, 만화, 게임 등 서브컬처 계열의 정보를 보는 데는 상대적으로 유용하지만, 시사, 사회, 정치 관련 문서는 …… 적절히 걸러야 …… 설령 출처가 적혀있더라도 거짓된 출처는 아닌지, 맥락을 무시한(혹은 맥락에 무지한) 인용은 아닌지, 옳은 출처에서 잘못된 결론을 이끌어낸 것은 아닌지를 의심하는 태도가 반드시 필요하며, 설령 논문과 전공서적으로 도배된 문서라도 그러하다. …… 나무위키는 중립적인 관점을 지향하고 모두가 편집할 수 있는 위키이지만 …… 꼭 악의적인 편집을 하지 않더라도 편향적인 관점에서 서술되는 문서가 많거나, 사실을 서술해 놓고 자신의 생각을 덧붙이는 문서가 대부분이다. 특히 성(性), 정치 관련 등 여러 관점이 갈리는 문서들에서 편향적인 요소가 많이 드러난다. 그러므로 서술 전에 지나치게 편향된 서술은 아닌지 자기가 먼저 생각을 해야 한다."

나무위키, 넓게 보면 '~위키' 형식의 사전들은 지식의 구성, 표현, 범주, 유통 등 거의 모든 측면에서 종이-문자 위주의 사전과는 달라진 차원에 있다. 필자는 세 가지 특징으로 그 현상을 정리하고 있다.

첫째, 집단 지성이 지식의 생산-유통-소비 등 서술에서 습득 전반에 걸친 환경을 바꾸고 있다. 소비자가 생산자가 되는 '프로슈머' 현상이다. 최근에는 딱히 새로운 세대에 참여가 국한되지 않는다. 나무위키의 경우 사용층이 확대되고 기성세대의 이용이 늘어나면서 2020년대를 기점으로 '속어, 짤방, 밈 등을 사용하는 상대적 저연령층'과 '백과사전식으로 서술하고 싶어 하는 상대적 고연령층'과의 마찰이 나타나고도 있다.[3]

둘째, 소비에 머물던 대중이 지식의 생산에 참여하면서 그들의 동기와 현재성이 중시되고 있다. 나무위키의 궁예 항목의 경우에도 후일담과 현재의 창작물이 제법 비중 있게 소개되고 있다. 사실 궁예가 다른 역사항목에 비해 비교적 정확하고 방대한 자료를 집적할 수 있었던 이유는 2000-2002년에 방송되었던 드라마 「태조 왕건」에 등장했던 궁예(김영철 분)의 몇몇 인상적인 장면들이 2010년대 중후반에 젊은 세대에게 유행했기 때문이었다. 대중의 소비가 정보의 새로운 집적을 낳았던 것이다. 그렇게 보면 '나무위키 궁예'는 과거의 실존 인물 궁예와 더불어 현재에 끊임없이 소환되어 재현되고 소비되는 궁예까지를 포섭한다는 점에서 기존의 궁예 서술과는 질적으로 다르다.

셋째, 표현과 인식 경로가 다선 경로가 되었고 시공의 간섭이 약화되었다. 문자로 종이 위에 쓰여진 정보는 단선 경로로 고정되지만, 인터넷에 구현된 정보들은 태그를 통해 다중 경로로 소비자에게 제시된다. 이

3 「나무위키」 '8.2 나무위키의 정체성'

같은 정보의 소비는 백과사전만의 문제가 아니라고 영화에서도 실험적으로 쓰이고 있다(163쪽, 164쪽 사진과 사진글 참조). 또 언제 어디서나 생산-유통-소비되면서 종이를 통해 찾고, 인쇄판으로 바뀌던 제약이 풀렸다. 이는 사전만의 문제도 아니다. 대중문화가 음악・연극에서 영화・방송으로 진화하며 시공의 제약을 약화시켰다면, 디지털 시대에 접어들어 디지털 정보로의 전환은 시공의 제약을 더 한층 약화시켰다. 디지털 정보들은 전기電氣가 사라지거나 지구별이 폭파되는 극단적인 경우만 아니라면 불멸이다.

디지털 지식계가 성장하는 와중에 종이사전, 종이신문, 요리책 등의 공구서는 점점 박제되고 있다. 장문長文의 문자를 읽는 문해력의 중요성을 소홀히 할 수 없지만, 이와 더불어 디지털로 집적된 자료를 종합적으로 다루는 디지털 문해력에 대한 능력 또한 강조되고 있다. 이 같은 현상들은 학문에 대해서도 마찬가지로 적용된다. 과거에는 고려되지 않았던, 마치 전제와도 같았던 부분들이 다시 성찰되고 있다. 역사학의 흐름 역시 마찬가지이다. 위에서 소개한 나무위키 궁예 항목이 보여주는 지표들은 역사학의 미래에 어떻게 작용할 것인가.

넷플릭스 영화 '밴더스내치'의 포스터
이 영화는 시청자의 선택에 따라 영화의 전개와 결말이 달라진다.

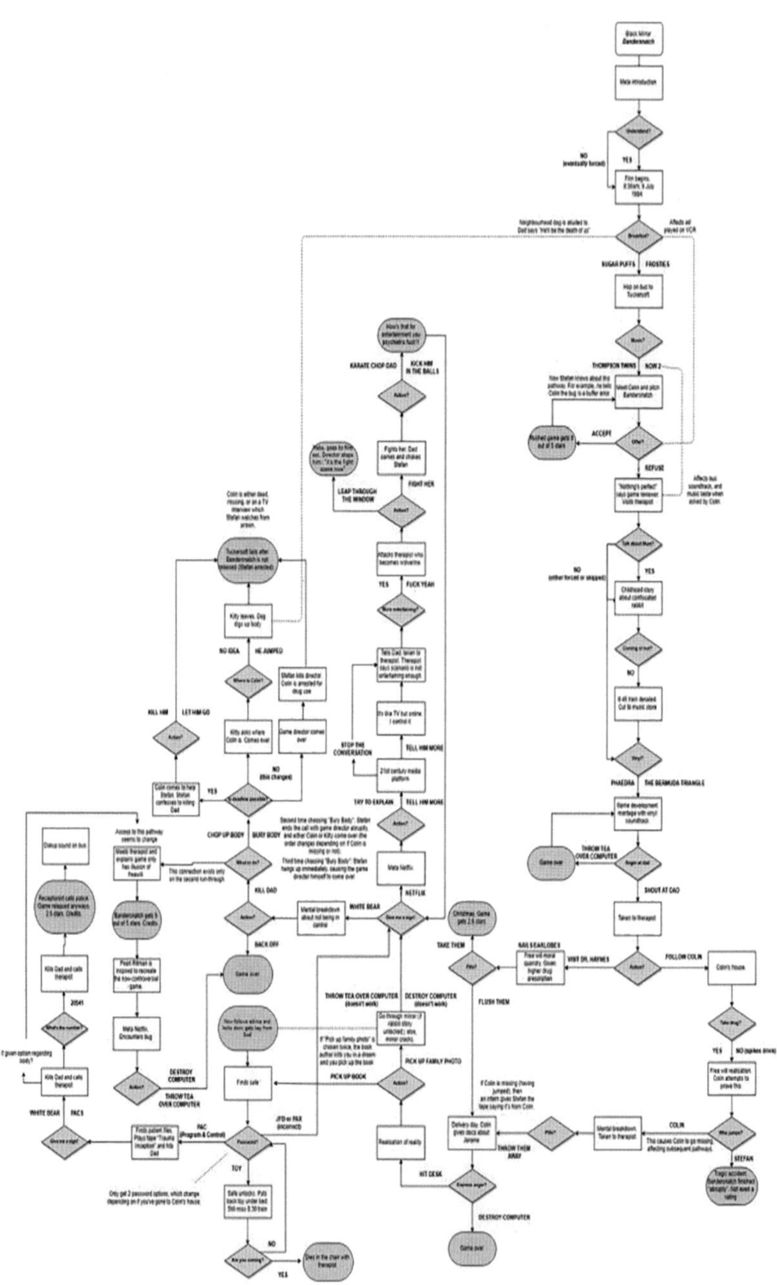


'밴더스내치'의 이야기 전개를 보여주는 선형도

역사학의 과거를 보면 귀족과 왕족, 부족·민족·국가 등 특정 집단의 존재나 특정 가치를 정당화하는 이데올로기적 역사 서술이 오랜 기간 지속하였다. 실증적이고 합리적인 서술이 차츰 자라나고 마침내 주요 기준이 되어 본격적인 학문 체제를 갖춘 것은, 잘 알려져 있듯 19세기 서양에서이다. 잘 훈련된 역사학자들은 '과거의 객관적 재현 가능성'을 전망하며 '학문의 자유'라는 자율 영역을 확보하였다. 물론 실증을 내세웠다 할지라도 주장 자체가 각각의 사회·정치 맥락에 따라 보수적, 진보적으로 기능할 수 있었고, 또 과거의 오랜 서술 관행이 사라지지도 않았다. 대략 한국에서 20세기 후반에 도달한 혹은 세계의 많은 민주정체의 시민이 동의할 수 있는 역사 개념의 평균치는 '전문가가 객관적으로 실증한 과거에 기반하지만 새롭고 다양한 해석을 보장하며, 거시적으로 인류공동체의 진보를 낙관하는 역사' 정도가 아닐까.

문제는 역사학에 대한 이 정도의 동의가, 앞서 살펴본 나무위키식의 궁예 서술을 점점 포괄하지 못하게 된다는 데 있다. 예를 들면 이런 점들이다. 현대에 재현된 궁예를 대중이 불러내고 스스로 변형을 하였고, 많은 개인들이 공동으로 궁예에 대한 정보들을 집적하였다. 그 결과 실존했던 궁예와 후대에 재현된 궁예의 역사가 동일한 비중으로 서술되었다. 재현된 궁예는 근대 역사학의 성립 이전에 기술된 후일담을 비롯해 현대의 대중문화 예컨대 소설, 드라마, 게임 등에서의 궁예이다. 후자의 서술은 훗날 '21세기 궁예 소환'의 주요 항목이 될 것이다. 뿐인가. 역사가가 해석한 역사를 대중이 소비하는 20세기까지의 방식 즉 소략한 자료에 기반한 전문가(역사가)의 궁예 해석을 책과 교육을 통해 배우는 과정 또한 점차 일부에 국한된다. 그리고 역사 소비자의 역사 참여와 과거에 대한 새로운 재현이 함께 공존하는 것이다.

근대 역사학의 기본 전제들은 생산 외에도 유통과 소비에서 새로운 단계에 접어들고 있는 것이다.

## 3. 역사와 문화의 새로운 도구들

필자는 몇 해 전부터 수업과 강의에서는 구글과 유튜브를 통해 얻은 이미지, 동영상을 활용하기 시작했다. 그중 'Google Arts & Culture'에서 찾고 확대해서 얻은 조선후기의 흥미로운 회화 자료들은 다음과 같다.

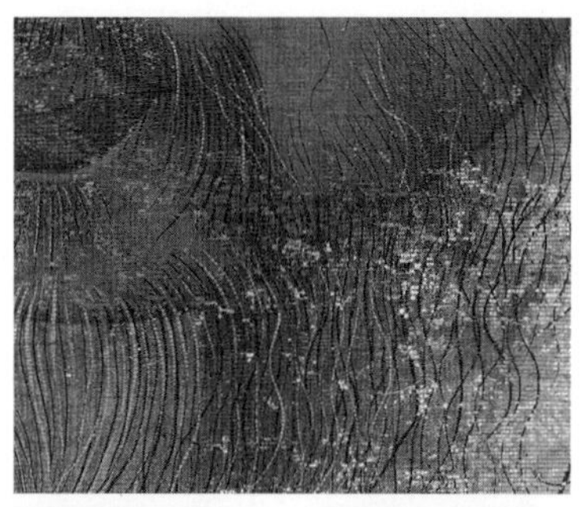

상단 사진은 누구의 수염일까? 수염의 주인공은 조선의 21대 임금 영조이다. 조선시대 왕들의 초상화는 한국 전쟁 와중에 불타버려 대부분 사라졌는데, 영조의 초상화는 다행히 남았고, 전체 그림은 누구나 잘 알고 있다.(168쪽 그림 참조) 하단 사진들은 정조 때에 제작된 유명한 「화성

능행도병」 중 7폭 '환어행렬도'와 8폭 '한강주교환어도'에 등장하는 인물들이다.(아래 그림 참조)

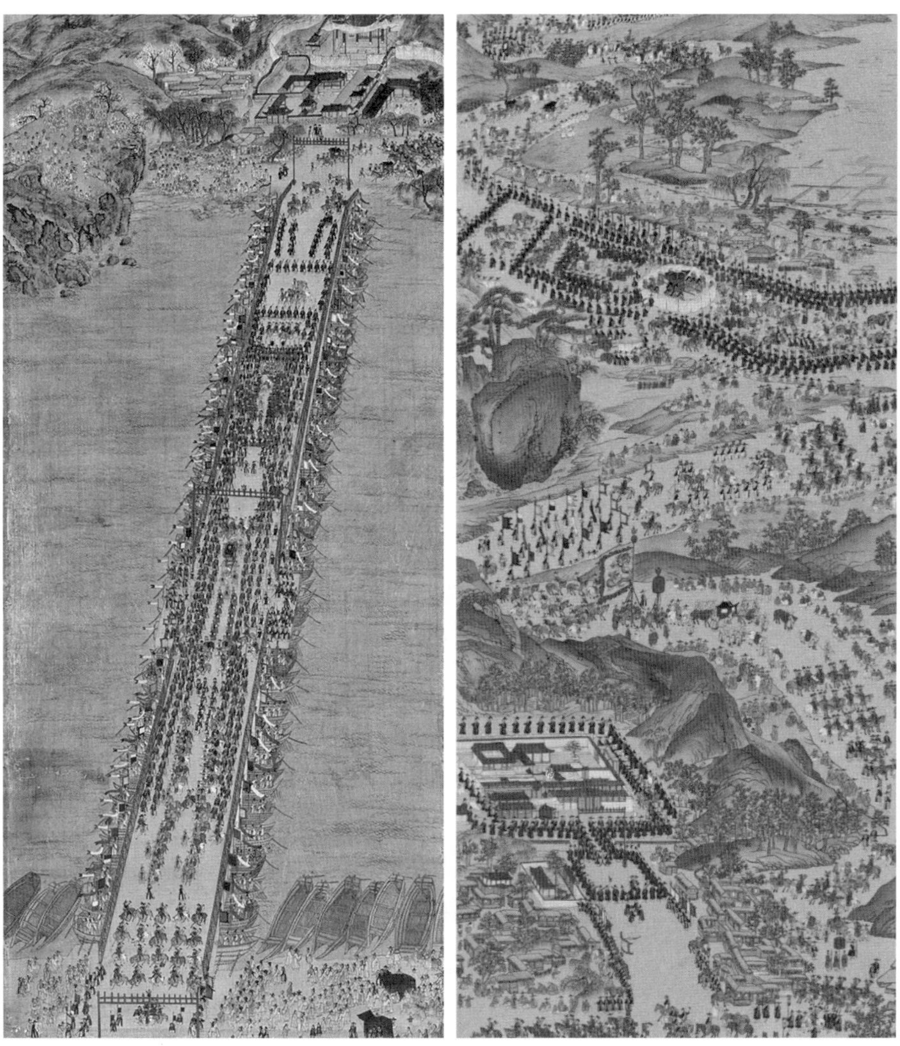

한강주교환어도　　환어행렬도

영조 어진
(궁중유물전시관 소장. 보물 932호)

Arts & Culture에서 얻은 자료를 보면 영조의 수염을 한 올 한 올은 물론이고, 흰 수염까지 매우 사실적으로 느낄 수 있다. '조선시대 초상화는 정교하고 사실적이다'라는, 한국사 수업 시간에 막연히 들었던 설명을 생생하게 확인시켜 준다.

하단 사진에서는 「화성능행도병」에 등장하는 수많은 인물들(좌판에서 술파는 여인, 엿장수 소년, 군졸, 양반댁 규수들)을 하나하나 확인할 수 있다. 정조의 화성 행차에 등장했던 수많은 조연들을 소재로 삼는 수업이나 프로젝트가 가능해졌다. 사실 「화성능행도병」은 KBS가 2014년에 야심차게 제작한 다큐멘터리인 「의궤, 8일간의 축제」를 통해 생생하게 재현된 바가 있었다. '국내 최초 3D역사다큐멘터리'로 알려진 이 작품은 방송사에서 큰 제작비를 들였고, 그 해 '방송통신위원회 방송대상'을 수상하여 작품성도 인정받았다. 그러나 불과 5~6년 만에 우리는 또 다른 경로로 원천 자료에 다가설 수 있게 된 것이다. 게다가 다큐멘터리도 2019년부터는 유튜브에서 시청할 수 있게 되었다. 다시 말해 지금은 방송사에서 공들여 제작한 재현은 물론, 직접 원전에서 디테일한 이미지들을 가지고 누구나 자유롭게 '화성능행'을 탐구하고 재현할 수 있게 되었다.

이상의 변화를 가능하게 한 각종 사이트 혹은 유튜브 자료들에 초점을 맞추면 이전에는 생각지 못한 색다른 문화 경험이 가능해졌다. 이 사이트를 통해 우리는 명작을 그려낸 화가의 붓 터치까지 볼 수 있다. 이전에는 진품에 돋보기를 대고 보아야 가능했던 일이다. 타지마할, 피라미드를 공중에서 내려다보고, 에펠탑 아래를 거닐 수 있다. 코로나19 때문에 일상이 막혀버린 요즘에 가상 박물관, 미술관으로의 가상 여행도 가능하다. 과거와는 비교할 수 없을 정도로 개인의 경험 능력이 확대되었다. 판타지에서나 가능했던 천리안, 축지법이 일상화되었다고나 할까.

경험의 확대는 가능성의 확대와 연결된다. 필자가 개인적으로 호감을 느끼고 있는 초현실주의 화가 살바도르 달리의 작품은 유튜브에서 3D로 구현되고, 네덜란드의 중세 화가 히에로니무스 보쉬의 수수께끼 같은 그림 「세속적인 쾌락의 정원」에 등장하는 기괴한 캐릭터들은 그림에서 튀어나와 관객과 만날 수도 있다. 우리의 고전 문화, 유물들도 마찬가지이다. 대표적으로 국립중앙박물관에서 최근에 구축한 '디지털실감 영상관'은 역사 체험의 새 영역을 열고 있다. '고구려 벽화무덤'에 대한 소개이다.

> 고구려 벽화무덤은 우수한 건축 기술과 생동감 넘치는 벽화로 유네스코 세계유산에 지정되었습니다. 그러나 대부분이 중국과 북한에 있어 보기 쉽지 않은 데다, 현지에서도 보존 등의 문제로 일반인은 쉽게 접근할 수 없습니다. 이제 디지털 실감 영상관이 여러분을 고구려 벽화무덤의 세계로 인도합니다. 전면과 양측면, 그리고 천장 4면에 프로젝터 영상을 투사하여 고구려 벽화무덤을 대표하는 안악 3호 무덤, 덕흥리 무덤, 강서대묘를 재현하였습니다. 사진만으로는 이해하기 어려웠던 무덤의 구조와 벽화의 배치가 한눈에 들어옵니다.[4]

이상의 작업은 박물관에 신설된 '디지털박물관과'가 주도하고 있다. 미시, 거시를 왕래하고 문화 데이터와 이미지를 종횡으로 엮어내는 분야들이 속속 등장하고 있는 것이다.

학문에서도 혁신적 방법과 연구 지평이 열리고 있다. 빅데이터 사료를 활용하여 2012년부터 진행하는 이른바 '베네치아 타임머신 프로젝트'[5]는 역사학 분야의 좋은 보기이다. 이에 대해서는 필자의 기존 서술을 인용해 본다.[6]

이 작업은 베니스의 고문서 아카이브가 소장한 1,000년 이상 축적된, 베니스 국립기록보관소의 80킬로미터에 이르는 서가를 가득 채운 엄청난 자료를 디지털화하고, 베니스의 생활상을 시각적으로 재현하는 작업이다. 베네치아 타임머신 프로젝트의 가장 놀라운 점은 역사 연구의 오랜 관행 자체를 혁신한다는 점이다. 그들이 현재 중세 베네치아의 사회 관계망의 재현을 목표로 한다. 앞으로는 당연히 베네치아에 만족하지 않을 것이다. 유럽 전체의 자료를 통합할 경우는 어떤가. 그들의 구상이다.

> 이 프로젝트가 성공하면, 유럽의 문화 및 상업의 역사적 중심지에 대한 유사한 타임머신을 연결하는 보다 야심찬 프로젝트를 위한 길이 열리고 유럽대륙에서 수세기에 걸쳐 사회적 관계망, 교역 및 지식이 어떻게 발전했

---

4 국립중앙박물관, 「디지털 실감 영상관」(통합 리플렛).

5 베네치아 타임머신 프로젝트에 관해서는 Alison Abbot의 "The 'Time Machine' Reconstructing Ancient Venice's Social Networks"(*Nature*, Vol.546, No.7658, 2017) 및 이재연의 「디지털 시대에서 디지털 인문학 시대로」(『역사학보』 240, 2018) 참조.

6 "이 작업은 …… 복귀하는 느낌이다" 부분은 『과학 질주 시대, 학문과 인간이 던지는 질문』(2019, 푸른역사) 중에서 91-93쪽.

는지를 전례 없이 상세하게 밝혀낼 것이다.

상세하고 방대한 과거의 재현은 과거에는 불가능의 영역이었다. 그래서 우리는 역사에 대한 상대적 인식을 맴돌았고 마침내 '과거와 현재의 대화'라는 명제를 황금비로 간직해 왔다. 그런데 이제 다시 '과거를 그대로 구현하겠다'던 랑케의 염원이 복귀하는 느낌이다.

필자는 최근에 유튜브를 통해 문자로 된 사료만으로는 느낄 수 없는 경험을 하기도 했다. 지금까지의 자료로 볼 때 한국인이 영화를 처음 본 것은 1896년 6월 민영환 일행이 러시아 여행 중이었던 것으로 추정된다. 당시 기록은 다음과 같다.

> 오후 7시에 생물원에 가서 한 컴컴한 동굴 집으로 들어갔다. 갑자기 앞벽 유리가 밝아지면서 그림자가 와서 비춘다. 혹 사람이 다니고 혹 말이 달리거나 혹 남녀가 연극을 하고 혹은 술을 마시고 춤을 추고 천태만상으로 활동하는 것과 똑같다. 보고 기이하다고 하지 않은 사람이 없다. 그 방법은 화폭을 거울에 비추고 전기로 옮겨 찍어서 움직이게 하는 것인데 그 교묘함을 능히 궁리할 수 없다.[7]

최초의 영화로 꼽히는 뤼미에르 형제의 '기차의 도착'은 1895년이다. 이때 탄생한 영화가 이듬해 러시아까지 번졌고 이를 생생하게 시청한 민영환의 경험을 보면 전파의 속도감을 느낄 수 있다. 민영환이 감상했던 이 영상을 지금 찾을 수는 없다. 그런데 최근 유튜브를 통해서는 뤼

---

7 민영환, 조재곤 역, 『해천추범』, 2007, 책과함께, 107쪽. 일행인 김득련은 '전기희영관電氣戲影館'으로 표현하였다.

미에르 형제의 '기차의 도착'은 물론, 1896년 프랑스 리옹 사람들의 눈싸움 영상을 비롯한 1890년대 영상들을 쉽게 찾아볼 수 있다. 민영환이 보았던 그 시간대, 그 당시 사람들에 훨씬 근접하게 된 것이다.

### 4. 도고일척道高一尺 마고일장魔高一丈

미시와 거시 세계를 종횡할 수 있게 되자 이제껏 무심코 지나쳤던 개념, 상식, 전제 또한 재고할 수밖에 없다. '기억'을 예로 들어보자. 개인이 죽은 후, 사람들은 그의 죽음과 관련한 의례, 종교적 추념 등을 진행하며 그를 기억하였다. 그에 대한 기억을 고정시키는 기록은 문자·사진·영상, 운이 좋으면 후손과 지인들의 증언·회고록 등으로 드문드문 남게 된다. 뚜렷한 업적을 남긴 이들, 역사가가 착목한 과거의 인물들은 더한 행운을 얻는다. 그들의 구체적 언행이 편집되거나 연구로 기록되어 정리된다. 유품도 박물관 등에서 대중들에게 선보일 것이다.

그러나 앞으로 기억의 전승과 재현은 달라질 법하다. 디지털화한 정보들이 개인의 일상과 행적에 대한 기록으로 남겨지기 때문이다. 20세기 중반에 태어나 21세기 초반을 살고 있는 필자의 경우 20세기 후반까지는 전통적으로 기록된 문자와 사진 기록이 거의 전부이겠지만, 1990년대 이후는 많은 디지털 흔적을 남기게 되었다. 디지털화한 영상, SNS 기록 외에 은행 거래, 이동 동선 등이다. 지금, 그리고 앞으로 남게 될 기억의 소자素子들은 공간, 관계, 언어, 행적 등 전 방위에 걸치게 될 것이다. 언젠가 누구라도 의지만 있다면 필자의 삶에 대한 섬세한 재구성이 가능할 것이다.

디지털 자료까지 포괄해 구성된 개인의 역사는 기존 역사학에서 어떤 위치를 차지할 것인가. 돌이켜 보면 역사학 또한 지속적으로 거시와 미시 영역을 포괄하며 전진해 왔다. 최근에만 해도 '인간 시대의 역사'를 벗어나 우주사와 지구사까지 포괄하는 '빅히스토리'가 등장했고, 일상으로의 진입은 '미시사' 또는 '일상사'로 명명되는 일군의 연구를 낳았다. 그렇지만 이들 연구에서도 전통 역사학의 취지에 접맥하는 노력이 등한시되지 않았다. 사회 혹은 역사의 일반 담론을 제공하기 위한 전형화와 일반화의 과제는 의심받지 않았고, 긴장이 풀어지지도 않았다. 역사학의 최종 목표인 인간에 대한 이해와 공공의 역사를 구성하는 '또 하나의 기여'라는 역할이 포기되지는 않았던 것이다.

그러나 개인 한 사람에게 깊이 천착할 수 있게 될수록 거대 담론 혹은 일반화를 향한 긴장의 끈이 왜소해질 듯하다. 개인 그 자체에 집중하며 그의 궤적을 최대한 정밀하게 그려내 마치 하나의 소우주처럼 그려내고 이를 '개인사 private history'로 명명해보는 일은 어떤가. 기존의 역사학이 기록을 토대 삼아 수행되었다면, 개인사는 기록의 범주에 개인이 남긴 수많은 디지털 흔적 속의 기억을 중심으로 수행될 것이다. 그리고 이렇게 정리되고 개인의 기억들에 대한 수행과 정리를 담당하는 '기억학 memology'이 등장할지도 모르겠다. 기억학의 등장은 '기억'의 전승을 통한 개인의 불멸을 소재 삼았던 SF의 오랜 염원의 실현일지도 모르겠다. 개인사이건 기억학이건 우리는 정보의 집적이 낳은 부가 분야의 확장을 보게 될 듯하다.

빛이 밝으면 그림자가 깊어지는 법이다. 이 절의 제목을 '도고일척 마고일장'으로 잡은 이유이기도 하다.

정보의 풍요는 인간 능력의 신장을 불러오는 듯하지만, 인간 능력의 위축을 초래할 수도 있다. 부작용은 이미 전 부문에서 논쟁을 불러왔다. 디지털 리터러시에 익숙한 세대가 과연 어느 정도의 문해력을 확보할 것인가. 날로 새로워지는 기술에 반비례하여 포기자가 양산되고 마침내 기존의 사회 격차들에다가 정보 격차마저 더해져, 절망적인 양극화가 도래하는 것은 아닐지.

인식 차원에서 오감이 확대되고, 새로운 영역이 관찰과 연구의 대상이 되지만, 어차피 전지全知할 수 없는 인간이므로 구글, 유튜브 등을 사용하는 순간 알고리즘에 의한 선택 편향성을 가지는 것은 아닐지.

개인들만의 문제도 아니다. 구글의 정보 집중력이 커질수록 구글에 정보를 제공한 조직, 기구들의 미래도 암담해지지 않을까. 위에서 제시했던 Google Arts & Culture를 다시 들어보자. 이 사이트를 통해 안방 박물관 혹은 안방 세계 여행이 가상현실에서 가능해졌다. 하지만 구글에 콘텐츠를 제공한 모든 박물관들은 또 다른 논쟁에 휘말리게 되었다. 박물관 관계자 중에는 실물과의 교감이 중요하다는 '보수적인' 주장도 여전하다. 일리가 없지 않지만, '루브르 박물관까지 돈 들여 발품 팔아봐야 「모자리자」는 멀리서밖에 볼 수 없으니 차라리 구글로 정밀하게 감상하자'는 주장 앞에 그 주장은 입지가 점점 좁아지고 있다. 세계인에게 더 넓게 알리고 소통하자는 공익의 명분으로 많은 박물관·문화기관들은 자신들의 콘텐츠에 대한 구글의 스캔 제의를 받아들이지 않을 수 없다. 어차피 대세가 될 메타버스를 선점하자는 전략도 있을 터이고, '울며 겨자 먹기'식으로 추세를 따르는 경우도 있을 터이다. 그런데 문제는 그 과정이 진행될수록 모든 박물관이 구글에 종속되는 경로를 피할 수 없다는 점이다. 구글은 문자와 예술을 하나로 빨아들이는 새로운 '바벨탑'이 될 수 있다.

빅데이터의 출현과 인공지능의 발전이 가져온 가장 큰 문제는 아마도 우리 근대 문명이 기반한 전제들, 휴머니즘에 기반한 가치들, 예컨대 인간/비인간, 정신/신체, 자연/인공, 유기체(생명)/무기체(비생명)와 같은 최고 수준의 추상적 개념들이 도전받는 데 있다.[8] 일부 철학자들은 인공지능 시대의 윤리학은, 오랜 전제였던 생명 중심의 윤리에서 '생명'의 개념을 정보로서의 '존재being'로 대치하고, 이를 생명보다 더 기본적 전제로 파악하여, 그로부터 존재 중심의 윤리인 '정보윤리', 정보권infosphere, 존재 평등주의, 정보 생태주의, 인공물의 도덕적 행위자성 부여 등이 제시된다.[9]

이 글에서는 이상의 새로운 문제들, 윤리적 질문 등을 하나하나 따지지는 않는다. 대신 빅데이터와 인공지능 시대가 필연적으로 직면하게 될 역설적 상황에 집중하여 인문학의 미래를 가늠해보고자 한다.

SF소설에서는 로봇과 인공지능 등이 초래할 역설적 상황을 여러 차례 예견한 바가 있다. 정보의 속설과 그 힘에 대해서도 흥미로운 대목을 찾을 수 있다.

> 나는 풍부한 정보 자원을 모으고 있다. 그것이 내 필생의 사랑이자 직업이거든. 고등교육의 결과이기도 하고, 덧붙이자면 상황을 실질적으로 장악하는 힘이지. …… 정보는 지식에 대한 갈망을 충족시켜주지. 그뿐만 아니라 존재하는 모든 것이 정보라는 것은 주지의 사실이야.[10]

---

8 신상규, 「하이퍼 히스토리와 인공지능 시대의 윤리학」(일송기념사업회 편, 『디지털 시대 인문학의 미래』, 푸른역사, 2017), 57쪽.

9 신상규, 윗글 참조.

10 스타니스와프 렘, 송경아 옮김, 『사이버리아드』, 오멜라스, 2008, 171쪽.

SF의 거장 스타니스와프 렘의 소설 『사이버리아드』 가운데 「여섯 번째 외출 혹은 트루를과 클라포시우스가 해적 퍼그를 이기기 위해 제2종 악마를 창조한 이야기」라는 단편 속 한 구절이다. 인용문은, 창조주 급의 로봇인 트루를과 클라포시우스조차 대적할 수 없는, 상상가능한 모든 무서운 것을 모아놓은 그야말로 무시무시한 존재인 해적 퍼그가 자기 스스로를 소개하는 대목이다. 대학자이자 박사를 자처하는 퍼그의 힘의 원천은 바로 정보였다.

모든 것을 알고 싶어하는 퍼그에게, 창조자인 트루를과 클라포시우스는 '마법적이며 열역학적이며 뉴턴 물리학으로는 파악할 수 없고 확률론적인 동시에, 낡은 통이나 심지어는 재채기에서조차 모든 것의 과거와 현재와 가능한 상태와 미래의 상태에 대한 정보를 추출해주는' 제2종 악마를 만들어준다. 2종 악마가 새로 제공하는 정보들은 '원자들이 흔들리고 부딪치면서 정말 심원한 진실과 교화의 격언을 만들어내지만, 반대로 전혀 이치에 맞지 않는 (수천 배나 많은) 진술을 만들어내기도 하는…… 원자가 서로 머리를 부딪혀 무엇인가를 형성하자마자 산산이 흩어지고 형성되었던 것은 영원히 사라지는' 것들이다. 미시, 부정형, 혼란, 불확정, 찰나 등의 속성을 가진 2종 악마가 제공하는 정보에 파묻힌 해적 퍼그는 '마침내 정보의 엄청난 홍수에 압도되어 뻣뻣이 굳은 채 눈을 감고 그곳에 앉아 있는 신세가 되었고…… 지식에 대한 지나친 갈망 때문에 심한 벌을 받게 되었다.'[11]

렘은 당시 폴란드 공산주의의 관료주의 혹은 전체주의에 대한 비판을 의도했다. 하지만 존재를 정보로 파악하고 지식을 향한 근원적 욕망이

---

11 이상 인용문은 스타니스와프, 위의 책, 175-180쪽.

빚어낼 미래를 향한 비판은 놀랍기만 하다. 무한한 지식과 정보를 탐하는 퍼그와 모든 가능한 미시와 불확실을 제공하는 2종 악마는 마치 지금의 우리와 구글을 닮았다. 퍼그의 운명처럼 인간들이 무한한 데이터 세계에서 허우적댈수록 존재의 지반이 점차 왜소해질지도 모른다. 빅데이터가 보여주는 신세계적 전망에 대해 렘과 같은 경고가 항시 필요한 이유이다.

## 5. 역설적 상황과 역설 끌어안기

최근 우리는 정보의 집적이 야기한 의도하지 않은 결과를 다시 목도하고 있다. 마이크로소프트의 챗봇 'Tay'가 차별과 혐오로 얼룩진 발언으로 16시간 만에 서비스가 중단되었고, 한국에서도 2020년에 챗봇 '이루다'가 비슷한 문제로 인해 3주 만에 중단되었다. 중립과 공정을 기대한 인공지능에서 '편향' 또한 새로 마주친 곤란함이다.

인공지능의 편향에 대한 최근의 한 연구는 시사점이 크다. 이에 따르면 최근 불거진 인공지능의 편향은 '훈련 데이터 편향, 알고리즘 초점 편향, 알고리즘 처리과정 편향, 맥락 이동 편향, 해석 편향' 등으로 복잡하고, 원인과 책임 또한 수많은 인간, 제작자, 운영자와 사용자 등으로 제각각이고 투명성과 설명 가능성이 얽혀 있다. 마침내 인공지능은 공정하다는 신화적 믿음과 외부에서 관찰하기 어려운 구조 등이 빚어내는 편향의 결과는 '철저하게 합리적이지 못한 인간들이 평가할 때는 파괴적인 피드백 루프로부터 벗어날 우발적 기회를 잡을 수도 있지만, AI를 통해 중립성이 포장된 평가를 통해서는 그 루프로부터 벗어날 기회를

잡을 수(조차) 없기에' 더욱 암울한 결과로 전락할 수도 있다.[12]

물론 이에 대해 기술적 조치와 개선된 전망을 제시할 수는 있다. 더 근본적으로는 역설에 직면했던 인간의 역사에서 반면교사를 찾을 수도 있다. 장밋빛 미래를 제시하며 나타났던 18세기 서양의 계몽주의는 인공지능의 미래에 대한 기시감을 보여주었다. 계몽주의는 '인간의 자연 지배를 위해 세계의 계산가능성과 유용성을 과신'했지만, 성공과 함께 인간을 파괴하는 역설적 결과를 낳았기 때문이다.[13]

계몽주의의 파탄에 대한 경험은, 목적의식과 역설을 지속적으로 해소하는 과정에 주목한 현대 사회학의 한 조류를 낳는다. 특정한 목적을 지향하는 이성과는 구별되는 '의사소통의 이성'을 공론장을 통해 뿌리내리게 하는 하버마스의 주장과, 반성을 넘어 끊임없이 역설을 전개하고 옮기는 탈역설화를 강조하는 루만의 논의는[14] 인공지능과 함께, 나아가 알고리즘에 기반한 인공지능이 사회 현상을 수많은 통계와 데이터로 시시각각 분석하고 공정해보이는 듯한 결과를 쏟아내는 시기를 살아야 하는 인간 사회가 주목할 만한 지침을 전해준다.

기술에 의한 교정, 반성적 접근의 사회적 제도화 등을 통해서 우리는 편향을 줄이고, 역설에 대처하는 사회적 공감대를 얻는다. 그리고 필자는 한편으론 역설 자체에 주목하는 작업도 진행해야 한다고 본다.

인공지능이 초래하는 사회적 편향과 역설 말고도 수학과 논리 방면에서 인공지능과 역설의 관계는 어떤가. 필자는 이 방면에는 무지하여 관

---

12 정성훈, 2021, 「인공지능의 편향과 계몽의 역설에 대한 반성적 접근」, 『철학연구』 132, 204-207쪽.

13 정성훈, 위의 글, 217쪽.

14 정성훈, 위의 글, 219-221쪽.

련 논의를 찾아보았다. '인공지능도 (논리) 역설을 이해할까'에 대해 수학자들의 정리이다.

> 이율배반 역설은…… 푸는 이가 논리적인 추론 과정을 거쳐도 자기 모순적인 결론에 봉착한다. …… 이 역설을 논리식으로 바꿔 구현한 프로그램을 인공지능에게 입력하면 아래와 같은 결과가 나온다. …… 자기모순에 빠진 인공지능은 프로그램을 무한히 실행한다. 보통 프로그램이 정상적으로 종료되지 않으면 컴퓨터는 화면에 '프로그램이 응답하지 않습니다'라는 메시지를 띄운다. 이 프로그램이 소비하는 에너지가 아깝다면 '일정 시간 뒤에도 작동하는 프로그램은 스스로 종료하라'는 명령을 입력할 수는 있다. 그러나 이것만으로는 인공지능이 자기모순을 해결했다고 말하기 어렵다. 인공지능에게는 모순이 발생하는 이유에 대한 더욱 근본적인 정보가 필요하다.[15]

> 불완전성의 정리에 따르면, 참인지 거짓인지 결정되지 않은 역설 또는 미해결 난제는 인공지능도 해결하기 어렵다. ……어떤 유형의 역설이든 인간이 해결하지 못한 역설을 인공지능이 앞서 해결할 수는 없다는 뜻이다. 역설적이게도, 인공지능을 두려워한 인간만이 모든 역설을 정복할 수 있는 유일한 존재다.[16]

모순 논리는 결국 인공지능도, 인간의 데이터에 기반했으므로 해결이 어렵다는 다소 싱거운 결론에 이른다.

논리 역설은 인간이 진행해온 규칙인 말과 정보에 대한 근본적 성찰

---

15 고은영, 「인공지능도 역설을 이해할까?」, 『수학동아』 2017년 4월호, 8쪽.

16 고은영, 위의 글, 34-35쪽.

을 시사한다. 오랜 시절부터 인간은 말·논리의 한계를 통찰하고 있었고, 가르침, 수양, 혹은 직관의 영역에서는 이를 뛰어넘거나 생략하거나 포용해야 함을 알고 있었다. 이것은 말이나 논리의 한계를 드러내는 방식으로 표명되곤 했다. 이는 동양의 주류 사상이었던 유교, 불교, 도교에서 두루 보인다.

書不盡言, 言不盡意
글은 말을 다할 수 없고 말은 뜻을 다할 수 없다. (공자, 『주역』)

不立文字, 敎外別傳
문자로 표현할 수 없으니 달리 전하는 수밖에 없다.
(불교 선종禪宗의 종지)

道可道, 非常道
도를 도라고 말할 수 있으면 상도가 아니다. (노자, 『도덕경』)

소크라테스가 대화를 통해 진리를 드러내고 글의 사용을 제한한 것도 잘 알려진 사례이니 딱히 동양의 사상에만 국한할 일도 아니다.

말과 글, 요즘으로 본다면 데이터와 정보가 대상을 그려내고는 있지만, 다른 한편에서는 대상의 현재성과 유동성을 고정시키고 축소시키는 제한성을 되짚어봐야 한다. 이 제한을 넘기 위해 인류가 사용해온 방법은 직관과 통찰 등 글과 말에 얽매이지 않는 사유였다. 굳이 글과 말을 사용한다 할 경우에도 제한성을 반어적으로 드러내는, 다시 말해 명제를 증명하기 위해 반反명제를 인용하여 본래 명제의 의미를 더욱 드러내는 방식이었다.

수학에서는 반논리는 해결 불가능한 상황에 직면하지만, 현실에서는 반논리가 논리를 더욱 드러내는 역설적 상황이 종종 빚어진다. 역설을 통해 행복과 평안을 추구하는 종교가 그 정점에 서있다. 가톨릭 신자들이 사랑하는, '성 프란치스코의 평화의 기도'에는 기도와 수행의 태도가 잘 표현되어 있다.

> 미움이 있는 곳에 사랑을
> 다툼이 있는 곳에 용서를
> 분열이 있는 곳에 일치를
> ……
> 위로받기보다는 위로하고
> 이해받기보다는 이해하며
> 사랑받기보다는 사랑하게
> ……
> 줌으로써 받고
> 용서함으로써 용서받으며
> 자기를 버리고 죽음으로써 영생을 얻기 때문입니다.[17]

기도는 3단계로 패턴화되어 있다. 첫 단락은 마치 대증對症 요법처럼, 문제를 직접적으로 해결한다. 둘째는 대상의 문제가 아니라 나에게로 초점을 돌린다. 자신의 선차적이고 능동적인 선한 행위가 궁극적으

17 아씨시의 성 프란치스코(1181~1226)가 썼다고 알려져 있으나, 1917년 성명 미상의 작자가 프랑스어로 썼다고 최근 밝혀졌다. 그러나 가톨릭에서는 '성 프란치스코의 평화에 대한 희망과 자랑, 그리고 복음적 이상이 역력히 나타나 있다.'고 평가한다.(한국교회사연구소, 『한국가톨릭대사전』) 프랑스 원문에는 3단락에 '줌으로써 받고' 다음에 '자기를 잊음으로써 찾으며'란 구절이 더 있다.

로 주변을 변화시킬 것이다. 대증요법을 넘어 원인요법으로 나아간 셈이다. 셋째는 가장 흥미롭다. 이때는 일반적인 상식이 뒤집어지는 역설적 진리의 세계를 선보인다.

어린아이에게 세계는 단순하고 해결은 수학 논리처럼 규칙적이다. 그러나 세계와 인생은 모순과 혼란 덩어리이다. 스스로의 의지를 단련하여 개선되지만, 궁극적으로는 역설적 현상 자체의 의미를 알고 끌어안고 가야 한다. 그 변화의 마지막에서 우리는 다시 어린아이와 같은 천진天眞을 체득할 것이다.

불교의 경우는, 화두話頭를 수행의 요체로 삼은 선종의 장구한 역사에서 보듯, 수행의 도구로 역설을 가장 활발하게 사용하였다. 중국 명나라의 승려 묘협妙叶이 지은 것을 알려진 「보왕삼매론寶王三昧論」은 오로지 '진리의 역설적 상황'을 설파할 따름이다. 일부만 인용해 본다.

> 몸에 병 없기를 바라지 말라. 몸에 병이 없으면 탐욕이 생기기 쉽나니, 그래서 부처님께서 말씀하시되 '병으로 좋은 약을 삼으라' 하셨느니라.
>
> 세상살이에 곤란함 없기를 바라지 말라. 세상살이에 곤란함이 없으면 업신여기는 마음과 사치한 마음이 생기나니, 그래서 부처님께서 말씀하시되 '근심과 곤란으로 세상을 살아가라' 하셨느니라.
>
> ……
>
> 친구를 사귀되 내가 이롭기를 바라지 말라. 내가 이롭고자 하면 의리를 상하게 되나니, 그래서 부처님께서 말씀하시되 '순결로써 사귐을 길게 하라' 하셨느니라.
>
> 남이 내 뜻대로 순종해 주기를 바라지 말라. 남이 내 뜻대로 순종해주면 마음이 스스로 교만해지나니, 그래서 부처님께서 말씀하시되 '내 뜻에 맞지 않는 사람들로써 원림園林을 삼으라' 하셨느니라.

……

이와 같이 막히는 데서 도리어 통하는 것이요,

행함을 구하는 것이 도리어 막히는 것이니,

이래서 부처님께서는 저 장애 가운데서 깨우침을 얻으셨느니라.

## 6. 고전과 '인문적 성찰'

빅데이터와 인공지능의 출현으로 인해 우리는 더 깊은 철학적, 종교적 사유를 동반하는 장도長途에 들어섰다. 인문적 사유의 원천이었던 고전 역시 같은 운명이다. 교육과 교양의 최상위 위계에서 성스러운 권위를 인정받았던 고전들은 지금의 전환을 계기로 새로운 생명력을 얻을 수 있을까.

재해석의 가능성을 위한 일례를 들어보겠다. '나비꿈(胡蝶夢)'으로 잘 알려진 『장자』의 한 구절이다.

> 어느 날 내가 꿈에 나비가 되어 훨훨 날아다녔지. 스스로 즐겁게 날다 보니 내가 나인지를 잊어버렸다네. 그러다 문득 깨어보니 잠에서 깨어난 내가 아니겠는가. 모르겠네, 내가 꿈에 나비가 되었던 것인지 아니면 나비가 내 꿈을 꾸고 있는 건지. 나와 나비는 반드시 차이가 있으니, 그렇다면 이것은 물화物化한 것이겠지.

난해하고 심지어 몽환적인 듯한 이 짧은 글을 두고 다양한 해석이 시도되었다. 일반적인 해석은 이 구절이 등장한 「제물론齊物論」편 전체를 관통하는 생각에 맞춘 것이다. '물物을 고르게[齊]' 한다는 제물의 뜻처럼, 이 편에서 장자는 사물의 분별이 사라진 대도大道의 경지를 우화를 통해 그려냈다. 그 세계는 나의 감각과 인식에 기초한 현실, 상식과 이론과 사상이 쌓아올린 선입견에서 벗어나 있다. 제물齊物을 엿본 나는 망아忘我하고 물화物化하여 물아일체物我一體가 된다.

나와 외물 사이의 경계를 허무는 상대적 사유의 원천으로서 주체와 타자, 중심과 주변의 차별과 배제 논리에 대한 성찰과 반성을 제공한다. 분별을 거부하고 자유를 꿈꾸는 이 같은 사유는 근대에서도 영감을 주었다. 인간·국가(민족)가 보편 기준이 되었던 근대의 자유와 평등은 사실 타국·타민족(인종)에 대한 차별, 사회 내의 전통적 열등자·소수자(여성, 아동, 장애인, 동성애자 등)에 대한 배제의 논리가 만연한 시기이기도 했다. 내·외부의 구성원에 대한 차별 나아가 자연, 동물에 대한 무제한의 착취는 궁극적으로 인정과 공존을 내면화할 때에 원천적으로 사라진다. 앞으로 사물의 범주에 AI와 로봇, 혹여 외계인의 존재가 확인된다면 그들에 대한 인정과 공존은 '나비꿈'식의 논리에 기초할 때 가능할 것이다. 이 점이 장자가 근대와 근대 이후를 사유해야 하는 1차적 이유이다.

한편 '나비꿈'은 인식과 존재에 던지는 질문으로도 독해가 가능하다. 나는 누구이고 무엇인가? 감각적, 피상적인 외형에 사로잡힌 존재이고, 현실은 불완전한 오감이 쌓아올린 인식의 덩어리가 아닌가?

'나비꿈'은 인식, 기억을 통해 형성된 인간의 정체성에 질문을 던지고, 우리가 보고 듣고 느끼는 현실이 과연 객관적인가 하는 문제를 던진다. 인간의 인식이 불완전하므로 존재의 근본 속성은 무無라는 해석에서부터 우리는 감각의 다발에 불과하다는 해석까지 다양하다. 특히 후자와 관련해서는 기억과 감각이 인간을 형성한다는 SF의 오랜 주제와 연결되며 소설, 영화, 드라마 등과 연동한다.[18]

'나비꿈'은 '인간이다, 인간적이다'라는 고정관념을 성찰하게 하는 거울이자, 생명과 정보, 기억, 감각, 인간을 넘어선 존재에 대한 사유의 단서를 제공하는 것이다. '인과 물의 상보성'이나 감각과 기억에 대한 공유를 통해 사이보그, 인공지능과 로봇과의 연대성을 확인하며 나비를 체험하는 자유자재한 '새 인간'의 탄생까지 확장되는 것이다. 물론 그 인간이 인간적인 인간일지, 인간을 위협하는 존재일지는 전적으로 우리의 선택이겠다.

이상 필자는 최근의 변화에 대한 경험과 생각 그리고 접한 연구들을 되는 대로 소개하였다. 이 글의 자원은 최근 몇 년의 실험적 강의 예컨대 '빅데이터 시대의 역사학', '인공지능 시대의 고전 다시 보기' 등이었다. 필자의 전공인 조선시대 역사와는 무관한 주제를 용감하게 도전했던 동기는, 서두에 밝혔듯 누구나 겪는 변화를 함께 고민하지 않을 수 없었기 때문이다. 일회적 경험이나 단상이 위주였는지라 틀도 잡히지 않았고 혼란스럽거나 비약이 없을 수 없다. 그러나 익숙한 문법과 패턴에서 벗어나보고, 마치 새 전공에 진입하는 계기였음도 부인할 수 없다. 그 경험을 요약하면 인문학이란 학제의 테두리 안에서 해왔던 글쓰기와 발표를 벗어나, 가정 · 취미 · 독서 등에서 얻은 경험과 생각마저도 강의의 소재가 되었던 '성찰의 시간'이라고나 할까. 마지막으로 앞으로의 과제 두어 가지를 생각해본다.

---

18 필립 K. 딕의 일련의 소설(「사기꾼 로봇」, 「도매가로 기억을 팝니다」, 「안드로이드는 전기양의 꿈을 꾸는가?」 등)과 이를 각색한 영화들(「임포스터」, 「토탈리콜」, 「블레이드 러너」 등)이 기억과 인간의 정체성에 초점을 맞춘 대표작이다. 이후 영화 「13층」, 「매트릭스」, 「인셉션」 및 최근의 「이스트월드」, 「얼터드 카본」 등 기억과 꿈, 인간의 정체성을 소재로 한 대중문화 장르가 지속적으로 나오고 있다.

인공지능이 강력한 도구가 되면서 우리는 새로운 체험과 그에 따른 책임에 직면하리란 점은 불가피하다. 앞으로도 광범위하고 지속적으로 이제껏 당연시했던 전제에 대한 질문이 쏟아질 것이다. 예컨대 '육체와 마음'이란 익숙한 개념에는 정보의 집적이 신경학적으로 처리되는 과정이 실제 인공지능으로 구현되는 것을 보며 인간만이 가졌다고 믿었던 인지, 미학, 심리, 윤리 등을 다시 생각해 볼 것이다. 인간이 만들고 인간을 닮은 존재를 접하며 '인간'과 '인간다움'을 고민하는 시대가 열린 것이다.

바야흐로 인식의 기반을 물어야 할 때인 것이다. 그 자세는 단지 변화에 순응하는 차원이 아니다. 변화의 폭과 넓이가 빠르기 때문에 각 세대마다 겪는 체험의 차이가 동일 시간대에서도 두드러진다. 필자의 세대에게 '변화'는 새 세대에게는 '당연'이다. 기존 관념의 해체를 겪는 세대에게는 과거 경험의 안착이 중요하겠지만, 그 안착을 후세대가 긍정하리라는 보증은 없다. 보증을 강요할 경우 그것은 억압이 될 수 있으므로 단절은 깊어질 것이다.

따라서 주어지는 의제에 과거 개념을 연착륙으로 착륙시키는 일 못지않게, 구체적이고 새로운 의제를 마련해 함께 이륙하는 작업이 중요하다. 구체적으로 교육의 역할이 크다. 이 글에서도 짧게 예시했지만 역사학의 경우에도 예전에는 통찰되지 않았던 자료의 정의, 지식 유통, 교육 기제, 소비자의 심리 등등이 함께 감안되어야 한다. 교육 전반에서는 과거에 단선형 교육에서 놓쳤던, 열망은 있으나 찰나적 이미지와 감성에 능했던 학생들을 위한 장을 풍부하게 마련할 수 있게 되었다. 지식과 정보를 설명하고 주입하는 일에서 벗어나, 학생 스스로 진화한 도구의 힘을 빌려 정보를 찾고 비교하고 연결하고 재창조할 수 있게 되었다.

변하는 것은 사실 새로운 동기와 방식인 것이다. 그렇게 보면 학생 하나 하나를 위한 맞춤형 교육이 성큼 다가온 것일 수도 있다. 교육의 목적은 애초 '학제學制로 길러지는 인간'이 아니라 '모든 계기를 통해 성찰하는 인간'이 아니었던가.

### 참고문헌


고은영, 「인공지능도 역설을 이해할까?」, 『수학동아』 2017년 4월호.

민영환, 조재곤 역, 『해천추범』, 책과함께, 2007.

스타니스와프 렘, 송경아 옮김, 『사이버리아드』, 오멜라스, 2008,

이재연, 「디지털 시대에서 디지털 인문학 시대로」, 『역사학보』240, 2018.

일송기념사업회 편, 『디지털 시대 인문학의 미래』, 푸른역사, 2017.

일송기념사업회 편, 『과학 질주 시대, 학문과 인간이 던지는 질문』, 푸른역사, 2019.

정성훈, 「인공지능의 편향과 계몽의 역설에 대한 반성적 접근」, 『철학연구』132, 2021.

Alison Abbot, "The 'Time Machine' Reconstructing Ancient Venice's Social Networks", Nature, Vol.546, No.7658 (London, Nature Publishing Group, 2017).

국립중앙도서관 https://www.nl.go.kr/

국립중앙박물관 https://www.museum.go.kr/site/main/home

국사편찬위원회 http://www.history.go.kr/

나무위키 https://namu.wiki/

한국고전번역원 https://www.itkc.or.kr/

Google Arts & Culture https://artsandculture.google.com/

# 제 3 부

# 변화와 지혜

# 코로나19시대의 민주주의와 유학의 예악론

## 사회문화적 미래적 가치의 재정립을 중심으로

엄연석 한림대학교 태동고전연구소 교수

## 1. 문명의 위기에 대한 진단

이 글은 코로나[1]19 팬데믹 시대를 맞아 급변하는 정치경제적 사회문화적 현상에 대응하여 자유와 권리를 강조하는 민주주의와 공동체의 조화로운 질서를 강조하는 유학의 핵심적 가치를 비교 시각적 견지에서 재검토함으로써 미래지향적 가치를 재정립하고자 한다. 또한 이 글은 코로나19의 대유행을 가져오게 된 원인을 개관하고 나서 민주주의와 유학이 내포하고 있는 이념을 융합적으로 이해하고, 균형과 조화를 중심으로 하는 '중용中庸'의 덕목을 미래 세계의 새로운 가치와 관련하여 숙고해 보고자 한다. 구체적으로는 필자는 민주주의의 자유와 권리 개념

1 성녀 코로나 전설. 16살이었던 코로나는 남편 성 빅토르가 신앙 때문에 순교하는 모습을 억지로 지켜보다가 끔찍하게 죽었다. 하늘로부터 두 개의 왕관이 내려와서 하나는 성 빅토르에게 다른 하나는 자신에게 내려오는 것을 보았다고 외쳤다. 박해자들은 두 개의 야자나무를 아래로 휜 다음, 그녀를 나무에 묶었다. 나무가 원래대로 돌아가자, 그녀는 몸이 찢어져 죽었다.

과 유학의 '예禮' 및 '중용中庸' 개념을 상호 비교함으로써 이들 개념의 상호간 연관된 의미를 분석함으로써 그 공통점과 차이점을 이야기 해보려고 한다.

2019년 12월 1일 중국 우한武漢에서 시작[2]된 코로나19(SARS-CoV-2의 감염증인 코로나바이러스감염증)의 팬데믹에 따른 정치경제, 사회문화적 변화는 인류 역사를 코로나19 이전과 이후로 구분해야 한다는 주장까지 제기하도록 하였다. 그렇다면 이러한 현상의 먼 원인이 어디에 있는지를 살펴봄으로써 그것을 해결할 수 있는 정치적 이념과 철학적 기초를 재검토해 보아야 할 것이다.

미래학자 제러미 리프킨(Jeremy Rifkin, 1945~)은 기후변화에 따른 환경변화가 현재 팬데믹의 원인이 된다고 분석하였다. 지구의 온도가 1℃ 상승하고, 여러 기후적 상황 변화로 고온 다습해지며 대기 중의 이산화탄소 량이 늘어나면서 신종 바이러스의 성장과 전파 속도가 빨라진다는 것이다. 또한 인간이 숲을 베어버리고 경작지를 개간하고 가축을 사육하면서 야생동물의 서식지를 빼앗음으로써 이들이 인간과 접촉하게 되면서 동물들의 몸을 숙주로 하여 바이러스가 인간에게 전파된다는 것이다. 이처럼 기후변화에 따른 환경변화와 야생동물들의 접촉 등은 많은 경우 삶의 물질적 조건의 충족을 위해 자연을 지나치게 개발하고자 하는 인간의 욕망에 기인한다. 다시 말하여, 코로나19 팬데믹 현상을 살펴보면 환경오염 ➝ 기후변화 ➝ 자연개발 ➝ 인간욕망의 순서로 그 원인을 소급할 수 있다는 것이다.

---

2 2020년 1월 2일 2019-nCoV의 감염으로 확인된 폐렴으로 입원한 초기 환자 28명이 중국 허베이성 우한시에 위치한 우한화남수산물시장(무한화남해선비발시장)에 노출됨으로써 감염이 확산되기 시작하였다.

영국의 사회학자 허버트 스펜서는 다윈의 진화론을 사회진화론으로 잘못 해석하여 사회질서를 생존경쟁, 약육강식, 적자생존으로 규정하고, 대립과 경쟁, 정복과 승자독식의 사회를 정당화했다. 그런 맥락에서 제국주의 시대가 전개되었고, 오늘날의 세계질서가 구축되었다. 이러한 세계 질서 속에서 물질적 풍요를 성취한 국가는 모범-선진국이 되었다. 이러한 산업문명사회는 '자연은 무한하다'는 잘못된 신념이 모든 행위의 기준이 되는 사회이다. 무한하기 때문에 자연은 복원이 가능하고 대량생산-대량소비-대량폐기가 가능하고, 또한 스스로 정화되므로 환경오염을 걱정할 필요가 없다고 주장하였다. 이런 어리석음의 대가가 지금 우리가 목격하고 있는 기후위기, 그리고 이를 먼 원인으로 하는 '코로나19'사태이다.[3]

그렇다면 자연으로부터 코로나19라는 예기치 않은 공습을 받은 인류는 앞으로 어떠한 세계관을 가지고 코로나19 이후의 세계를 만들어가야 할까? 이 문제에 대하여 해답을 구하고자 하는 것이 이 글을 쓰게 된 동기이다. 코로나19는 인간이 자신의 욕망을 추구하며 자연을 "무한히

---

3 유정길, 「전환시대의 새로운 삶의 지침」, 『세계는 왜 한국에 주목하는가?』, 모시는사람들, 2020, 246쪽. 데이비드 월러스 웰즈는 기후변화에 대한 우리의 인식을 왜곡하는 '앵커링 효과(anchoring effect)', '모호성 효과(ambiguity effect)', '인간중심적 사고(anthropocentric thinking)', '자동화 편향(automation bias)' 등 몇 가지 효과를 언급하였다. 먼저, 앵커링 효과는 한 두 개 사례만 보고 심적 모형을 구축하는 경향으로 자신이 경험한 세계만 가지고 기후가 온화하다고 안심하는 것이다. 모호성 효과는 불확실한 상황에 대하여 상황 자체를 회피하기 위해 최소한의 결과만 받아들이는 경향이다. 인간중심적 사고는 경험하지 못한 세계에 대하여 인간을 기준에 놓고 사고하는 반사적인 경향을 가진다. 자동화 편향은 컴퓨터 알고리즘 같은 비인간적인 의사결정 과정을 선호하도록 하는 것으로, 자유로운 경제시스템이 환경오염, 불평등, 분배정의, 분쟁, 지구온난화 등을 해결해 주리라 믿는 것이다. 이 밖에 웰즈는 '방관자 효과', '확증편향', '디폴트 효과', '현상유지 편향', '소유효과' 등 다양한 인지 편향을 말하고 있다.(데이비드 월러스 웰즈, 김재경 옮김, 『2050 거주불능 지구』, 2021, 240-242쪽.)

자원을 생성하는 장소"로 간주하면서 무절제하게 개발하고 착취함으로써 '환경오염', '기후변화', '오존층 파괴', '사막화 현상', '해양오염' 등과 같은 여러 생태계의 질병을 발생시킨 것에 대한 필연적인 반대급부라고 할 수 있다. 이렇게 문제를 진단할 때, 인류가 코로나19 이후를 새롭게 설계해 가야 한다면, 그것은 자연 생태계가 활력을 가지고 생명적 순환성을 회복하도록 하는 것이 급선무가 되어야 한다. 이를 위한 첫 단계는 생태계의 활력을 회복하도록 하는 데 필요한 철학사상적 토대를 검토하는 일이다. 이런 목적을 위하여 이 글에서는 민주주의 가치에 대한 재검토와 중국 유학에서 언급하는 예禮와 '중용中庸' 사상에 내포되어 있는 생명적 균형과 조화론을 살펴볼 예정이다.

다음 장에서는 코로나19의 현재적 상황에 대한 묘사와 함께 코로나19시대를 살아가는 인류의 대응양상을 언컨텍트(Un-contact) 사회를 지향하는 측면에서 살펴볼 예정이다. 제3장에서는 코로나19 사태에 직면하여 이와 긴밀한 연관성을 가지는 민주주의 원리를 재조명해 보면서, 그 긍정적 의미와 부정적 의미를 함께 논의해 보고자 한다. 제4장에서는 코로나19 이후 시대를 새롭게 설계하는 유학의 인의예지仁義禮智와 중용中庸에 대한 성찰을 주제로 현재적 상황을 개선시켜 갈 수 있는 인문적 가치를 점검해 보고자 한다. 5장에서는 '유학과 민주주의의 융합적 이해와 미래적 가치의 재정립'을 주제로 삼아 코로나19를 극복할 수 있는 표준적 가치기준의 확립에 대하여 살펴보고자 한다. 맺음말에서는 본론을 정리하고 새로운 미래적 가치의 내용을 정리하면서 글을 마치고자 한다.

## 2. 코로나19의 발생과 대응양상: 언컨텍트 사회지향

2019년 12월 31일 베이징에서 연합뉴스가 다음과 같이 전했다.

> 중국 중부 후베이성 우한에서 사스(SARS, 중증급성호흡기증후군)로 의심되는 병이 돌고 있다는 소문에 온라인 이용자들이 걱정하고 있다. 31일 중국중앙방송(CCTV) 등에 따르면 우한시위생건강위원회는 현지 수산물시장에서 원인 불명의 폐렴 환자가 속출했다고 발표했다. 환자들은 이미 격리되어 치료받고 있으며 바이러스 검사 결과를 기다리고 있다.

위의 통신은 국제 바이러스 분류위원회가 명명한 "SARS-CoV-2" 코로나19가 인류에 대한 공습의 시작을 알리는 선전포고문이었다. 이로부터 20일 후인 1월 20일 국내에서는 우한에서 온 중국인 여성이 인천공항 검역에서 유증상자로 분류되어 국립인천의료원으로 이송되었고 확진 판정을 받음으로써 첫 확진자로 기록되었다.

이후 코로나19는 게릴라전을 방불케 하는 불규칙적인 운동을 통하여 중국으로부터 동아시아를 시작으로 점차로 유럽과 미국을 거쳐 아프리카 남미까지 특전사 부대를 투하하는 것처럼 확산되었다. 초기에 미국과 유럽에서는 코로나가 확산하는 양상에 대하여 간과하면서 먼 나라 일로 생각하였다. 여기에 인류의 보건 문제를 다루는 국제기구인 WHO는 효율적으로 대처하지 못하고 허둥지둥하는 모습을 보였고, 중국과의 소통 또한 합리적이지 못한 방식으로 일관하였다. 이러한 완만한 대응으로 인하여 코로나19는 2020년 3월이 되면서 유럽과 미국을 중심으로 급격히 확산되었다.

이런 와중에 대한민국은 사스(Severe Acute Respiratory Syndrom), 메

르스(Middle East Respiratory Syndrome)와 같은 전염병에 대한 효율적이지 못한 대응이라는 아픈 경험을 바탕으로 하면서, 전염병 유행 가능성에 대한 예측 가능한 모의실험까지 진행하는 등 모의고사를 치르고 그동안의 아픈 실패 경험을 자양분으로 삼아 공적 영역에서 최대한 효율적으로 대처하는 모습을 보여 주었다. 물론 초기에 중국으로부터 입국한 자에 대한 조처, 신천지교회에 대한 효율적이지 못한 대처와 같은 문제를 드러내기도 했지만, 초고속 정보 시스템을 가동하여 확진자의 동선에 대한 정보전달, 시민들의 자율적인 경계의식, 정부의 검역시스템에 대한 시민들의 신뢰, 사회적 거리두기 등을 토대로 코로나19시대에 가장 모범적인 방역으로 새로운 선진국으로서 '대한민국'이라는 브랜드 가치를 높였다.

그러면 여기에서 코로나 사태가 진행되어 온 추이는 여러 정보 매체를 통하여 살펴볼 수 있는 만큼, 논의를 생략하고 코로나19시대를 맞아 형성되는 사회문화적 현상으로서 언컨텍트 사회로의 지향과 그 풍경을 묘사해 보기로 하자.

코로나19 팬데믹 상황에서 매우 두드러진 현상 가운데 서양에서 커다란 호평을 받은 것은 한국에서 선제적으로 운영한 드라이브 스루 선별진료소였다. 드라이브 스루 방식의 비대면, 비접촉을 통한 사회문화적 행위 사례는 결혼식에서도 찾아볼 수 있다. 2020년 3월 말레이시아에서 드라이브 스루 결혼식이 치러졌다. 진행 절차는 신랑, 신부가 의자에 앉고 하객이 자동차를 타고 그 앞을 지나가며 축의금을 내고 서로 인사도 나눈다. 이때, 신랑, 신부가 음식이 담긴 봉투를 차에 넣어준다. 악수나 포옹 등 일체의 신체 접촉은 없다. 사실 드라이브 스루 결혼식의 원조는 미국 라스베이거스 스트립에 위치한 '리틀 화이트 웨딩 채플'로

2005년부터 드라이브 스루 결혼식을 서비스하며 유명해졌다.[4]

비대면 시대를 맞아 새로운 업무 방식으로 재택 또는 원격 근무가 있다. 재택근무나 원격근무는 일과 일상의 경계를 무너뜨릴 수 있는 문제가 있으나, 성과를 가지고 평가를 받고 직원에게 주어진 자율만큼 회사와 직원 간의 신뢰가 중요하다. 원격근무를 위한 법은 아니지만, 프랑스는 2017년 1월1일부터 '연결되지 않을 권리(right to disconnect)'를 발효시켰다. 말 그대로 퇴근시간 이후에는 회사와 상사로부터 연결되지 않을 권리를 법적으로 보장받는다. 2013년 독일 노동부는 업무시간 이후엔 비상시가 아니면 상사가 직원에게 전화나 이메일로 연락하지 못하도록 하는 지침을 발표하였다.[5]

비대면으로 사회적 투명성을 높이는 영역으로 화폐유통 분야가 있다. 캐시리스 곧 현금 없는 사회를 지향하는 대표적 국가는 스웨덴이다. 1661년 유럽 최초로 지폐를 만든 스웨덴이 지금은 세계 최초로 현금을 없애려고 하여, 2023년까지 현금 없는 사회를 구현하고자 지폐와 동전 발행을 중단하고 유통 현금을 회수하고 있다. 지폐나 동전 없이 신용카드나 디지털 화폐로 거래를 하면 화폐를 만들고 관리하는 비용도 줄이고, 사회적 투명성을 높이는 데도 효과적이다. 하지만, 소외자나 노약자, 저소득층 등 디지털 계좌가 없거나 신용카드를 사용하지 않는 이들의 역차별 방지를 위해 현금 없는 사회 구현 속도를 늦추고 있다.[6]

현재 컨텍트에서 언컨텍트로 옮겨가는 분야로 대표적인 영역으로는

---

4 김용섭, 『언컨텍트』, 퍼블리온, 2020, 157쪽.

5 김용섭, 위의 책, 112쪽.

6 김용섭, 위의 책, 88쪽.

교육 분야가 있다. 코로나19시대에 교육분야는 그동안 미래의 교육방식으로 인식되었던 에듀테크(Edutech)가 활발하게 모색되고 있다. 에듀테크는 교육과 기술의 결합으로서 빅데이터, 인공지능 등 정보통신 기술(ICT)을 활용한 차세대 교육방식을 뜻한다. 에듀테크에서 이용하는 기술은 가상현실, 증강현실 등을 통해 눈앞에서 교육대상을 체험하는 듯하게 하는 기술이다. 현장감, 사실감을 높여 교육자와 피교육자가 비대면임에도 교육 컨텐츠에 몰입하게 하는 방법을 지속적으로 개발한다. 또 교육자와 피교육자를 연결시키는 네트워크로 IoT, 클라우드, 5G 기술과 빅데이터와 인공지능 기술이 포함된다. 개인별 취향을 파악하여 맞춤형 교육으로 효과를 높이고자 한다. 하지만, 에듀테크를 통한 온라인 강의는 오프라인 강의의 강한 몰입과 실시간 정감적 교감의 측면에서 충분치 못하다는 한계를 가진다.

구체적으로 무크(MOOC)[7]를 이용한 미네르바 스쿨(Minerva Schools)은 좋은 교육 모델이다. 2014년 개교한 미네르바 스쿨은 캠퍼스도 강의실도 없는 정규 대학이다. 수업 자료를 온라인을 통해 미리 학생들끼리 학습하고, 자체적인 온라인강의 플랫폼 '포럼'을 통해 매일 저녁 교수와 학생이 실시간 토론 수업을 한다. 교육 강도가 오프라인의 전통 대학에 비해 오히려 더 과중하다는 평가도 받는다. 학생들은 1학년 때 샌프란시스코, 2학년은 서울, 하이데라바드(인도), 3학년은 베를린, 부에노스아이레스, 4학년은 런던, 타이페이 등 4년간 세계 7개 도시에서 생활하면서 학업을 진행한다. 미네르바 스쿨은 일방적 지식전달이 아니라 자

---

7 무크(MOOC, Massive Open Online Course)는 수강인원에 제한없이 모든 사람에게 열려 있으며, 온라인으로 수업하고 미리 정의된 학습 목표에 의해 구성된 정식 강좌를 말한다. (김용섭, 위의 책, 143쪽)

발적이고 주도적인 학습능력을 키우는 것이 목표이기도 하다.[8]

2019년 7월 구찌의 iOS 앱에 증강현실AR 기술을 이용한 신발 피팅 서비스[9]가 시작되었다. 구찌 앱에서 신발을 고른 후, 스마트폰 카메라로 자신의 발을 비추면 신발을 신은 모습이 화면에 나타난다. 실제 신발을 신은 것 같은 현실감 높은 모습의 영상이다. 그 모습을 사진으로 찍을 수 있고, 소셜 미디어에도 올릴 수 있고, 신발이 잘 어울리는지 친구들의 의견도 들어볼 수도 있다. 사진 속의 나는 이미 그 신발을 사 신고 다닌 사람처럼 보인다. 직접 신어보지 않고서도 자기 발에 잘 맞는지, 자신의 옷과 신발이 서로 잘 어울리는지 등을 AR기술을 통해 좀 더 정확히 확인할 수 있다.[10]

언컨택트 사회를 특징짓는 개념으로 느슨한 연대Weak Ties라는 말이 있다. 소셜 네트워크에서 클릭 한번으로 친구가 되고 누구나 서로에게 말 걸 수 있게 되면서 관계에서 수평화가 이루어졌다. 쉽게 친구가 된 것처럼 쉽게 단절되기도 한다. 그렇게 소셜 네트워크가 우리에게 느슨하게 연결되는 경험을 주었다. 과거에 가족, 직장, 인맥은 끈끈한 연결성을 가졌다. 그러나 집단주의 문화가 퇴조하면서 개인적인 문화가 부상했다. 우리가 느슨한 연대를 말하는 것은 변화된 욕망 때문이다. 고립되고 외롭고 싶은 것이 아니라, 혼자 사는 것을 기본으로 두면서도 필요시 적당히 어울리고 싶은 것이다. 혼자와 함께의 중간 지점, 혼자지만 가끔 함께가 되는, 서로 연결되긴 하지만 끈끈하지 않은 느슨한 연대인

---

8 김용섭, 앞의 책, 146쪽.

9 구찌가 만든 AR 착화 서비스인 트라이온Try-on 기능은 AR기술 응용 스타트업 워너비 Wannaby가 개발하였다.

10 김용섭, 앞의 책, 173쪽.

것이다. 이것은 언컨택트를 통해 인간관계에서 나타나는 갈등과 스트레스를 회피하려는 욕망과 맞닿아 있다.[11]

이러한 사회문화적 추세나 경향은 기후변화와 코로나19 팬데믹이 발생한 이후의 인류의 직접적인 반응양상을 뜻하는 것이다. 그러나 이러한 사회문화적 변화는 코로나19에 인류의 적절한 대응과 함께 언컨택트로 가능한 일과 컨택트를 통해서 해야 하는 일이 균형을 이루는 방향으로 개선되어 나아가야 할 것으로 생각된다.

이러한 사회문화적 변화와 함께 국제사회는 현재의 코로나19 팬데믹의 원인으로 기후변화와 온실가스 배출에 따른 생태계의 질병에 대응하기 위한 구체적인 노력으로 탄소중립사회를 지향하고 있다. '탄소중립'이라는 개념은 석유·석탄·가스를 사용하지 않음으로써 30년 내에 온실가스 순배출량을 '0'으로 만드는 친환경 경제사회의 실현을 지향하는 의미가 내포되어 있다. EU, 미국, 중국을 중심으로 한 많은 국가에서는 2050년을 기준으로 탄소중립을 실현하겠다는 목표를 설정하면서 생태계의 환경개선이라는 전 지구적 목표를 국가의 중심목표로 제시하였다.[12] 우리나라는 세계의 리더 국가들과 보조를 맞춘다는 의미와 함께 우리의 산업 체제를 탄소중립 체제로 전환하면서 글로벌 경쟁력을 유지하기 위한 불가피한 방안으로 2050년까지 탄소중립 사회를 실현한

---

11 김용섭, 위의 책, 237쪽.

12 이유진, 「탄소중립 사회를 위한 10대 과제」 『열린정책』 제9호, 대통령직속 정책기획위원회, 2021, 11쪽. 2018년 10월 '기후변화에 관한 정부 간 협의체(IPCC)'가 「1.5˚C특별보고서」에서 2050년 탄소중립을 권고한 지 1년 뒤인 2019년 유럽연합(EU)이 탄소중립을 선언했다. 2020년 9월 중국의 2060년 탄소중립 선언에 이어 일본, 한국, 미국이 '탄소중립'을 결정하였고, 불과 2-3개월 사이에 '탄소중립'은 국제 무역, 경제, 외교의 핵심 어젠다로 자리 잡았다.(11쪽)

다는 목표를 2020년 12월에 발표하였다.

'탄소중립'이라는 이러한 목표는 실로 인류사회가 그동안 이루어 왔던 문명적 발전의 핵심 수단으로서, 석탄, 석유, 가스의 사용으로부터 벗어나 그린 뉴딜이라는 개념으로 설명할 수 있는 친환경, 신재생 바이오 에너지로의 전환의 필요성을 의미한다. 예컨대, 생산, 공장, 교통, 폐기물, 생태계 보호와 생물다양성 유지, 교육, 재난에 대한 대응, 돌봄, 의료, 식료품, 예술과 놀이와 같은 분야 등을 포함하는 모든 삶의 영역은 필연적으로 많은 에너지의 소비를 수반한다. 이러한 생활의 많은 영역에서 소비하는 에너지를 과학기술의 발전을 통하여 친환경 에너지로 전환하는 것이 필요하지만, 동시에 국가사회의 구성원들의 생활양식과 에너지에 대한 인식을 바꾸는 노력 또한 정치경제적 사회문화적 교육과정을 통하여 실현해야 할 것이다.

이러한 목표를 달성하기 위해서 자연과학과 기술, 의학과 같은 문명적 발전과 함께 정치경제적 사회문화적 인식의 전환 또한 필수적 전제가 되어야 한다는 점에서 인문학과 사회과학에서 이루어진 성과를 융합적 관점에서 바라보는 노력이 필요하다. 달리 말하면, 문명의 이기利器를 생산하고 유통하며 소비하는 과정 속에서 인류는 탄소를 끊임없이 발생시키고 있기 때문에, 사회문화적으로 이를 개선하기 위해서 기술을 포함하는 이공계와 자연과학 분야는 인문사회과학 분야와의 융합적 시각을 가지고 새로이 발생하는 사회문화적 문제를 풀어가야 한다는 것이다.

## 3. 코로나19와 민주주의 원리의 재조명

코로나19는 인류의 정신적 물질적 문명사에 중요한 문제를 제기하면서 하나의 새로운 과제를 안겨주었다. 그것은 기존에 보편적 질서로 인식되었던 동서양의 도덕적 질서와 정치적 이념이 언제나 절대적 진리성을 가지는 것이 아닐 수도 있다는 반증가능성을 제기하면서 인류가 추구해야 할 미래적 가치가 어떤 것이 되어야 하는가에 대한 문제를 안겨준 것이다. 이 장에서는 현대사회의 핵심적인 운영원리가 되어 있는 민주주의의 기본 이념과 가치를 역사적 정치사상사적 측면에서, 그리고 사회에 적용되는 과정에서 발생하는 오류에 대하여 검토하고, 아울러 현대 사회의 운영원리로서 자본주의적 생활과의 연관성과 함께 미래적 가치기준으로서의 의미를 숙고해볼 예정이다.

민주주의는 서양에서 그리스 폴리스에서의 직접민주주의 정치를 효시로 하여 그 연원에 있어서 오랜 역사적 전통을 가지고 있다. 그러면 현대사회의 보편적인 운영원리가 되기까지 민주주의가 어떤 역사적 과정을 거쳐 왔는가를 개관하면서 시대에 따라 민주주의의 특징을 살펴보기로 한다.

먼저 아테네에서 행해진 민주주의는 페리클레스 시대에 실현되었던 것으로 알려진 직접민주주의였다. 아테네에서 시행되었던 직접민주주의정치의 핵심원리는 자유의 이념을 가장 근본적인 원리로 제시하였다. 그에 따르면 자유란 정치적으로 평등하고, 표현의 자유가 있으며 민회에서 동등한 권리를 가지고 있을 때 비로소 실현 가능한 가치였다. 당시 아테네에서 개인들은 재산 수준, 교육정도, 능력, 신민으로서의 자질, 공공정신 등에서 개인적인 차이가 있었으나, 그들 사이에 정치적 지위에서의 차이는 용납되지 않았다. 곧 모든 시민은 정치적으로 평등하기를 원했던 것이다.[13] 아테네 직접민주주의 정치에서 유의해야 할 점은 이 제도의 이면에 흐르는 정신적 가치의 문제이다. 다시 말하면 아테네 직접민주주의 정치사상에서 이미 현대 민주주의의 운영원리인 '자유自由', '개인個人', '평등平等', '권리權利' 등의 개념이 통용되고 있다는 점이다.

하지만 이러한 고대 그리스의 직접민주주의는 플라톤이나 아리스토텔레스와 같은 철학자들에게 있어서는 호감이 가는 정치이념이 아니었다. 플라톤의 『소크라테스의 변명』에서 보듯이 소크라테스가 억울한 죽음을 당하는 것을 보면서 플라톤은 『국가론』에서 민주주의가 아닌 철인정치를 강조하고 있다. 지혜로운 사람이 두뇌가 되어 정치를 해야 한다는 것이다. "소크라테스가 억울하게 당한 이유는 당시의 정치상황하고도 연관이 있다. 아테네는 동네 사람 아무나 무작위로 차출해서 제비를 뽑아서 재판을 했다. 당시에는 진리를 이야기하는 것보다 설득시키는 것이 더 중요했다. 그래서 수사학이 발달하였다. 당시 사람들의 구미를 맞추는 것이 중요한 것이었다. 민주정치에서는 연설이 특히 중요한데, 연설에 따라서 표심이 바뀌기 때문이다. 플라톤이 볼 때 이것은 굉장히 큰 문제였다. 국가를 움직이는 사람은 뭔가를 아는 사람이 해야지 말을 잘하는 사람이 해서는 안 된다는 것이다. 수사학에서 온갖 형용사를 갖다 붙이는 것은 내용의 핵심이 뭔지 잘 모르는데, 소크라테스는 그런 것을 싫어하였다."

---

13 앨런 라이언 지음, 남경태·이광일 옮김, 『정치사상사: 헤로도토스에서 현재까지』, 문학동네, 2017, 12쪽.

고대 그리스 이래 민주주의가 다시 개화開花하기 시작한 것은 1,000여 년의 중세를 거친 이후 르네상스 시기에 인간성을 재발견하고 인간의 본질에 대한 재규정이 이루어지면서부터였다고 할 수 있다.

현대 민주주의가 공동선으로 인식되기 시작한 것은 17~18세기 유럽과 북미에서 일어난 시민혁명의 결과이다. 이것은 근대에 이르기까지 서양에서는 왕정이 존속되면서 정치적으로 전제군주제가 시행되고 있었다. 전제군주제에서 일반 국민은 자유롭고 평등한 정치적 지위를 가지지 못할 뿐만 아니라, 현대적 관점에서 볼 때 개인의 정당한 권리도 행사할 수 없었다. 한마디로 한 사람의 전제군주 정치에 억압된 신민일 뿐이었다. 이 시기에 자유 개념은 전제군주제의 속박으로부터의 '자유'라고 하는 소극적 자유를 의미하였다.

이러한 시대적 상황에서 자본주의적 생산 활동을 통하여 부를 축적한 시민들이 자신들의 권리를 획득하기 위한 투쟁에 나서면서 서구에서는 민주주의 시민혁명이 연속적으로 이어졌던 것이다. 일련의 시민 혁명을 통하여 정치과정에서 대부분의 시민들이 정치에 참여할 수 있는 길이 열렸다. 근대민주주의를 탄생시킨 시민혁명은 신분적 속박과 종교적 억압을 핵심 요소로 하는 봉건제를 타파하고, 소수 지배층의 특권을 타파하였다.

이처럼 서양 근대 시민혁명의 원천은 자본주의적 세계관을 기초로 한 부의 축적과 이를 지탱해 주는 이념으로서 자본주의적 윤리의식이다. 막스 베버는 『프로테스탄트 윤리와 자본주의정신』에서 자본주의 경제를 적극적으로 추동시킬 수 있는 이념적 요소를 그리스도교의 3대 세력을 형성한 여러 교파 및 그 사상을 지칭하는 프로테스탄티즘과 결합하고 있다. 이 저술에서 막스 베버(Max Weber)는 벤저민 프랭클린(Benjamin

Franklin)의 사례를 인용하여 직업에 대한 성실성을 자본주의 정신의 중요 요소로 설명하고 있다. 곧 "근대 경제 조직 안에서 돈을 번다는 것은 합법적으로 추구되는 한 직업에 대한 성실성의 표시이자 그 결과인 것이다. 이와 같은 성실성은 프랭클린의 모든 저술에서 예외 없이 나타나는 프랭클린 도덕의 전부라 할 것이다. 오늘날 우리에게 너무나 잘 알려져 있으면서도 실제로 그 의미를 파악하기 까다로운 이 직업의무라는 독특한 관념은 자본주의 사회의 가장 특징적인 사회 윤리인 동시에 어떤 의미에서는 우리 사회의 기본 토대를 이룬다고 하겠다"[14]라고 강조하였다. 프랭클린의 모든 도덕적 가르침은 효과와 유용성을 가져오고 결과를 강조하는 공리주의적 색채를 띠고 있다. 그러나 그는 부와 효용성의 충족이라는 결과를 가져 오는 것이지만, 단순히 이것들만을 위한 정직 성실함이 아니라, 직업에 대한 성실성과 정직, 공정 등이 그 자체로 신이 내려준 소명으로서 미덕이 된다고 본 것이다.

벤저민 프랭클린

또한 이러한 시민혁명에 이념적 원리를 제공한 인물이 유명한 루소로, 그는 사회계약론과 천부인권사상이라는 민주주의의 기본 이념과 원리를 제시하였다. 루소의 사회계약론의 핵심 원리는 인간의 자연 상태에 대한 불안감이다. 그에 따르면, 인간은 자연 상태에서 안정되게 살 수 없기 때문에 '공동의 힘을 모두 합쳐 각 구성원의 인격과 재산을 방

14 막스 베버 지음, 김상희 풀어씀, 『프로테스탄트 윤리와 자본주의 정신』, 풀빛, 2008, 55쪽. 프로테스탄트가 의무와 미덕으로서 '직업의 소명'을 신에게 자신의 신앙을 드러내는 증거로 본 점은 프로테스탄트 특유의 종교적 가치에 뿌리를 둔 것이다.

어하고 보호하는 결합 형태를 발견해 낼 것과 그것을 통해 각 개인은 전체의 구성원에게 연결되지만 자기 자신에게만 복종하며 이전과 마찬가지로 자유일 것'과 같은 과제를 지닌 결합이 달성되어야만 한다. 여기에서 신체상 그리고 재산상의 보호와 함께 자유의 불가침성이 정치 사회의 성립을 규정하는 원리로 제창되고 있다. 자유 없는 계약은 이해의 조정일 수는 있어도 권리의 근거가 될 수는 없다. 요컨대, 그의 사회계약론은 인간이 다른 사람들과 관련을 맺으며 진실하게 자신의 가치를 발견할 수 있는 사회 형태와 최고의 형태로서 정치적 결합체를 추구하며 그에 관한 근본적 이론을 전개하고 있는 이론이다.

그러면 민주주의의 기본 원리라 할 수 있는 자유와 평등, 개인과 권리의 상관관계에 대하여 살펴보기로 한다. 먼저 자유와 평등에 대하여 살펴보면, 이것은 인간의 두 가지 욕망에 연유한다. 인간은 한편으로는 남과 똑같이 잘 살고 싶고, 똑같이 인간대접 받고 싶으면서도(평등), 다른 한편 내 마음대로(자유) 남보다 더 부자가 되고 싶고 남보다 뛰어나고 싶어 한다.

그래도 보다 근본적인 것은 자유의 갈망이고, 자유 갈망의 한 정치적 표현이 민주주의라고 해야 한다. 이것은 중국의 요순堯舜시대에 "임금이 억압만 안 하면 행복하다"는 격양가로 보나, 영국 대헌장이 왕 축출보다는 왕의 탄압에서 자유를 찾기 위하여 제정된 것으로 보나, 프랑스 혁명이 왕의 탄압 철회를 요청했으나, 왕이 거부하자 홧김에 민주혁명을 일으킨 경우로 보나 자유가 보통 선거와 민주주의보다 앞선다는 것은 분명하다. 어느 것이 더 근본적인 것이건 간에 자유민주주의에서 '자유'와 '평등'은 언제나 다 같이 배려되고 타협도 하면서 그 균형을 유지해 가야 할 과제를 갖는다.[15]

자유와 평등의 관계를 생각할 때 양자는 균형을 이루어야 한다. 자유에 대한 배려 없는 지나친 평등 추구는 저성취, 저생산을 초래하고 결국 나라가 '가난의 평등'의 극히 단조로운 회색사회로 전락한다. 나라는 가난으로 인한 불만과 불안으로 붕괴되거나 혁명의 위기를 맞기도 한다. 자유 없는 옛 공산주의 체제가 그 예이다. 중국은 그동안 다른 자유는 제한하더라도 경제활동에만은 폭넓은 자유를 허용한 결과 경제적으로 성장하였다. 반면 평등에 대한 배려가 없는 자유의 주장은 사회를 약육강식의 정글의 법칙의 지배하에 몰아가고, 점점 벌어지는 빈익빈 부익부로 사회의 양극화가 초래될 것이다. 그 양극화로 인한 누적하는 사회적 불만과 불안은 위기의 원인이 될 수 있다.[16]

자유민주주의 원리와 연관하여 중요한 이념은 개인주의이다. 서양 고대의 그리스와 중세에는 폴리스나 특권적 집단의 자유는 있었으나, 개인적 자유 개념은 없었다. 그런데 개인주의 철학의 기반 위에 개인의 자유 관념이 없는 곳에서 자유주의는 싹을 틔울 수 없다. 자유주의의 핵심은 개인주의이기 때문이다. 그리스 민주주의가 근대 민주주의에 하나의 이상과 모델을 제시했지만 아테네의 페리클레스 시대조차 노예와 여자, 외국인은 시민권이 제한되고, 극소수 시민권을 가진 자들만의 민주주의였다. 당시 민주주의는 개인주의적 인권에 바탕한 근대 민주주의

15 정범모, 『교육의 향방』, 교육과학사, 2009, 285쪽.

16 정범모, 위의 책, 286쪽. 인간과 사회에 모두 긴요한 자유와 평등이 갈등관계에 처할 때, 그 해결책은 상대방의 주장을 이해하고 서로 절충하는 수밖에 없다. 자유와 평등의 기본적인 균형은 어느 정도까지 제도나 법으로 보장하면서 그 갈등을 미연에 방지할 수 있다. 예컨대, 헌법 제31조 "모든 국민은 '능력에 따라' 균등하게 교육을 받을 권리를 가진다"도 그런 절충이고, 소득 수준에 따른 누진 세율의 제도도 자유와 평등의 절충이다.(정범모, 앞의 책, 286쪽)

와는 성격이 판이하였다.[17]

자유주의의 철학적 핵심은 개인주의이다. 자유주의의 개인적 자유, 관용, 재산권 등의 관념은 바로 이 개인주의에 뿌리를 박고 있다. 자유주의적 개인주의는 개인을 사회와 사회제도 및 사회구조보다 앞서는 것으로 보고, 사회보다 더 현실적이고 더 기본적인 것으로 본다. 또한 사회나 집단보다 개인에게 더 높은 도덕적 가치를 부여한다. 따라서 개인의 권리 요구는 사회의 그것보다 도덕적으로 앞선다. '개인(individual)'이란 단 한 사람이란 뜻이다. 단 하나를 강조하는 것은 다른 사람들과 구별되는 면을 강조하게 된다. 따라서 성취와 자아실현의 문제는 어디까지나 독자적인 개인의 책임이라고 생각한다. 그래서 '자율'이야말로 개인주의의 형이상학적 기본조건이다.[18]

'자율'을 강조한 학자는 칸트이다. 칸트의 의무론이 오늘날에도 주목받는 이유 중 하나는 앞에서 살펴본 것처럼 그것이 인간 존엄성의 근거를 제시해 주고 있기 때문이다. 칸트는 인간의 이성과 자유 의지에서 인간 존엄성의 근거를 발견하였다. 칸트에 의하면, 인간은 자연 세계의 동물과 같은 본능적 욕구들을 가지고 있지만, 동시에 인간만의 고유한 능력인 이성을 가지고 있다. 욕구들은 자연적인 것이어서 자연법칙의 지배를 받지만, 법칙 자체를 부여하는 능력인 이성은 자연을 초월한 세계에 속하기 때문에 자연법칙의 지배를 받지 않는다. 이런 의미에서 인간은 자유롭다고 말할 수 있으며, 따라서 도덕 법칙은 자유 의지의 법칙이기도 하다. 도덕 법칙을 따르는 자와 부과하는 자는 동일한 자기 자신

17 노명식, 『자유주의의 역사』, 책과함께, 2011, 102쪽.

18 노명식, 위의 책, 41쪽.

이다. 인간은 자연법칙을 넘어 스스로 세운 도덕 법칙에 따라 살아갈 수 있다. 이를 가리켜 진정한 자유, 곧 자율自律이라고 한다. 칸트가 보기에, 자연의 만물은 인과 필연의 자연법칙에 지배되지만, 인간만은 예외적으로 자신의 의지로 자신의 삶을 가꾸어 갈 수 있다. 이런 의미에서 인간은 존엄한 존재이다.

이처럼 인간은 이성과 자유의지를 가진 자율적 존재이기 때문에 인간으로서 살아가는 데 국가로부터 법으로 규정된 기본적인 권리를 보장받는다. 이처럼 법으로 규정되기 이전에 인간은 그러한 자율성과 존엄성을 가지는 만큼 기본적인 인권을 타고났다고 하는데, 이것을 천부인권天賦人權이라고 부른다. 인권은 사람이라면 누구나 당연히 가지는 기본적 권리로, 다른 사람이 함부로 빼앗을 수 없는 것이고, 태어나면서부터 자연적으로 주어지는 권리이다. 우리 사회에는 피부색, 성별, 신체적 특징 등에 따라 부당하게 대우받거나 차별받는 경우가 있다. 피부색에 따라 우월함과 열등함을 나누는 인종에 따른 차별, 여성에 대한 차별, 장애인 차별로 인해 인권 문제가 대두되고 있다. 이러한 사람들의 인권 또한 마땅히 보장받아야 하기 때문에, 사회적 약자들의 인권을 보호하기 위한 제도와 법이 마련되고 있다.[19]

이번 코로나19 사태에서 개인주의적 가치를 중시하는 자유주의와 민주주의 원리는 공동체와 사회의 공공 영역의 가치와 대립 또는 충돌로 코로나19 사태를 극복하는 데 혼란을 발생시키는 문제점을 드러내고 있

---

19 이처럼 인권은 차별받지 않을 권리임에도 불구하고, 현대 사회에서는 많은 영역에서 차별이 상존하고 있으며, 차별을 넘어선 평등한 권리를 부여하기 위하여 여러 법률적인 장치를 강구하고 있다. 현재 한국사회에서 입법 진행 중인 차별금지법은 외국인근로자, 탈북민, 여성, 난민, 장애인, 성소수자(젠더) 등의 문제가 있다.

다. 『사피엔스』의 저자로 유명한 유발 하라리(Yuval Harari)는 "지금과 같은 위기상황에서 우리는 힘들고 중요한 선택을 해야 한다."며 "바로 전체주의적인 감시체제와 시민적 역량강화 사이에서의 선택이다."라고 말하였다. 지금의 코로나19의 위기 속에는 확진자의 추적과 확인을 위하여 전체주의적 감시체계가 국가 권력에 의해서 이루어진다는 것이다. 민주주의의 기본 원리 가운데는 '프라이버시(Privacy)'라고 하는 사적 비밀의 권리가 있다. 이러한 권리가 코로나19 사태로 인하여 위기를 맞고 있다는 것이다.

국민의 관점에서 상당히 유의미성을 가지는 문제제기라 할 수 있다. 이 점은 민주주의 가치에 대하여 국가가 행하는 문제점을 지적한 것이다. 하지만, 프라이버시 문제와 관련하여 국민 쪽에서 행하는 문제점은 없는가? 국민 쪽에서도 문제를 낳는 측면이 있다. 예컨대, 프라이버시 가치를 지킨다고 하여 자신이 확진자로 판정을 받았음에도 규정을 지키지 않는다든가, 그런 사실을 알리지 않고 익명성에 숨는다든가 하는 문제가 발생한다. 이러한 문제는 '프라이버시'라는 가치와 '질병의 위험상태로부터 다른 국민의 보호'라는 가치가 충돌되는 것이다. 그리고 종교집회나 나이트클럽 업소운영 등과 같은 사태에 대한 규제에 대하여 공동적 가치와 사업체의 영리활동이 모순됨으로써 문제를 일으키기도 하였다. 이러한 문제들은 대체로 개인의 경제적 활동과 자유로운 권리, 그리고 프라이버시와 공동체적 삶의 안정과 연관된 가치 사이의 충돌을 의미한다.

여기에서 민주주의는 균형과 조화 조정의 역할을 할 수 있는 또 다른 가치를 작동시킬 필요가 있다고 할 수 있다. 구체적으로 말하면 민주주의 원리 가운데 개인의 권리 쪽보다 공동체적 가치와 보다 가까운 가치는 평등의 가치라 할 수 있다. 코로나19 시대를 맞아 민주주의의 가치 가운데 '자유'와 함께 '평등'이라는 가치를 회복함으로써 지금까지 자유에 비하여 비대칭적으로 작동했던 '평등'의 가치에 제자리를 보장해줄 필요가 있다고 생각된다. 요컨대, 코로나19시대에 자유로부터 출발하는 가치와 평등으로부터 출발하는 가치가 한곳에서 만나 서로 균형을 이루는 상태를 만들 필요가 있다. 이것은 개인과 개인, 개인과 공동체, 개인과 국가, 국가와 국가, 인류와 동물, 인류와 자연 등 모든 사회문화적 자연적 요소들을 새로운 시야로 바라보는 것을 의미한다.

## 4. 코로나19시대에 유학의 예禮에 대한 성찰

위 장에서 코로나19시대에 민주주의 원리에 대한 재조명을 통하여 민주주의의 중심 가치인 자유 평등, 그리고 정의와 권리의 참된 의미가 어떤 것인지를 살펴보았다. 그러면 이제 코로나19시대에 중국 유학에서 인의예지仁義禮智의 도덕적 원리는 어떤 새로운 의미로 재해석될 수 있는가를 살펴보고자 한다.

중국 유학 사상에서 인의예지는 공자를 효시로 하여 맹자로 이어지면서 확립된 유학의 근본적인 도덕이념이자 규범적 원리이며 체계이다. 이들 덕목은 인간 삶의 외적 물질적 조건과 내면의 이성적 감정적 상태를 적절하게 제어하고 조절하는 기제로서의 의미를 갖는다. 조선성리학에서 이황과 기대승이 사단칠정四端七情을 가지고 논변을 벌였는데, 이때 사단은 바로 인의예지가 인간 감정의 실마리로 드러난 네 가지 공적인 감정을 뜻하고, 칠정은 희노애락애오욕喜怒哀樂愛惡欲의 일곱 가지 감정을 말한다.

인간은 수많은 일 또는 사태에 직면하여 그에 조응하는 수많은 감정을 표현하며 삶을 영위한다. 이때 그런 감정을 적절하게 표현하는 것이 무엇보다 중요하다고 하겠다. 예를 들어 어떤 사람이 매우 슬픈 일을 당하여 슬픈 마음 상태인데 옆에서 그런 감정을 헤아리지 않고, 자신의 즐거움을 표출한다면 사려 깊은 사람이라고 할 수 없다. 반대로 그런 슬픈 상황에 대하여 슬픔을 함께하면서 적절하게 마음을 표현한다면 사려 깊은 사람이라고 할 수 있다. 유학에서 이처럼 인간이 살아가면서 당면한 사태에 적절한 감정을 표현하는 것에는 일정한 기준이 있어야 할 것이다. 이런 기준을 제시해 주는 것이 '예禮'이다.

다시 말하면 어떤 일에 대하여 적절한 행동과 태도, 감정을 표현함으로써 사회적 구성원과의 정서적 유대감 및 안정된 교류를 행하는 기준이 되는 것이 예禮라 할 수 있다. 인간 사이의 관계는 이처럼 특수한 방향의 가치를 내포하는 일에 대한 대응방식과 그 일을 처리하는 기준의 차이나 일치에 따른 감정의 교차, 또는 모순, 상반, 일치에 따라 좋아질 수도 나빠질 수도 있다. 이렇게 하나의 상황에 대한 판단에 개인적인 차이를 드러낼 수 있기 때문에 유학에서는 일의 특성을 고려하여 객관적으로 행할 수 있는 보편적인 행위양식을 규정하고자 하는데 이것이 바로 예禮 규범으로 체계화되는 것이다.

유학에서의 '예禮'에 대응하는 의미로 서양에서 일반적으로 사용하는 '에티켓(étiquette)'이라는 용어가 있다. 프랑스어인 '에티켓'은 원래 영어의 '표'를 의미하는 '티켓(ticket)'에 해당하는 말이었다. 옛날에 프랑스에서는 사람들이 궁전에 출입할 때 궁전 안에서 지켜야 할 예의범절이 적혀 있는 '표'를 나눠주었는데 그 표를 '에티켓'이라 불렀다. 그 표에 적힌 대로 행동하면 '에티켓을 지켰다'고 했는데 여기서 유래한 말이 바로 예의범절을 가리키는 '에티켓'이다. 이처럼 서양에서 공적 영역에서 지켜야 할 예의범절을 뜻하는 '에티켓'이나 유학의 예는 특정한 사태 또는 상황에서 감정을 적절하게 표현하는 형식을 의미한다고 하겠다.

다시 말하면 인간이 어떤 사태에 직면하여 감정의 적절한 표현을 위하여 정해놓은 형식을 말한다고 하겠다. 예컨대, 탄생을 기념하는 날에 건강하고 즐거운 생활을 기원하는 의미에서 장미꽃을 선물하면 생일을 맞은 사람이 공감을 느끼면서 기뻐할 것이다. 이때 '장미꽃'은 상대의 탄생을 축하하며 당사자와 기쁨을 공유하는 하나의 상징물 또는 매개체가 된다. 반대로 가까이 지내던 사람의 죽음을 접하면 사람들은 상주喪主와 슬픔을 함께하는 의미에서 조화로 국화꽃을 빈소에 바친다. 이러한 형식적 상징적 매개체를 반대로 하면 어떻게 되겠는가? 장례식에 가면서 결혼식에 갈 때와 같이 '연미복燕尾服'을 차려입고 장례식장에 나타나면 이것은 '장례'라는 일이 내포하고 있는 '슬픔의 감정'과 어긋나는 옷차림이 되는 것이다. 인간의 삶의 과정에서 직면하는 모든 일은 인간의 감정을 어떤 방식으로 규정하며, 해당 일에 대하여 감정을 적합하게 표현하면서 일을 처리하는 기준이 되는 것이 바로 예禮의 기능이다.

근래 어느 대학 교수가 일본군 위안부慰安婦를 매춘부라고 말한 일이 있다. 청강하던 학생들이 문제를 제기하면서 분노의 감정을 표출했다고 한다. 학생들이 분노를 표출한 이유는 바로 '위안부'라는 개념과 '매춘부'라는 개념이 가진 의미를 실제 일에 부합하는 의미로 쓰지 못하고 개념과 그에 대응하는 사실과의 일치라는 시시비비是是非非를 왜곡시킴으로써 수강생들의 평소 진리판단 기준을 어지럽혔기 때문이라 하겠다. 여기에서 우리는 상호적으로 통용되는 개념을 사실과 부합하게 쓰는 것이 얼마나 중요한가를 알 수 있으며, 예禮는 인간의 행위를 규제하는 실천적 진리의 기준을 의미한다.

아리스토텔레스는 『니코마코스윤리학』에서 희로애락의 감정이 과도와 부족의 중간에서 적절하게 표현하는 것의 중요성을 다음과 같이 언급하였다.

> 당연히 노여워할 일에 대해서 또 당연히 노여워할 사람들에 대해서 그리고 또 적당한 정도로 적합한 때에 그리고 적당한 시간 동안 노여워하는 사람은 칭찬을 받는다. 이런 사람이 온화한 사람이고, 그의 온화함은 칭찬받는다. 즉 온화한 사람이란 쉽게 마음이 흔들리지 않으며, 감정에 좌우되지 않고, 다만 순리를 따라 옳은 태도로 노여워할 일에 적당한 시간 동안만 노여워하는 사람이다. 당연히 노여워해야 할 일에 대하여 노여워하지 않는 사람은 어리석다고 생각되며, 또 올바른 자세로 마땅한 때에 혹은 노여워해야 할 대상에 대해서 노여워하지 않는 사람도 바보로 여겨진다. 왜냐하면 이런 사람은 감각도 없고 고통도 느낄 줄 모르는 사람이라고 생각되며, 또 노여워할 줄 모르는 자는 자기 자신을 지켜낼 수 있을 것 같지 않은 사람으로 생각되기 때문이다.[20]

아리스토텔레스는 분노 또는 노여움이란 감정의 예를 들어 분노할 만한 일을 당했을 때 그 대상, 분노하는 시간, 분노의 강도 등을 적절하게 해야 하며, 이런 적절성의 기준에 맞게 분노하는 사람을 온화한 사람이라고 하고, 그 반대인 사람을 어리석은 사람이라고 주장하였다. 다시 말하면 분노가 일의 대상과 시간, 강도에 있어서 사태에 적합하게 맞아야

---

20 아리스토텔레스 지음, 최명관 옮김, 『니코마코스윤리학』, 창, 2008, 161쪽.

하는 것을 강조하고 있다.

맹자는 분노의 감정을 '의義'를 설명하기 위한 핵심적인 감정으로 간주하였다. 그에 따르면 의는 수오지심羞惡之心으로 표현되는데, 자기가 행한 것이 정의롭지 못할 때 느끼는 부끄러움의 감정이 '수심羞心' 곧 '수치심'이라고 한다면, 다른 사람이 정의롭지 못한 행위를 했을 때 미워하고 분노하는 마음이 바로 '오심惡心' 또는 '증오심'이다. 맹자가 말한 '수오지심'은 자신과 타인이 정의롭지 못한 일을 한 것을 아우르는 말로 '수치심'과 '증오심'의 합성어가 된다. 유학에서 '지智'는 시시비비를 가리는 지성적 판단능력이고, '의義'는 행위의 당위성을 정당화해 주는 근거이며, 예禮는 의義를 실천하는 방법이자 절차를 객관적으로 규정해 주는 표준규범이다.

그러면 유학에서 '예禮'의 기본적인 의미를 규정함으로써 이것을 현대적 관점에서 프라이버시와 연관하여 간략하게 살펴보기로 한다. 유학에서 예禮는 다름(차이)을 구별하는 것을 기본 원리로 삼는다. 『예기禮記』「악기樂記」에서는 "예는 다름을 구별하는 것이다"[21]고 하였다. 예는 인간이 자신의 내면적인 도덕적 감정을 사회적 관계의 체계 속에서 질서를 이루는 방향으로 적절히 표현하는 형식이며, 절차이다. 또한 그것은 혈연적인 친소와 정치적인 지위를 차등적으로 규정한 규범이기도 하다.[22] 그러면 예禮가 다름을 구별한다는 규정을 단초로 예의 의미를 현대 민주주의의 기본권으로 인식되는 프라이버시 개념과의 연속적 의미를 조명해 볼 수 있다.

---

21 『예기禮記』「악기樂記」, "禮辨異."

22 엄연석, 「개인 및 공동체적 가치의 양립가능성과 유가철학의 황금률」, 『성곡논총』 35상, 2004, 587쪽.

서양 민주주의에서 말하는 '인권'의 내포적 의미로서 프라이버시는 인간으로서 존엄과 자유를 실현하기 위한 필수불가결한 구성요소 또는 전제로서 개인이 자기의 정보를 통제하는 권리이다. 또한 이것은 정보의 수집과 공개, 신체적 은거, 소유 또는 지배 등에 관한 개인의 의사결정과 관련된다. 프라이버시 개념의 이러한 다의성은 인간의 존엄과 자유가 내면적으로는 마음에 외부적으로는 신체와 관련되며, 주변 환경 및 타인과의 관계가 모두 연관되기 때문이다. 또한 프라이버시는 개인의 정체성을 형성하고 유지하는 데 필수적인 개인의 경계로서 상호주관적인 인정을 통하여 사회적으로 설정된다.[23]

그러면 예에 서양적인 프라이버시의 의미가 어떻게 내포되어 있는가를 살펴볼 필요가 있다. 예는 "다름을 구별하는 것이다"라는 명제로부터 '다름을 인정하는 것'과 '다름을 이루는 경계'에 대한 의식 등을 언급할 수 있다. 『예기』「곡례曲禮」에는 어떤 사람의 사적 측면에 대하여 프라이버시를 보장해 주는 것의 중요성을 언급한 구절이 있다.

> 타인을 만나서 숙소를 마련해 줄 수 없으면 그가 어디에서 머무는지를 물어서는 안 된다. 남에게 물건을 하사할 때는 와서 가져가라고 말하지 말고, 남에게 물건을 줄때는 그가 무엇을 하려고 하는지를 묻지 말아야 한다.[24]

여기에서 남에게 물건을 준다고 할 때, 그것으로 무엇을 할 것인가는

---

23 엄연석, 「인권 및 프라이버시와 유가철학의 규범체계로서 예 사이의 통약 가능성 문제」, 『동양철학』 35, 2011, 11쪽.

24 『예기』「곡례」 상, "見人不能館, 不問其所舍. 賜人者, 不曰來取. 與人者, 不問其所欲."

빌리는 사람의 자유이기 때문에 굳이 물을 이유가 없다는 취지이다. 그리고 개인적인 목적으로 알리기 꺼려지는 사항이 있으면 상대방의 자유와 자율적 의지를 훼손할 수 있기 때문이라고 할 수 있다. 곧 그것으로 무엇을 할 것인가는 전적으로 빌리는 사람 개인 사정이라는 것이다. 결국 일단 물건을 양도하는 이상 그것의 처결권은 상대에게로 옮겨지는 것이기 때문에 그것의 용처用處를 알아야 할 권리가 빌려주는 사람에게 없다는 의미가 된다. 이러한 구절을 어린이에게 용돈을 주는 사례에 적용해 보면 비록 부모라고 하더라도 아이에게 용돈을 준 이상은 그 용처를 묻지 않는 것이 예라는 것이다. 이처럼 프라이버시를 보장하는 의미를 가지는 『예기』의 이러한 구절은 서양 민주주의의 기본적 가치인 '인권'과 '개인의 자유의지'의 함의를 포함하고 있음으로써 예의 의미에 대한 현대적 연역의 측면에서 해석할 수 있다.

## 5. 유학과 민주주의의 융합적 이해와 미래적 가치 정립

이 장에서는 유학 사상에서 인의예지 및 예악론과 현대 민주주의의 핵심적 가치를 융합적 관점에서 살펴보고 그 미래지향적 의미를 연역해 보기로 한다. 이를 위하여 먼저 민주주의 가치가 지니는 내적 체계 및 의미를 재검토하는 것으로부터 시작하기로 한다.

위에서는 민주주의의 핵심적 원리를 자유와 평등, 권리와 프라이버시, 그리고 개인을 중심으로 보았다. 이때 자유는 무조건적이고 무한한 자유가 아니라 제한된 자유를 의미하는 것이다. 자유가 제약이 없이 멋대로 하여 사회적 손실을 끼치게 될 때 이것은 방종이 된다. 따라서 개인의 자유는 방종으로 흘러서는 안 되는 한계를 갖는다. 반대로 '자유'는 근대에 구속과 속박을 탈피하고 쟁취한 역사를 가지듯이 구속이나 속박에 다시 얽매여서도 안 된다. 이처럼 자유는 속박과 방종 사이의 '중용'이라는 의미를 가지고 있다.

또한 개인과 공동체의 가치를 함께 생각할 때는 평등의 가치와 상대적 의미를 가진다. 다시 말하면 자유는 평등과 손을 잡을 때만이 진정한 의미를 갖는다고 하겠다. 좀 더 말하면 평등이 없는 자유는 맹목적이고, 자유가 없는 평등은 공허하다고 할 수 있다. 다시 말하면 개인과 공동체가 상호간 균형을 이루어야 한다는 것이다. 예컨대, 프라이버시 문제에 있어서 사생활 보호라고 하여 공동체의 가치를 훼손함에도 불구하고 개인만이 우선시된다면 이것은 개인주의가 아니라 이기주의로 흐르게 되는 결과를 빚을 것이다.

다시 말하면 공동체와 개인적 가치의 상관관계를 볼 때, 공동선共同善은 개인의 정당한 사적 이익을 해치지 않는 범위 안에서 추구되어야 하고, 동시에 개인의 사적 이익 또한 공동선을 해치지 않는 범위 안에서 추구되어야 할 것이다. 반대로 공동선을 위하여 개인의 이익이 부당하게 훼손되거나, 개인의 사익을 위하여 공동선이 실현되지 못해서는 안 되는 것이다. 이 두 가지가 동등한 무게를 가지고 함께 추구되어야 하는 가치라고 할 때, 공동선과 개인의 이익은 모두 상대방 가치를 침해하지 않는 수준에서 상호 규제적인 한계를 설정하는 한에서 공정한 관계를 설정하는 한계 안에서 추구되어야 한다.[25] 이것은 개인의 자유와 공동체의 평등의 가치가 양립할 수 있는 조건을 설정해야 함을 의미하기도

25 엄연석, 앞의 논문, 『성곡논총』 35 상, 562쪽.

한다. 여기에서 개인의 자유와 공동체의 평등 사이에 조화와 균형이 요청된다고 할 수 있다.

그러면 유학에서 민주주의적 가치를 포용하고 융합하면서 코로나19 시대의 문제를 해결할 수 있는 미래지향적 가치를 재검토할 수 있는 논리는 어떻게 말할 수 있는가? 이것을 도출하기 위하여 예악禮樂과 함께 인을 실천하는 방법론적 개념으로서 충서忠恕를 간략하게 검토하기로 한다.

먼저 예악 개념은 민주주의에서 자유와 평등의 가치를 설명하는 것과 유사한 의미를 갖는다. 『예기』에서는 예와 악의 본질적 의미를 다음과 같이 언급하였다. 곧 "악樂은 정감의 변치 않는 공통된 것이고, 예禮는 이성의 변할 수 없는 것이다. 음악이 같음으로 통일시키는 것이라면, 예는 다름을 구별하는 것이다. 그래서 예와 악을 합하여 설명하면 이것으로 인정의 공통된 두 측면이 포괄된다.[26] 이것을 민주주의에 적용하여 말하면 악이 공동체의 평등의 가치를 지향하고자 하는 것이라면, 예는 다름을 구별함으로써 개인의 권리와 가치를 보호하는 것으로서의 의미를 가지는 것으로 해석할 수 있다.

다음으로 개인과 공동체적 가치를 동등하게 융합할 수 있는 유학의 황금률이자 원리는 충서忠恕라고 할 수 있다. 충서는 모든 유학의 덕목을 하나로 관통하는 실천준칙이다. 충서는 "자신의 입지를 세우고 성공하고자 하면 남의 입지도 세워주고 성공할 수 있도록 최선을 다해야 한다",[27] "자신이 하고 싶지 않은 일을 남에게 시켜서는 안 된다"[28]는 두

26 『예기』「악기」, "樂也者, 情之不可變者也. 禮者, 理之不可易者也. 樂, 統同, 禮, 辨異, 禮樂之說, 管乎人情矣."

27 『논어』「옹야」 6-28, "夫仁者 己欲立而立人 己欲達而達人. 能近取譬 可謂仁之方也已."

가지 명제를 준칙으로 삼고 있다. 충서는 사회적 관계 속에서 한 개인이 자신의 내적 감정으로 바라거나 바라지 않는 것을 남에게도 자신과 동등하게 적용하는 것을 말한다. 이것은 개인의 자유와 사적인 이익 또는 가치와 공동체의 공동선과 평등의 가치 사이의 균형을 헤아리는 기준이라고 해도 된다. 다시 말하면 충서는 개인이 사회적 관계의 그물망 속에서 상대의 입장과 처지를 공감하는 과정을 통하여 내면적 정서적 감정을 객관적으로 보편화함으로써 도덕 감정의 상호주관적인 정당성을 확보하는 방법이다.

생태계와 환경의 위기로 코로나19의 팬데믹 상황을 맞은 인류는 충서를 생태계와 대화하는 관점에서 격률을 수정해야 할 것이다. 그 격률은 곧 "자연 생태계의 모든 사물들이 전체적인 건강성, 균형 및 조화를 유지하는 데 기여하도록 행위하라"는 명령의 형식을 취해야 할 것이다. 맹자가 "친족을 가까이 하고 백성들을 어질게 대하라"고 한 언급과 함께 '사물을 사랑하라(愛物)'고 한 것은 바로 충서를 자연 사물에까지 적용한 것이라 하겠다. 북송대 정호가 인仁을 자연의 모든 사물을 일체로 삼아 내 몸과 같이 여기는 것이라고 한 것 또한 충서를 자연 사물에까지 미룬 것으로 해석할 수 있다. 충서는 곧 차이 나는 점을 구별하면서도 전체적인 통일을 기하는 예악禮樂의 이념을 헤아리는 방법이기도 하다. 다시 말하면 차이로 인하여 상대되고 대립되는 것을 조화와 균형을 유지하도록 종합하는 것이 충서라 할 수 있다.

이처럼 상대되고 대립되는 것의 조화를 디자인 영역에서 언급하고 있

---

28 『논어』 「위령공」 15-23, "子貢 問曰 有一言而可以終身行之者乎 子曰 其恕乎 己所不欲 勿施於人."

는 사례가 있다. 김영세는 한국적 심미 감각을 실용적 영역에 활용한 예로 태극기 문양의 곡선과 직선에 대하여 『트랜드를 창조하는 자 이노베이터』(2006)에서 다음과 같이 이야기하였다.

> 우연한 기회에 태극기를 보다가 태극의 둥근 선과 사괘四卦의 곧은 선이 매우 세련되고 아름답게 조화되고 있음을 발견하고 큰 영감을 받았다. 돌이켜보니, 이 선만큼 한국인을 잘 표현한 것이 없었다. 태극의 곡선은 한국인의 부드럽고 유연한 기질을, 또 사괘의 직선은 한국인의 강직함을 상징한다는 생각이 들었다. 나는 스케치를 하면서 직선과 곡선의 조화로 어떤 디자인도 가능하다는 것을 깨달았다. 특히 태극의 곡선은 유독 그 선이 오묘하고 재미있어서 일부분을 잘라서 확대하여 활용하거나 겹쳐서 볼 때, 매우 아름다운 패턴이 된다. 생각이 여기에 미치니 이것을 제품으로 만들어 세계 시장에 내어 놓고 한국의 미를 자랑하고 싶은 마음이 간절해졌다. 한국인의 긍지, 아름다움, 이 모든 것을 디자인을 통해 전달할 수 있다면 얼마나 좋을까![29]

위에서는 태극기에 담겨 있는 디자인적 요소를 언급하고 있는데, 태극기 중앙의 원형은 하늘을 상징하고, 네모로 된 괘의 모양은 땅을 상징한다고 할 수 있다. 이것이 전통사상에서 천원지방론天圓地方論이다. 하지

29 김영세, 『트랜드를 창조하는 자 이노베이터』, 2006, 랜덤하우스, 213쪽. 아래 태극 문양 커피 잔 사진은 본 저술에서 인용.

만 여기에는 하늘과 땅이 균형을 이루고 있음으로써, 네 계절의 순환과 현상세계를 변화시키는 기본 요소로서 건곤감리乾坤坎離의 괘를 통하여 천지수화天地水火의 상징을 함께 언급하고 있다. 태극기는 요컨대, 사물의 변화 가운데 내재해 있는 균형과 조화를 상징한다. 이것은 바로 『중용』에서 말하는 중화中和를 의미하기도 한다.

집단 또는 공동체의 가치를 지키기 위하여 경쟁보다 협력이 중요하다는 점을 강조한 인물로 상호부조론을 역설한 크로포트킨의 사례는 시사할 만하다. 크로포트킨은 가장 하등한 동물들이 서로 도우면서 생활하는 많은 사례를 찾을 수 있다고 주장했다. 메뚜기, 나비, 매미, 개미, 꿀벌 등 수많은 곤충들을 관찰하면 상호투쟁의 사례보다 서로 돕는 사례가 더 많이 나타난다. 예를 들어 개미집을 들여다보면 일과 번식에 관련된 모든 작업, 즉 자손부양, 식량구하기, 집짓기, 진딧물 키우기 등이 자발적인 상호부조의 원리에 따라 이뤄짐을 알 수 있다. 확실히 동물들은 서로 싸우기도 한다. 그러나 크로포트킨이 주목한 것은 싸우려고 하는 속성보다 서로 돕는 속성이 더 강하다는 점이었다.

크로포트킨은 우리의 상식과 달리 약탈하고 싸우는 개체보다 연대하고 서로 돕는 개체들이 자연선택에서 더 잘 살아남는다고 주장했다. "민첩성, 보호색, 영악함, 배고픔이나 추위를 견디는 능력 등이 개체나 종들을 어떤 주어진 환경 아래에서 최적으로 만든다는 점을 전적으로 인정하더라도 사회성은 어떤 환경 아래에서도 생존경쟁에 발휘되는 가장 강력한 이점이다." 요컨대, 사회성을 갖춘다면 설사 열등한 동물이라 하더라도 살아남을 수 있는 확률이 더욱 커진다는 것이다. 그래서 사회성은 약자가 살아남을 수 있는 가장 효과적인 방식이다.[30]

이러한 사회성을 통하여 서로 돕는 상호부조의 원리와 균형과 조화를 지향하는 중용中庸의 철학은 김태창의 「공공철학이란 무엇인가」라는 글에서 공동과 공공의 의미를 구별하는 것에서 살펴볼 수 있다. 그에 따르면 '공동共同'이란 동同—동질성—을 기반으로 공共—공생, 공존, 공복—이 성립하는 것이다. 동질성과 공존이 서로의 유일한 필요충분조건이 되고, 이에 부적합한 이질적 타자는 배제된다. 반면 공공公共은 '끊임없이 공과 사를 매개함으로써 나, 타자, 그리고 세계가 함께 움직이도록 하는 것이다. 특히 주목되는 것은 화和를 통해 공공을 설명하는 부분이다. 앞서 공동의 '동'과 다르게 '화'는 그 이질적 타자와 함께 움직여 조화를 이루고자 한다. 따라서 '공공'은 곧 '우리'와 '그들'의 '화'를 향한 움직임이며, 종국에는 '우리'와 '그들' 사이 구분이 없는 '화'의 상태로 귀결된다.[31] 요컨대, 화는 나라는 주체와 타자, 세계가 상호간에 배제되지 않고 차별되지 않고 함께 움직여서 조화롭게 굴러가는 데서 성립되는 개념이라 할 수 있다.

## 6. 차이의 존중과 동서의 조화

이 글은 코로나19 팬데믹이라는 인류의 재난에 직면하여 급변하는 정치경제적 사회문화적 현상을 점검하고, 나아가 민주주의와 유학의 핵심적 가치로서 개인의 권리 및 자유와 공동체적 이상을 비교 시각적 견지에서 재검토함으로써 미래지향적 가치기준을 다시 생각해 보고자 하는 취지를 갖는다. 구체적으로 이 글에서는 민주주의의 자유와 권리 개념

30 하승우, 『세계를 뒤흔든 상호부조론』, 그린비, 2012, 59쪽.
31 김유익 외 지음, 『세계는 왜 한국에 주목하는가』, 모시는 사람들, 2020, 173-175쪽.

과 유학의 '예禮' 및 '중용中庸' 개념을 상호 비교함으로써 이들 개념의 상호간 연관된 의미를 분석함으로써 그 공통점과 차이점을 이야기해 보고자 하였다.

코로나19 팬데믹 이후 인류 사회는 비대면의 언컨텍트를 중심으로 하는 삶의 환경이 조성되고 있다. 이러한 사회문화적 추세는 기후변화와 코로나19 팬데믹이 발생한 이후의 인류의 직접적인 반응양상을 뜻하는 것이다. 이는 기계화 및 자동화를 통하여 인간 사이의 접촉을 줄이는 방향으로 진전되면서 수많은 사회문화적 환경을 변화시키고, 인간의 정감적 교류를 제한하기도 한다. 이러한 사회문화적 변화는 코로나19에 인류의 적절한 대응과 함께 언컨택트로 가능한 일과 컨택트를 통해서 해야 하는 일이 균형을 이루는 방향으로 나아가야 할 것으로 생각된다.

요컨대, 개인과 공동체는 서로 대립되는 것이 아니라 상보적으로 균형과 조화를 이루며 공존하는 영역이라는 것은 미래적 가치를 창출하고자 할 때 고려해야 하는 점이라 할 수 있다. 이러한 가치를 제시하는 것이 바로 『중용』의 중화사상이다. 곧 차이 나고 다른 것을 균형 있게 하고 조화를 유지하도록 한다는 것이다. 이것을 잘 대변해 주는 성어가 중국 공산당 1세대였던 주은래(朱恩來, 1898~1976)가 외교회의에서 언급한 '구동존이求同存異'라는 말이다. 이 말은 1955년 당시 중국 부주석 주은래가 인도네시아에서 열린 반둥회의에서 행한 연설에서 유래했다. "큰 틀에서 상대방도 나와 같은 생각이니 지엽적인 문제는 뒤로 하고 공통점을 찾아 먼저 진행하자"는 의미라는 것이다. 이것을 영어로 번역하면 "Let's agree to disagree"가 된다. 곧 "차이를 인정하고 공통점을 찾아가자"라는 뜻이다.

결론적으로 코로나19 팬데믹을 극복하기 위해서는 인간중심적 사고를 탈피하여 자연과의 조화를 이루며, 인간의 욕구를 무한대로 추구하는 방향을 되돌려야 한다. 그리고 미래지향적 가치는 인류 전체가 욕구의 추구를 위한 성장보다는 차이를 존중하는 한에서 조화로운 분배를 통한 공정하고 균형 잡힌 사회문화적 삶을 영위하도록 하는 정치적 제도적 규범적 장치를 구축하는 데 있다.

# 기후변화 시대, 돌봄과 공생의 길

김세정 충남대학교 철학과 교수

## 1. 코로나19와 기후변화의 시대

2019년 12월 중국 후베이성 우한에서 발생한 바이러스성 호흡기 질환인 코로나바이러스 감염증(Coronavirus Disease-19, COVID-19, 이후 '코로나19'로 표기)은 지난 2년 4개월 동안 전 세계로 확산되면서 전 인류는 팬데믹(Pandemic)을 경험하고 있다. 2022년 4월 28일 현재, 코로나19 확진자는 전세계적으로 509,531,232명이며 사망자는 6,230,357명에 이른다.[1] 그렇다면 코로나19의 원인은 무엇일까?

김명자는 코로나19의 원인을 지구온난화와 기후변화에서 찾는다. 그는 지구온난화가 가속화되면서 기후변화와 야생 생태계의 변화가 사람들의 건강을 위협하고 팬데믹 발생의 위험을 높인다는 것은 정설이 되고 있다고 전제한다. 그리고 기후위기와 더불어 인구 증가, 초대형 도시, 세계적인 자유무역과 여행의 보편화로 초연결의 세상이 되면서 팬

1 WHO (COVID-19) Homepage (https://covid19.who.int/table) 참고.

데믹의 위협은 더 높아지고 있다고 진단한다.[2] 2020년 5월에 나온 세계은행 보고서의 내용에 의하면 팬데믹과의 투쟁은 바로 기후변화에 대한 투쟁이며 그 이유는 다음과 같이 네 가지로 요약된다. 첫째, 세계적인 기후변화의 진행이 감염병 발생의 위험을 높이고 있다. 둘째, 대기오염은 바이러스의 공기 전파를 일으켜 팬데믹을 악화시키는 요인이 된다. 셋째, 빙하와 동토층의 해동解凍은 아득한 옛날의 질병까지 다시 살려내고 있다. 넷째, 지구의 기온 상승으로 인해 바이러스가 인체의 면역체계를 무력화시키는 방향으로 변이를 일으킬 수 있다. 문제는 이들 기후변화와 감염병 사이의 연관성이 심각해지고 있다는 사실이다.[3]

제러미 네프킨 또한 코로나19 위기의 주요 원인을 기후변화와 야생동물들의 서식지 파괴에서 찾고 있다. 그는 기후변화로 생긴 모든 결과가 팬데믹을 만든 거라고 주장하면서, 그 원인을 다음과 같이 세 가지로 나누어 본다. 첫째, 물순환 교란으로 인한 생태계 붕괴이다. 지구온난화로 지구의 물순환(구름, 물, 눈, 비)이 바뀌게 되고 이로 인해 통제가 어려운 물난리는 물론 가뭄과 산불이 일어나게 된다. 둘째, 인간이 지구에 남은 마지막 야생의 터를 침범하고 있기 때문이다. 1900년 인간이 사는 땅은 전체의 14% 정도였는데, 지금은 77%에 육박, 야생은 23%만 남았다. 인간은 야생을 개발해 단일 경작지로 사용하고, 숲을 밀어버리고, 소를 키워 소고기를 생산하는 과정에서 기후변화를 유발한다. 셋째, 야생 생명들의 이주이다. 인간들이 재난을 피해 이주하듯 동물, 식물, 바

2 김명자, 「기후변화와 팬데믹의 복합위기, 돌파구는 있는가?」, 『계간 철학과 현실』 126호, 철학문화연구소, 2020.9, 38쪽.

3 김명자는 「기후변화와 팬데믹의 복합위기, 돌파구는 있는가?」의 38-45쪽에서 이 네 가지 이유에 대해 구체적으로 설명하고 있는바, 이와 관련한 내용은 이 부분을 참고 바람.

이러스까지 기후 재난을 피해 탈출하고 있다. 서식지가 파괴됐기 때문에 인간 곁으로 왔고, 바이러스는 동물의 몸에 올라타서 이동을 한다. 최근 몇 년 동안 사스, 메르스, 에볼라, 지카 바이러스와 같은 팬데믹이 발생한 이유라는 것이다.[4]

다양한 코로나19의 원인 즉, 김명자가 이야기한 지구온난화와 기후변화, 그리고 제러미 네프킨이 이야기한 기후변화로 인한 물순화 변화와 야생 동물 서식지의 파괴, 그리고 이로 인한 야생 동물의 이동, 그 이면에는 자연을 공존과 공생의 대상으로 여기지 않고 인간의 무한한 욕망과 탐욕을 충족시키기 위한 하나의 도구와 수단으로 바라보는 인간의 시선, 즉 '도구적 자연관'이 자리 잡고 있다.[5] 지난 수세기 동안 인류는 산업화 과정에서 인간을 욕망의 주체로 간주하고 무한 증식하는 인간의 욕망을 충족시키기 위해 자연을 무참히 짓밟고 파괴해왔다. 그로 인해 기후변화와 함께 코로나19로 인한 팬데믹 상황에 놓이게 된 것이다. 지구생태계의 파괴는 자연만이 아닌 지구라는 생명공동체의 한 구성원인 인간의 생존조차 위협하는 상황을 초래한 것이다.

기후변화는 이산화탄소, 메탄 등의 온실가스의 증가로 인해 지구 기온이 상승해 기후에 변화가 생기는 것을 말한다.[6] 원래 적정한 온실가스는 온실효과를 발생시켜 지구의 평균기온이 일정하게 유지되도록 하는데 도움을 준다. 그런데 산업화 이래 인공적으로 발생한 온실가스가 지구온난화를 야기하였다. 자연적으로 과거 1만 년 동안 지구 온도가 4도

---

4 제러미 네프킨, 「집중과 분산」, 『오늘부터의 세계』, 메디치, 2020.7, 19-20쪽 참조.

5 김세정, 『돌봄과 공생의 유가생태철학』, 소나무, 2017, 29-31쪽 참조.

6 고철환, 「환경, 생태계, 기후변화와 인간 삶」, 『지식의 지평』 15호, 대우재단, 2013, 86-103쪽.

증가한 반면, 산업화 이래 현재까지 불과 한 세기 반 만에 지구 온도가 1.1도 증가하였다.[7] 그리고 세계기상기구(WMO)에서 2020년 9월에 발표한 '2020 글로벌 기후 현황 잠정보고서'에 따르면 2016년부터 2020년까지 5년 동안 지구 평균 기온은 사상 최고였으며, 만일 기온이 지금처럼 급격히 상승하게 된다면 향후 5년 내로 연평균 기온이 1.5도 이상 오를 가능성이 44퍼센트라고 예측한다. 지구의 평균 기온이 1.5도에서 2도로 높아지게 될 경우 극단적인 폭염에 노출될 가능성이 있는 사람이 4억 2천만 명 늘어나게 된다. 즉 기후변화로 인해 식량이나 물이 부족해지고 폭염과 혹한으로 고통을 받는 취약계층의 수는 기하급수적으로 상승하게 된다. 북극의 해빙도 큰 문제인데, 높아지는 기온으로 인해 빙하가 녹아내리고, 이는 곧 해수면의 상승을 불러일으킨다. '기후변화에 관한 정부 간 협의체(IPCC)'는 2100년까지 해수면이 1.1m가량 상승할 것으로 예측했는데, 이들은 해양 온난화의 속도가 최근 2배로 빨라졌다고 발표하기도 했다. 이로 인해 2050년에는 전 세계의 3억 명 인구가 1년에 최소한 한 번은 침수 피해를 겪게 된다고 한다.[8]

기후변화로 인한 최근의 자연재해는 2019년 9월부터 6개월에 걸쳐 남한의 1.2배 면적을 태워 10억 마리의 동물의 목숨을 앗아간 호주 산불을 비롯하여 2021년 8월 그리스 전역에서 발생한 전례가 없는 586건의 산불, 서울 면적(605㎢)의 3배가 넘는 지역을 불태운 미국 캘리포니아에서 발생한 산불 딕시가 있다. 산불만이 아니라 2020년 54일간 지속

7 이재희, 「기후변화에 대한 사법적 대응의 가능성: 기후변화 헌법소송을 중심으로」, 『저스티스』 182-2호, 한국법학원, 2021, 343~344쪽 참조.

8 WMO Provisional Report on the State of the Global Climate 2020. https://library.wmo.int/doc_num.php?explnum_id=10444

된 대한민국의 역대급 장마를 비롯하여, 2021년 7월에는 물폭탄처럼 쏟아진 홍수로 독일에서 사상 최악의 물피해가 발생해 최소 190여 명이 사망하고 주택, 기업, 주요 기반시설이 파괴되는 피해가 발생했으며, 중국 허난성 장저우에서도 7월 17일부터 사흘간 617㎜의 폭우가 쏟아지면서 33명이 숨지고 8명이 실종되는 피해가 발생하였다.

## 2. 전 지구적 생명 위기의 원인

이러한 기후변화로 인한 전 지구적 생명 위기가 표면적인 현상이자 결과라고 한다면, 그 원인은 근 · 현대의 산업문명과 소비문명에서 찾을 수 있다. 산업문명은 17~18세기에 걸쳐 성립한 서구의 근대과학을 바탕으로 성립되었다. 근대과학을 바탕으로 당시 새로운 세계관이 성립되었는바, 이를 '기계론적 세계관'이라고 한다. 기계론적 세계관은 갈릴레오 갈릴레이(Galileo Galilei, 1564~1642)와 르네 데카르트(René Descartes, 1596~1650), 아이작 뉴턴(Isaac Newton, 1642~1727) 등에 의해 그 기반이 성립되었으며, '이원론적 입장'과 '인과론적 입장' 및 '수학적 입장'이라는 세 가지 특성을 지닌다.[9]

먼저 '이원론적 입장'이다. 데카르트에 의하면 이 세계는 '연장하는 실체'인 '물질'과 '사유하는 실체'인 '정신'이라고 부르는 두 가지 서로 결합될 수 없는 근본적으로 이질적인 존재로 구성되어 있으며, 물질적인 세

9 기계론적 세계관에 대한 구체적 내용은 박이문의 『문명의 미래와 생태학적 세계관』(당대, 1997)과 김재희 엮음의 『신과학 산책』(감영사, 1995)에 수록된 프리쵸프 카프라의 「지구를 살리는 새로운 선택」과 데이비드 보옴의 「온그림-우주의 숨결」을 참조하였다.

계는 하나의 '기계'로 이해된다. 아울러 그는 정신성이 부재한 존재, 즉 수학의 수단으로 완벽히 해명될 수 있는 연장으로 규정된 자연을 기계론적 사고에 기반해서 존재론을 정당화했으며 생물을 자동 기계에 불과한 존재로 파악했다.

둘째, 인과론적 사고와 환원주의이다. 데카르트는 자연이란 절대적으로 자연의 섭리, 즉 기계적인 법칙에 따라 움직이고 있기 때문에 물질적인 환경에 속하는 것은 무엇이든지 '그를 구성하는 작은 부품의 움직임'과 '그들의 인과적인 연결', 이렇게 두 가지만 정확히 관찰하여 기술하면 완벽한 이해가 가능하다고 보았다. 이러한 데카르트 인식론의 핵심적인 요소는 분석적인 사고방식이며, 이는 한마디로 '전체성의 단절'과 '환원주의'라 할 수 있다. 이러한 자연 안에서 생성되는 물질적 현상은 한결같이 물질이라는 동일한 실체의 다양한 양상을 나타내며, 그러한 현상은 어떠한 경우에도 깨뜨릴 수 없는 절대적 인과법칙에 의해서 기계적으로 일어난다는 신념은 기계론적 자연관의 핵심을 이룬다. 이러한 기계론에서는 이 세상은 오직 '물질'로 이루어져 있으며, 이 세상을 구성하는 물질의 성분을 낱낱이 쪼개어 보면 이들은 결국 몇 개 안 되는 기본 요소로 모두 환원시킬 수 있다고 본다.

셋째, 수학적 입장이다. 갈릴레이는 자연에서 발견되는 모든 규칙적 현상을 수학을 사용하여 정확히 서술하는 방안을 모색하였다. 이에 갈릴레이는 과학이란 어떤 대상을 연구하는 데 있어 그 대상의 물질적인 특성-크기나 움직임 등-만을 수數로 표현하는 행위에만 국한하는 것이라고 천명하고, 모든 물체는 자로 잴 수 있고 양量으로 표현하는 한에서 과학의 대상이 된다고 주장했다. 그리고 다른 특성들-빛깔, 소리, 맛, 냄새 등-은 주관적으로 파악할 수 있는 정신의 작용이므로 과학의 범주에서 제외되어야 한다고 주장함으로써, 경험의 구체적인 상황이나 그의 질적인 면 혹은 가치 등은 완전히 무시되었다. 이렇듯 데카르트와 갈릴레이가 닦아 놓은 과학의 방법론적 기초는 뉴턴에 의해 완성되었으며, 기계론적 세계상은 수학적 공식으로 아주 정교하게 표현하는 방법으로 개발되었다.

이러한 기계론적 세계관은 자연을 객체화하고 자연물에 어떠한 생명권도 인정하지 않음으로써 생명체의 기술적 조작을 정당화하는 기술지향적 태도와 자연의 파괴와 살생에 대해 어떠한 윤리적 의식도 갖지 않는 탈생명윤리적 태도의 근거를 제공한다.[10] 또한 기계론적 세계관은 모든 존재가 궁극적으로는 계량적計量的으로 환원될 수 있다고 보고, 인간의 정신과 육체 또한 완전히 구분되는 것으로 보면서 인간을 물질로 환원하여 인간의 삶을 기계적 작동으로 봄으로써 인간으로부터 주체성, 자율성, 욕망, 목적, 가치를 박탈한다.[11] 특히 오늘날 경제학은 기계론적 세계관의 환원주의식 학문 전통에 근거하여 우리 사회 전체 또는 생태학적인 환경과 관련된 맥락은 고려하지 않은 채 생산성·효율성·국민총생산과 같은 경제적인 이해관계만을 고려함으로써 성장과 팽창만을 중요시하고 생산성의 향상에 혈안이 됨으로써 자연환경을 파괴하고 오염시키는 결과를 초래하게 되었다고 비판받는다.[12]

반면 환경철학 분야에서는 서구 사회의 철학적·신학적 맥락에 그 뿌리를 두고 있는 '인간중심주의'(anthropocentrism)를 현재의 환경·생태

---

10 김국태, 「과학기술문명의 반환경성」, 『과학사상』 17호, 범양사, 1996, 158-159쪽 참조.

11 박이문, 『문명의 미래와 생태학적 세계관』, 55-59쪽 참조.

12 프라쵸프 카프라, 「지구를 살리는 새로운 선택」, 25-27쪽 참조.

계 위기의 원인으로 문제 삼고 있다. 모든 가치는 인간적 가치이며 그런 가치를 위해서 인간 외의 모든 존재는 단순한 도구·수단에 지나지 않는다는 신념으로 정의되는 인간중심주의는[13] 서구 사회의 3가지 전통에 기인한다.[14] 첫째, 다른 종들을 넘어서는 인간의 고유한 우수성은 인간이 '이성적 동물'이라는 고전적인 그리스의 휴머니즘적 정의에 함축되어 있는바, 인간의 '동물적 본성'은 이를 다스릴 이성의 질서와 제한을 필요로 하는 야만적인 욕망으로 정의되며, '합리성'(rationality)은 동물들에 대한 인간의 우수성의 열쇠가 되는 것으로 이해된다. 둘째, 동물들은 영혼을 지니지 못한 반면 인간은 영혼을 지니고 있다는 사실로부터 인간의 우수성이 도출된다고 가정하는 데카르트의 영혼/육체 이원론이다. 동물에게는 인간을 정신적 존재로 만들어주는 신성한 요소들이 결핍되어 있다는 것이다. 셋째, 인간은 그들의 창조주가 그들에게 사슬 위의 높은 자리를 주었기 때문에 인간은 동물·식물보다 우수하다고 보는 '존재의 위대한 사슬'이라는 유대-기독교적 전통이다. 특히 『성경』 창세기[15]에 대한 전통적 해석은 인간을 모든 피조물 가운데 특권적 지위를 갖는 것으로서 인간 이외의 모든 존재를 지배하고 군림할 수 있는 것으로 비춰지게 했다.[16]

---

13 박이문, 『문명의 위기와 문화의 전환』, 민음사, 1996, 77쪽.

14 Paul W. Taylor, "The Ethics of Respect for Nature", Michael E. Zimmerman eds., *Environmental Philosophy* (New Jersey: Prentice Hall, 1998) 82–84쪽 참조.

15 『성경』, 창세기 1장 27–28절, "하나님이 자기 형상 곧 하나님의 형상대로 사람을 창조하시되 남자와 여자를 창조하시고 하나님이 그들에게 복을 주시며 그들에게 이르시되 생육하고 번성하여 땅을 충만하라, 땅을 정복하라, 바다의 고기와 공중의 새와 땅에 움직이는 모든 생물을 다스리라 하시니라."

16 한면희, 『환경윤리』, 철학과 현실, 1995, 55쪽 참조.

이러한 서구 사회의 철학적·신학적 맥락에 그 뿌리를 두고 있는 인간중심주의 아래에서는 모든 가치가 인간의 가치에 기여하는 가운데 발생하며, 자연의 모든 요소들도 기껏해야 인간의 이해관심을 만족시키기 위한 도구적 가치를 갖는다고 믿는다. 결국 인간중심주의는 자연을 인간의 이익을 위한 하나의 도구로 전락시키는 '도구적 자연관'으로 연결된다.[17] 이러한 서구의 '인간중심주의'와 '도구적 자연관'은 인간에 의한 자연의 무제한 개발과 도구화, 즉 자연의 정복에 철학적 정당성을 부여한다. 인간은 이러한 인간중심주의와 도구적 자연관을 바탕으로 자신의 맹목적 욕망에 따라 과학기술을 운용하여 자연을 무자비하게 약탈함으로써 오늘날의 환경오염과 생태계의 파괴는 물론 지구를 병들게 하고 급기야는 죽음으로 몰아가는 상황을 초래하게 되었다는 것이다.[18]

물론 기계론적 세계관과 인간중심주의 자체만으로 지금처럼 생태계를 무자비하게 초토화시킬 수 있었던 것은 아니다. 주지하듯이, 근대 이후 서구의 기계론적 세계관의 출현은 과학기술을 비약적으로 발전시키면서 전 지구적으로 산업화 과정을 빠르게 확산시켰다. 토마스 베리는 총체적 지구에 대한 잔혹한 약탈이 산업화 과정에서 자행된 착취를 통해 발생했다고 주장한다. 지난 100년 동안 근대과학과 기술은 자연자원들뿐만 아니라 인간의 직무까지 통제해왔다. 이처럼 지구를 지배해온 거대한 산업화 과정 속에서 수천의 유독 물질들이 대기와 해양과 토양을 흠뻑 적시고 수많은 종들의 거주지를 되돌릴 수 없게 침해하는 등의 약탈이 자행되었다. 결국 지난 20세기에 진행된 산업화 과정은 지구 생

17 한면희, 『환경윤리』, 61쪽 참조.

18 박이문, 『문명의 위기와 문화의 전환』, 76-80쪽 참조.

태계의 총체적 파괴의 과정이며, 이는 결과적으로 인간 자신의 생존을 위협하는 상황을 초래하였다는 것이다.[19]

지구 생태계의 총체적 파괴는 물론 인간의 생존조차 위태롭게 만든 산업화 과정이 가능할 수 있었던 이면에는 '과학기술의 급속한 발전'이 자리를 잡고 있다. 장회익은 과학 자체는 중립적 성격의 존재이나 인간의 일차적 관심사가 욕구 충족에 있기 때문에 과학은 도구적 지성으로 전락하게 되었다고 비판한다.[20] 나아가 오늘의 산업기술은 시장경제를 통해 경쟁 사회로 연결되고 경쟁적 시장은 다시 인간의 물질적 욕구를 부추기고, 상승된 욕구는 또다시 새로운 기술과 제품을 갈구하고, 이는 다시 보다 격화된 형태의 경쟁 사회로 인도하는 악순환이 계속된다고 주장하면서,[21] 현대의 유사과학문화가 인간의 물질적 욕구를 충족시키는 데 매우 성공적으로 기능함으로써 모든 가치의 기준을 물질적 풍요라고 하는 단일 기준으로 몰고 가는 성향을 지니며, 이로써 세기말에 이르러 우리는 물질적 풍요라는 것이 생태적 재앙이라는 엄청난 대가가 요구되는 것임을 알게 되었다고 한다.[22] 결국 자본주의 시장경제의 경쟁 사회와 과학기술의 욕구 충족을 위한 도구화의 결합으로 인해 오늘날의 생태적 위기가 초래되었다는 것이다.

물론 이러한 다양한 요소들이 각기 개별적으로 상호 무관하게 작용하는 것은 아니다. 토마스 베리가 주장하듯 산업화 과정의 밑바탕에는 실

19 Thomas Berry, "The Viable Human", Michael E. Zimmerman 2eds., *Environmental Philosophy*, 183-186쪽 참조.

20 장회익, 『삶과 온생명』, 솔, 1998, 243쪽 참조.

21 장회익, 『삶과 온생명』, 254쪽 참조.

22 장회익, 『삶과 온생명』, 322쪽 참조.

재와 가치에 대한 인간-중심적 규범, 즉 인간중심주의가 자리잡고 있다.[23] 또한 기계론적 세계관의 출현이 과학기술을 비약적으로 발전시키는 계기가 되었다면, 과학기술의 비약적인 발전은 전 지구적 산업화 과정을 더욱 빠르게 확산시키는 결과를 야기하였다. 이러한 '기계론적 세계관', '인간중심주의', '전 지구적 산업화 과정', '과학기술의 비약적 발전'은 상호 맞물림을 통해 자연으로부터 생명성을 제거하고 자연을 인간의 욕망과 이익을 위한 하나의 도구로 전락시켜 자연을 철저하게 정복·파괴·착취토록 하였다. 자연의 파괴는 생태계의 파괴로 이어져 인간의 생존을 위협하게 됨으로써, 오늘날 인간은 물질적 풍요만이 아니라 생태적 재앙이라는 엄청난 대가를 지불하게 되었다.

## 3. 돌봄과 치유의 주체인 양지

산업화 과정에서 귀결된 기후변화로 인한 전 지구적 생명 위기의 시대 우리는 인간 존재의 본질과 본성에 대한 물음을 던져볼 필요가 있다. 무엇이 인간의 본질이자 본성인가? 욕망? 감정? 이성? 도덕성? 이기심? 이타심? 분명 인간은 욕망과 이기심도 소유하고 있는 반면, 측은지심惻隱之心, 수오지심羞惡之心, 사양지심辭讓之心, 불인지심不忍之心, 인심仁心 등과 같은 도덕성과 이타심도 소유하고 있다.

인간은 홀로 독립된 존재도 아니고 혼자 살아갈 수 있는 존재도 아니다. 인간은 수많은 관계 속에 놓여 있고 그 관계망 속에서 살아간다. 인

23 Thomas Berry, "The Viable Human", 186쪽 참조.

간의 본질과 본성 또한 이러한 관계와 관계망 속에서 찾아야 한다. '관계의 완성'이 곧 '나의 완성'이며, 나와 관계 맺은 존재들의 건강과 행복이 곧 나의 건강과 행복이다. 이제 자신의 이익만을 위한 경쟁과 갈등에서 서로를 배려하고 위로하고 보살피고 돌봐주는 '배려'와 '돌봄'과 '치유'와 '공생'의 세계로 나아가야 한다.

왕양명 초상

기후변화로 인한 전 지구적 생명 위기의 시대, 이 위기를 극복하기 위해 우리는 중국 명대의 유학자 왕양명(王陽明, 이름은 수인守仁, 1472~1528)[24]의 말에 귀 기울여 볼 필요가 있다. 먼저 양명이 바라보는 세계와 인간에 대해 살펴보자. 양명은 천지가 만물을 화육化育한다고 보고,[25] 또한 "천지가 서고 만물이 양육된다."[26]고 주장한다. 나아가 천도天道와 기기(氣機: 기의 활동)의 운행은 한순간의 멈춤도 없다고 주장한다.[27] '천지만물天地萬物'로 지칭되는 우주자연은 신의 섭리에 따라 운행되는 신의 창조물도 아니고, 그렇다고 기계적 법칙에 따라 작동하는 생명이 없는 기계도 아니다. 양명이 말하는 우주자연은 항구적인 변화 과정을 통해 스스로 생명을 낳고 길러나가는 '생생불

24 중국 명대의 철학자, 정치가, 무관, 교육자, 대표적인 학설로는 심즉리설(心卽理說), 지행합일설(知行合一說), 치양지설(致良知說), 천지만물일체설(天地萬物一體說) 등이 있다.

25 『王陽明全集』(上海古籍出版社, 1992) 권6, 「答友人問」, 208쪽, "知天地之化育."

26 『王陽明全集』 권7, 「自得齋說」, 265쪽, "天地以位, 萬物以育."

27 『王陽明全集』 권7, 「惜陰說」, 267쪽, "天道之運, 無一息之或停." 『傳習錄』(上), 「薛侃錄」, 104조목, "天地氣機, 元無一息之停." 등 참조.

식生生不息의 자기 조직성'을 지닌 하나의 유기적인 '생명체'이다. 그런 면에서 양명이 말하는 세계관은 유기체론적 세계관이나 생태론적 세계관에 가깝다고 말할 수 있다.

그렇다면 인간과 천지만물은 어떠한 관계에 있을까? 중세에서와 같이 자연은 인간에게 공포와 숭배와 경외의 대상일까? 아니면 근대와 같이 자연은 인간 욕망 충족을 위한 하나의 도구와 수단에 불과한 것일까? 양명은 "대저 사람이란 천지의 마음으로, 천지만물은 본래 나와 한 몸이다."[28]라고 한다. 인간은 하나의 생명체인 천지만물과 한 몸을 이루고 있을 뿐만 아니라 '천지의 마음'이라는 위상을 지닌다는 것이다. 천지는 만물을 낳고 기르는 것을 목적으로 하는 목적지향적 생명체인바, '천지의 마음'이라는 것은 천지가 만물을 낳고 기르려는 목적의식으로 해석할 수 있다. 양명은 이러한 천지의 생명 의지가 바로 인간이라고 규정한다. 양명이 말하는 인간은 자연에 종속된 존재도 아니지만, 그렇다고 원자론적 개인주의에서 말하는 것처럼 다른 존재물들과 분리 독립된 욕망의 주체도 아니다. 인간은 우주자연의 생명 창출과 양육 과정을 주체적으로 이끌어가는 우주자연의 '중추中樞적 존재'이다.

우주자연의 생명 중추인 인간은 모든 존재물들에 대한 돌봄과 치유의 주체인바, 돌봄과 치유의 근거는 인간 누구나 선천적으로 내재하고 있는 '양지良知'에서 찾을 수 있다. 양명은 "천도天道의 운행은 한순간의 쉼이나 멈춤이 없으며, 내 마음 양지의 운행 또한 한순간의 쉼이나 멈춤이 없으니, 양지는 곧 천도이다."[29]라고 주장한다. 즉 양지는 우주자연

28 『傳習錄』(中), 「答聶文蔚」, 179조목, "夫人者, 天地之心, 天地萬物, 本吾一體者也."

29 『王陽明全集』 권6, 「惜陰說」, 267쪽, "天道之運, 無一息之或停, 吾心良知之運, 亦無一息之或停, 良知卽天道."

의 끊임없는 자기 조직성과 창출성을 자신의 생명 본질로 한다는 것이다. 이러한 양지의 가장 중요한 역할은 모든 존재물과의 '감응感應' 작용이다. 양명은 "그대가 다만 감응하는 기미에서 본다면, 어찌 새·짐승과 풀·나무뿐이겠는가? 비록 천지라고 하더라도 나와 한 몸이며, 귀신 또한 나와 한 몸이다."[30]라고 주장하고 있는바, 인간은 누구나 양지의 감응 작용을 통해 모든 존재물들과 하나의 생명체를 건강하게 유지해 나갈 수 있다.

양지는 바로 '통각痛覺'과 '감통感通'의 주체이다. '통각'은 다른 존재물이 고난에 처해있거나 생명이 손상되었을 때 이를 자기 자신의 고통과 아픔으로 느끼는 것이며, '감통'은 다른 존재물과의 감응 과정에서 자신의 마음이 고통스럽고 아프기 때문에 다른 존재물들을 보살피고 돌보는 실천 행위를 통해 그들의 아픔과 상처를 치유하는 것이다. 이에 양명은 다음과 같이 말한다.

> 대저 사람은 천지의 마음이다. 천지만물은 본래 나와 한 몸이므로, 살아있는 존재물들의 고통은 무엇인들 내 몸에 절실한 아픔이 아니겠는가? 내 몸의 아픔을 알지 못하는 것은 시비지심是非之心이 없는 자이다. 시비지심은 생각하지 않더라도 알고 배우지 않더라도 능한 것이니, 이른바 양지이다.[31]

---

30 『傳習錄』(下), 「黃以方錄」, 336조목, "你只在感應之幾上看, 豈但禽獸草木, 雖天地也與我同體的, 鬼神也與我同體的."

31 『傳習錄』(中), 「答聶文蔚」, 179조목, "夫人者, 天地之心. 天地萬物, 本吾一體者也, 生民之困苦荼毒, 孰非疾痛之切於吾身者乎? 不知吾身之疾痛, 無是非之心者也. 是非之心, 不慮而知, 不學而能, 所謂良知也."

한 사람 한 사람은 우주자연의 마음이자 모든 존재물들과 한 몸을 이루고 있다. 그렇기 때문에 다른 존재물들의 생명 손상으로 인한 고통과 아픔은 나와 무관한 그들만의 고통과 아픔으로 끝나는 것이 아니라 나의 절실한 고통과 아픔으로 느껴지게 된다. 내가 아프고 고통스럽기 때문에 그들을 보살피고 돌보는 실천 행위를 수반하게 된다. 이러한 통각과 감통의 주체가 바로 '양지'이다.

물론 인간은 양지만이 아니라 자신의 이익과 안위에만 집착하는 사욕私欲의 발동 가능성을 안고 있다. 사욕의 가장 큰 폐단은 한 몸인 너와 나를 둘로 나누는 데 있다. 이에 양명은 「대학문」에서 다음과 같이 말한다.

> 대인大人은 천지만물을 한 몸으로 여기는 사람인지라 천하를 한 집안처럼 보고 나라 전체를 한 사람처럼 본다. 저 형체를 사이에 두고 너와 나를 나누는 자는 소인小人이다. 대인이 천지만물을 한 몸으로 여길 수 있는 것은 그것을 의도해서가 아니라, 그 마음의 인仁이 본래 그와 같아서 천지만물과 더불어 하나가 되는 것이다. 어찌 오직 대인뿐이겠는가. 비록 소인의 마음이라고 하더라도 또한 그렇지 않음이 없지만, 자기 스스로 작게 만들었을 뿐이다.[32]

천지만물을 한 몸으로 여기는 사람을 '대인'으로 칭하고, 형체를 기준으로 너와 나를 나누는 사람을 '소인'으로 구분하여 칭한다. 비록 대인

---

32 『王陽明全集』 권26, 「大學問」, 968쪽, "大人者, 以天地萬物爲一體者也, 其視天下猶一家, 中國猶一人焉. 若夫間形骸而分爾我者, 小人矣. 大人之能以天地萬物一體也, 非意之也, 其心之仁本若是, 其與天地萬物而爲一也. 豈惟大人, 雖小人之心亦莫不然, 彼顧自小之耳."

과 소인으로 나누어지긴 하지만, 소인이라 하더라도 대인과 같이 천지만물을 한 몸으로 여기는 '인심仁心', 즉 '양지'를 선천적으로 구비하고 있기 때문에 사욕을 제거하고 양지를 회복하여 천지만물과 온전하게 감응할 수 있는 길이 열려있다. '만물일체萬物一體의 인심仁心', 즉 양지는 독립된 개체로서의 한 사람의 마음으로 국한되는 것이 아니라 모든 존재물과 하나의 생명체로 연결시켜주는 선천적이고 본원적인 전 우주적 차원의 마음이다. 따라서 인간과 천지만물이 한 몸으로 이루어진 세계는 단순히 관념의 세계나 공상의 세계가 아니라 양지를 통해 실제적으로 감응할 수 있는 사실적 세계이다.

양명은 「대학문」에서 양지에 의한 통각과 감통, 즉 돌봄과 치유의 대상은 인간에 국한되는 것이 아니라 동물과 식물은 물론 무생물까지 모두 포함한다고 명확하게 주장하고 있다. 먼저 인간에 대해서는, 예컨대 어린아이가 우물에 빠지려는 상황을 목격했을 때처럼, 인간은 누구나 다른 사람의 생명이 위험에 처한 상황에 마주했을 때 두려워하고 측은해 하는 마음인 '출척측은지심怵惕惻隱之心'이 일어나게 된다. 그 마음이 바로 인심仁心이며, 자신을 다른 사람과 하나의 생명체로 연결해주는 이 인심을 통해 다른 사람의 생명 손상을 자신의 아픔으로 느끼는 생명 공조 현상, 즉 통각 작용을 일으키게 되고, 나아가 그를 위험으로부터 구하고자 하는 실천 행위를 하게 되는 것이다. 이러한 다른 사람과 생명 공조를 일으키는 인심의 감응 근거는 모든 인간이 동일한 종種이라는 '동류성同類性'에서 찾을 수 있다고 한다.[33]

---

33 같은 곳, "是故見孺子之入井, 而必有怵惕惻隱之心焉, 是其仁之與孺子而爲一體也; 孺子猶同類者也."

동물에 대해서도, 예컨대 새가 슬피 울고 짐승이 사지에 끌려가면서 벌벌 떠는 것을 보면 반드시 참아내지 못하는 마음인 '불인지심不忍之心'이 일어난다고 한다. 동물이 죽음에 직면하면 본능적으로 죽음을 두려워하는 소리를 내거나 벌벌 떠는 모습을 보이는 데, 인간은 이러한 상황을 마주하면 이를 참아내지 못하는 마음이 발동하게 된다. 이 또한 인간 자신과 동물을 하나의 생명체로 연결해주는 인심에 의한 생명 공조 현상이다. 이러한 동물과의 감응과 생명 공조의 근거는 인간과 동물이 공통적으로 지니고 있는, 고통을 느낄 수 있는 '지각知覺'에서 찾을 수 있다고 한다.[34]

식물에 대해서는, 예컨대 풀이 뽑히고 나무가 잘려 나가는 상황, 즉 식물이 손상된 상황을 목격하게 되었을 때, 인간은 이를 가엽게 여겨 구제하고 싶은 마음인 '민휼지심憫恤之心'이 발동하는데, 이 또한 인간에게는 자신과 식물을 하나의 생명체로 연결지어주는 인심이 있기 때문이다. 식물과의 감응과 생명 공조의 근거는 모든 생명체가 공통적으로 내재하고 있는 살고자 하는 의지인 '생의生意'에서 찾을 수 있다고 한다.[35]

인간, 동물, 식물과 같이 살아있는 생명체만이 아니라 무생물에 대해서도, 예컨대 기와장이 무너지고 돌이 깨진 것을 보면 반드시 애석하게 여기는 마음인 '고석지심顧惜之心'이 일어나는데, 이 또한 인간 자신과 무생물을 하나의 생명체로 연결시켜주는 인심이 있기 때문이라는 것이다.[36] 비록 무생물에 대해서는 동류, 지각, 생의와 같은 생명 공조의 근

34 같은 곳, "見鳥獸之哀鳴觳觫, 而必有不忍之心焉, 是其仁之與鳥獸而爲一體也; 鳥獸猶有知覺者也."

35 같은 곳, "見草木之摧折, 而必有憫恤之心焉, 是其仁之與草木而爲一體也. 草木猶生意者也."

거를 이야기 하지 않았지만, 천지만물일체설에 근거할 때 무생물 또한 나와 한 몸을 이루고 있는 천지만물의 한 부분이기 때문에 무생물의 파괴와 손상에 대해서도 양지의 감응을 통해 이를 나 자신의 아픔으로 느끼게 되는 것이다.

이러한 만물일체의 인심인 양지의 통각 작용으로 인해 인간은 다른 인간은 물론 자연존재물에 대해서도 이들의 생명 손상이나 고통을 자신의 아픔으로 느끼게 되고, 자신의 마음이 아프기 때문에 이들의 고통과 아픔을 외면하지 않고 생명 손상이나 고통으로부터 이들을 구제하거나 이들을 보살피고 돌봐줌으로써 이들의 상처와 아픔을 치유해 나갈 수 있다. 이렇듯 인간이 모든 존재물들과의 통각과 감통의 주체가 될 수 있는 근거, 인간이 모든 존재물들을 돌보고 보살피고 치유하고 양육할 수 있는 근거는 바로 '양지'에 있다. 이 양지가 바로 이 시대가 요구하는 뉴노멀, 즉 생태문명의 핵심 키워드가 되어야 한다.

## 4. 양지 실현과 돌봄의 길

인간은 통각과 감통의 주체인 양지의 감응을 통해 다른 존재물들을 보살피고 돌보면서 이들을 건강하게 양육해 나갈 수 있다. 그런데 문제는 인간에게는 양지만 있는 것이 아니라는 데 있다. 양명은 「대학문」에서 사람을 '대인大人'과 '소인小人'으로 구분하면서, 대인은 천지만물을 한 몸으로 삼는 사람이고 소인은 형체를 기준으로 너와 나, 안과 밖을

---

36 같은 곳, "見瓦石之毁壞, 而必有顧惜之心焉, 是其仁之與瓦石而爲一體也."

나누는 사람이라고 하였다. 너와 나를 나누는 원인은 바로 인간의 이기적 개체욕망인 '사욕'에서 찾을 수 있다. 양명은 사욕의 문제점과 관련하여 "사람들 중에 누가 뿌리가 없겠는가? 양지가 바로 하늘이 심어준 영명한 뿌리이니 저절로 쉬지 않고 생성한다. 다만 사욕이 누가 되어 이 뿌리를 해치고 막아서 자랄 수 없을 뿐이다."[37]라고 주장한다. 양지는 쉼 없이 천지만물과 감응하지만, 사욕이 발동하게 되면 사욕이 양지를 가로막아 천지만물과의 감응 작용을 어렵게 만든다는 것이다. 인간은 양지의 감응 작용을 통해 천지만물과 한 몸을 유지해 나갈 수 있다. 그럼에도 인간은 자신의 형체를 기준으로 안과 밖, 즉 나와 너로 나누고, 형체 안에 있는 것만을 자신으로 삼고, 자신을 천지만물과 분리 독립된 하나의 개체로 여기는 또 다른 마음, 즉 사욕이 있다. 사욕은 개체의 이익과 안위에만 집착하는 마음으로, 사욕이 일어나면 양지를 가로막아 천지만물과의 감응 작용을 불가능하게 한다.

사욕의 문제는 양지의 감응 작용을 가로막는 데서 끝나지 않는다. 자신의 안위와 이익에만 집착하는 사욕으로 인해 다른 사람들과 거리가 멀어지고 사이가 떨어져서 가장 가까운 가족, 자신의 부모와 자식, 형과 아우조차 원수처럼 여기는 자가 생기게 된다고 한다.[38] 더 큰 문제는 사욕의 폐단이 가족을 원수처럼 여기는 단계에서 끝나지 않는다는 것이다. 사욕은 개개인이 각자 자신의 개체 이익과 안위만을 위해 서로 공격하고 갈등하고 투쟁함으로써 서로를 다치게 하거나 죽음으로 몰아넣음

37 『傳習錄』(下), 「黃修易錄」, 244조목, "人孰無根? 良知卽是天植靈根, 自生生不息, 但著了私累, 把此根戕賊蔽塞, 不得發生耳."

38 『傳習錄』(中), 「答顧東橋書」, 142조목, " 天下之人心, 其始亦非有異於聖人也, 特其間於有我之私, 隔於物欲之蔽, 大者以小, 通者以塞, 人各有心, 至有視其父子兄弟如仇讐者."

으로써 인간사회가 공멸에 이르도록 할 뿐만 아니라 자연생태계를 파괴하고 손상시키며, 더 나아가서는 혈육 간에서도 서로를 다치게 하거나 죽음에 이르게 할 수도 있다는 것이다.[39]

양명은 사람을 대인과 소인으로 구분하듯, 「종오도기」에서 '나(吾)' 또한 '참된 나'(眞吾)와 '사사로운 나'(私吾)로 구분하여 다음과 같이 말한다.

> 대저 나의 이른바 참된 나는 양지를 이르는 것이다. 부모가 자애롭고 자식이 효도하는 것은 내 양지가 좋아하는 바이나, 자애롭지 못하고 효도하지 못하는 것은 양지가 미워한다. 말함에 충실하고 미더우며 행동함에 독실하고 경건한 것은 내 양지가 좋아하는 바이나, 충실하고 미덥지 못하며 독실하고 경건하지 못하는 것은 양지가 미워한다. 그러므로 대저 명리名利와 물욕物欲의 좋아함은 사사로운 내가 좋아하는 것으로 천하가 미워하지만, 양지가 좋아함은 참된 내가 좋아하는 것으로 천하가 함께 좋아하는 것이다. 그러므로 사사로운 내가 좋아하는 것을 따르면 천하의 사람들이 모두 이를 미워하여, 장차 마음의 수고로움이 날로 쓸모가 없고 종신토록 근심스럽고 고통스러울 것이니, 이를 사물에 부림을 받는 것이라 이른다. 참된 내가 좋아하는 것을 따르면 천하의 사람들이 모두 이를 좋아할 것이니, 장차 가정과 국가와 천하가 처하는 곳마다 마땅하지 않음이 없을 것이요, 부귀와 빈천貧賤과 환난患難과 이적夷狄이 들어가는 곳마다 얻지 못함이 없을 것이다.[40]

39 『王陽明全集』 권26, 「大學問」, 968쪽, "及其動於欲, 蔽於私, 而利害相攻, 忿怒相激, 則將戕物圮類, 無所不爲, 其甚至有骨肉相殘者, 而一體之仁亡矣."

40 『王陽明全集』 권7, 「從吾道記」, 250쪽, "夫吾之所謂眞吾者, 良知之謂也. 父而慈焉, 子而孝焉, 吾良知所好也, 不慈不孝焉, 斯惡之矣. 言而忠信焉, 行而篤敬焉, 吾良知所好也; 不忠信焉, 不篤敬焉, 斯惡之矣. 故夫名利物欲之好, 私吾之好也, 天下之惡也; 良知之好, 眞吾之好也, 天下之所同好也. 是故從私吾之好, 則天下之人皆惡之矣, 將心勞日拙而憂苦終身, 是之謂物之役. 從眞吾之好, 則天下之人皆好之矣, 將家國天下, 無

'참된 나'란 통각과 감응의 주체인 '양지'를 가리킨다. '사사로운 나'란 명예와 이익과 물질을 좋아하는 이기적 나를 가리킨다. 양지가 생명을 살리는 진정한 나라고 한다면, 이기적 나는 오히려 생명을 손상시키는 사사로운 나인 것이다. 부모가 자식을 사랑으로 보살피고 기르는 일이나 자식이 지극정성으로 부모를 섬기고 돌보는 일은 모두가 생명을 살리는 일로써 참된 나인 양지가 좋아하는 바이다. 그러나 사사로운 나는 자기 자신만의 이익과 안위만을 돌보며 부모가 되어 자식을 사랑으로 보살피지 아니하고 자식이 되어서 부모를 온전하게 봉양하지 않는다. 이는 곧 나의 따뜻한 손길과 보살핌을 필요로 하는 사람을 외면하는 것으로 자칫 상대를 죽음으로 몰아갈 수도 있다. 사사로운 나를 극복하고 참된 나를 회복하는 일은 내 가족, 나아가 인류와 자연을 보살피고 돌보고 상처를 치유함으로써 전체생명을 건강하게 유지시켜 나가기 위해 꼭 필요한 일이다.

그렇다면 '참된 나', 즉 양지를 회복하기 위해서는 어떻게 해야 하는가? 다름 아닌 양지의 감응을 가로막는 사욕을 제거하는 '수양修養'을 해야 한다. 양지는 마주한 상황에 따라 무한히 실천 조리를 창출하고 능동적으로 실천 행위를 이끌어내는 인간의 선천적인 생명 본질이다. 그러나 사욕이 발동하면 양지를 가로막아 양지가 온전하게 감응할 수 없도록 한다. 다만 사욕이 발동했다고 하여 양지가 소멸되는 것은 아니다. 양지는 단지 사욕에 의해 가려졌을 뿐이다. 그렇기 때문에 양지를 가로막고 있는 사욕을 깨끗하게 제거하면 양지는 온전하게 회복된다.[41]

---

所處而不當；富貴貧賤患難夷狄，無入而不自得."

41 『傳習錄』(下), 「黃直錄」, 222조목, "人心是天淵. 心之本體無所不該, 原是一個天. 只爲私欲障碍, 則天之本體失了. 心之理無窮盡, 原是一個淵. 只爲私欲窒塞, 則淵之本體失了. 如今念

다만 거울에 때가 끼거나 먼지가 묻으면 거울이 마주한 사물을 온전하게 비추어주지 못하다가 때와 먼지를 제거하면 거울의 본래적 속성, 즉 비추는 능력이 회복되어 마주한 사물의 아름다움과 추함, 길고 짧음을 있는 그대로 비추어주듯 양지의 회복은 자신이 마주한 천지만물과의 감응 작용과 실천 행위의 창출이라는 일련의 생명 과정까지 포함한다.[42] 이에 양명은 '치지致知'의 '치致'란 '상례에 슬픔을 다한다(喪致乎哀)'고 할 때의 '치致'와 같다고 하면서, 치지는 주자학에서와 같이 지식을 확충하는 일이 아니라 내 마음의 양지를 미진함 없이 극진히 실현하는 일이라고 규정한다.[43] 또한 양명은 '치양지致良知'에 대해 "오늘 양지가 이만큼 나타나 있으면 다만 오늘 아는 것에 따라서 확충하여 바닥에 이르도록 하고, 내일 또 양지가 깨달은 것이 있으면 내일 아는 것에 따라서 확충하여 바닥에 이르도록 하면 되는 것이다."[44]라고 말한다. 양지는 어느 일순간에 실현되고 끝나는 것이 아니라 하루하루의 일상생활 속에서 끊임없이 실현시켜나가는 '점진성'을 지닌다.

'치양지', 즉 양지 실현은 관념적 차원이나 인식의 단계에 머무는 것이 아니라 매 순간 내가 마주하는 실제적이 일 위에서 양지의 판단에 따른 실제적인 실천 행위를 통해 이루어지는 것이다. 예컨대 자식이 부

---

念致良知, 將此障礙窒塞一齊去盡, 則本體已復, 便是天淵了."

42 『傳習錄』(中), 「答陸原靜書」, 167조목, " 聖人致知之功, 至誠無息, 其良知之體, 皦如明鏡, 略無纖翳. 姸媸之來, 隨物見形, 而明鏡曾無留染. … 明鏡之應物, 姸者姸, 媸者媸, 一照而皆眞, 卽是生其心處."

43 『王陽明全集』 권26, 「大學問」, 971쪽, "致者, 至也, 如云喪致乎哀之致. … 致知云者, 非若後儒所謂充廣其知識之謂也, 致吾心之良知焉耳."

44 『傳習錄』(下), 「黃直錄」, 225조목, "我輩致知, 只是各隨分限所及. 今日良知見在如此, 只隨今日所知擴充到底, 明日良知又有開悟, 便從明日所知擴充到底."

모님을 마주해서는 지극정성으로 부모님을 봉양하고, 부모가 자식을 마주해서는 지극정성으로 자식을 돌보는 것과 같은 실제적인 실천 행위가 수반되어야 한다. 그래야만 치양지라고 말할 수 있는 바, 이에 양명은 "양지는 본래 명백하여 착실하게 실행하면 곧 옳으니라. 기꺼이 실행하려 하지 아니하고 다만 언어 위에서만 말을 하면 말을 할수록 더욱 모호해진다."[45]고 하였다. 실제적인 실천 행위를 수반하지 않고 단지 머리로만 알거나 말로만 떠드는 것으로는 결코 치양지, 즉 양지 실현이라고 말할 수 없다는 것이다. 실제적인 만남과 일 속에서 양지의 판단에 의한 실천 의지가 반드시 실천 행위로 이행될 때 비로소 양지가 실현되었다고 말할 수 있다. 이에 양명은 양지를 '진성측달眞誠惻怛', 즉 거짓됨 없이 진실하게 다른 사람의 고통과 아픔을 자신의 고통과 아픔으로 느끼는 마음이라고 정의하면서, 이 마음으로 부모님을 모시는 것이 효도이고, 이 마음으로 형을 따르는 것이 우애라고 말한다.[46] 양지, 즉 거짓됨 없이 진실하게 다른 사람의 고통과 아픔을 자신의 고통과 아픔으로 느끼는 진성측달한 마음의 작용은 단지 자신의 혈육에만 국한되지 않는다. 벗과 잘 지내는 일(處友), 사람을 사랑하는 일(仁民), 사물을 아끼는 일(愛物)과 같이 인간 사회의 구성원에 대한 사랑은 물론 자연존재물에 대한 사랑과 같이 모든 존재물들에 대한 배려와 돌봄과 치유의 실천 또한 부모님께 효도하고 형을 따르는 마음, 즉 거짓됨 없

---

45 『傳習錄』(下), 「黃省曾錄」, 280조목, "良知本是明白, 實落用功便是. 不肯用功, 只在語言上, 轉說轉糊塗."

46 『傳習錄』(中), 「答聶文蔚二」, 189조목, "蓋良知只是一箇天理自然明覺發見處, 只是一箇眞誠惻怛, 便是他本體. 故致此良知之眞誠惻怛以事親, 便是孝; 致此良知之眞誠惻怛以從兄, 便是弟; 致此良知之眞誠惻怛以事君, 便是忠: 只是一箇良知, 一箇眞誠惻怛."

이 진실하게 다른 사람의 고통과 아픔을 자신의 고통과 아픔으로 느끼는 진성측달한 양지를 실현하는 일에 불과하다.[47]

양지의 감응 작용을 통해 부모님께 효도하고 형을 공경하며 이웃을 사랑하고 자연물을 아끼는 이러한 배려와 돌봄의 실천 행위는 나의 본성을 실현하는 일임과 동시에 이들의 아픔과 고통을 치유하는 일이다. 즉 공자가 말하는 '수기修己'인 동시에 '안인安人'이며, 『중용』에서 말하는 '진기성盡己性'인 동시에 '진인지성盡人之性'이자 '진물지성盡物之性'이며, '성기成己'인 동시에 '성물成物'이며, 『대학』의 '명명덕明明德'이자 '친민親民'이다. 이에 양명은 "명덕明德과 친민親民은 하나이다. 옛사람들이 그 민民을 친애하는 것으로써 명덕을 밝혔기 때문에 친민이 곧 그 명덕을 밝히는 것이 된다. 그러므로 명명덕은 본체가 되고 친민은 작용이 된다."[48]라고 하여 『대학』에서 말하는 명명덕과 친민을 하나의 일로 규정하고 있다.

양명이 말하는 '친민'은 주자가 말하는 백성들을 새롭게 한다는 '신민新民'과 다르다. 즉 친민은 위정자가 백성들을 일방적으로 교화敎化시키는 것을 의미하지 않는다. 양명이 말하는 '친민親民'의 '친親'은 "어진 사람을 어질게 대하고 친한 사람을 친하게 대한다.", "어린아이를 보호하듯이 한다.", "백성이 좋아하는 것을 좋아하고, 백성이 싫어하는 것을 싫어한다.", "친한 사람을 친하게 여기고 백성을 어질게 대한다."는 것

47 『傳習錄』(中), 「答聶文蔚」, 190조목, "孟氏堯舜之道孝弟而已矣者, 是就人之良知發見得最眞切篤厚, 不容蔽昧處提省人, 使人於事君處友仁民愛物, 與凡動靜語默間, 皆只是致他那一念事親從兄眞誠惻怛的良知, 卽自然無不是道."

48 『王陽明全集』 권8, 「書朱子禮卷」, 281쪽, "明德親民, 一也. 古之人明明德以親其民, 親民所以明其明德也. 是故明明德, 體; 親民, 用也."

을 의미한다. 친민은 사회 구성원들이 모두 주체가 되어 서로를 친밀함과 사랑으로 대한다는 것, 즉 서로서로 배려하고 보살피고 돌보면서 서로의 생명을 온전하게 길러주는 '상보적 양육'의 의미를 내포한다.[49]

양명이 말하는 친민에 있어 '친민親民'의 '민民'은 주자와 같이 백성만을 지칭하는 것이 아니라 친민의 주체인 나를 제외한 모든 존재물을 포함하는 것으로 가까이는 자신의 혈육으로부터 인류, 나아가 동·식물과 같은 자연존재물들을 모두 포함한다.[50] 그렇기 때문에 내 아버지를 친애, 즉 사랑으로 보살피고 돌보는 것으로부터 남의 아버지도 보살피고 돌보는 데까지 이르러 천하의 부자가 보살피고 돌보지 않음이 없게 되어야 한다. 또한 나의 형을 보살피고 돌보는 것으로부터 남의 형도 보살피고 돌보는 데까지 이르러 천하의 형제가 보살피고 돌보지 않음이 없게 되어야 한다. 나아가 임금과 신하, 남편과 아내, 친구 사이, 짐승과 새, 풀과 나무에 이르기까지 모두를 보살피고 돌보는 것은 내 마음을 다하여 스스로 자신의 밝은 덕성(明德)을 밝히는 일 아님이 없다고 한다. 모든 존재물에 대한 친애의 활동, 이것이 바로 천하에 나의 밝은 덕성을 밝히는 일이요, 가정이 가지런해지고 나라가 다스려지고 천하가 평화롭게 되는 일이다.[51] 사랑, 배려, 보살핌, 돌봄과 같은 친애의 활동

---

49 『傳習錄』(上), 「徐愛錄」, 1조목, "作新民之新, 是自新之民, 與在新民之新不同, 此豈足爲據? 作字卻與親字相對, 然非親字義. 下面治國平天下處, 皆於新字無發明, 如云君子賢其賢而親其親, 小人樂其樂而利其利, 如保赤子, 民之所好好之, 民之所惡惡之, 此之謂民之父母之類, 皆是親字意. 親民猶孟子親親仁民之謂, 親之卽仁之也. 百姓不親, 舜使契爲司徒, 敬敷五教, 所以親之也. 堯典克明峻德, 便是明明德. 以親九族至平章協和, 便是親民, 便是明明德於天下. 又如孔子言修己以安百姓, 修己便是明明德, 安百姓便是親民. 說親民便是兼教養意, 說新民便覺偏了."

50 『王陽明全集』 권7, 「親民堂記」, 251쪽, "人者, 天地之心也; 民者, 對己之稱也; 曰民焉, 則三才之道擧矣."

은 나의 가족에 국한되어서는 안 된다. 내 가족을 넘어 이웃으로, 전 인류로, 종국에는 동식물은 물론 산·시내와 같은 자연존재물로까지 확대될 때 비로소 천지만물을 한 몸으로 삼는 나의 인仁, 즉 양지가 실현되는 것이요, 진정한 의미에서 내가 천지만물과 한 몸이 되는 것이라고 말할 수 있다.[52]

## 5. 양지 실현을 통한 치유와 한 몸의 세계

사욕을 제거하고 양지를 실현하는 돌봄의 길의 귀결처는 무엇일까? 다른 존재물들을 보살피고 돌보는 선행의 목적이 남들로부터 칭찬을 받거나 신뢰를 얻거나 물질적인 대가를 받기 위한 데 있는 것일까? 아니면 다른 존재물들을 보살피거나 돌보지 않으면 남들로부터 비난을 받는 것이 두려워서일까? 아니면 신의 섭리이기 때문일까? 아니면 또 다른 이유에서일까? 양명이 말하는 다른 존재물들을 보살피고 돌보는 이유는 그렇게 하지 않을 경우 내 마음이 불편不便하거나 불안不安한 데 있다. 부귀를 버려야 할 때 부귀를 버리고, 연로하신 부모님을 봉양해야 할 때 봉양하고, 어려운 사람과 아픈 사람을 보살피고 도와야 할 때 보

---

51 같은 곳, "是故親吾之父以及人之父, 而天下之父子莫不親矣; 親吾之兄以及人之兄, 而天下之兄弟莫不親矣. 君臣也, 夫婦也, 朋友也, 推而至於鳥獸草木也, 而皆有以親之, 無非求盡吾心焉以自明其明德也. 是之謂明明德於天下, 是之謂家齊國治而天下平."

52 『王陽明全集』 권26, 「大學問」, 968-969쪽, "是故親吾之父, 以及人之父, 以及天下人之父, 而後吾之仁實與吾之父, 人之父與天下人之父而爲一體矣; 實與之爲一體, 而後孝之明德始明矣. … 君臣也, 夫婦也, 朋友也, 以至於山川鬼神鳥獸草木也, 莫不實有以親之, 以達吾一體之仁, 然後吾之明德始無不明, 而眞能以天地萬物爲一體矣."

살피고 도와주고, 상처받은 동식물을 돌봐주어야 할 때 돌봐주는 것은 모두가 나의 양지를 실현하는 일이다. 그런데 사사로운 의념, 즉 사욕이 개입하여 자신의 이익과 안위에만 집착하게 되면 양지의 온전한 감응 작용을 가로막아 보살핌과 돌봄의 실천을 하지 못하게 되는데, 이런 경우 내면적으로 '불안不安', 즉 자기 스스로 편안하지 못하게 된다.[53]

마음의 불안은 어떻게 치유될 수 있으며, 그 귀결처는 무엇일까? 양명은 모든 것은 나의 마음공부로서, 내 마음을 다하는 일뿐만 아니라 자연만물이 건강하게 양육되는 일 또한 내 마음을 다하는 일에 불과하다고 한다.[54] 마음공부는 구체적으로 자식이 되어 부모님을 잘 보살피고 봉양하는 일에서부터 마음의 진실함과 미더움과 돈독함과 공경스러움을 실천하는 일, 마음의 분노를 징계하고 욕망을 막는 일, 마음의 선함을 실천으로 옮기고 그릇됨을 고치는 일, 일을 처리하고 응대하는 일에 이르기까지, 자신의 마음을 치유하는 일에서부터 다른 존재물들을 잘 돌보고 보살피는 일 모두를 포함한다. 이러한 마음공부의 목적이나 귀결처는 바로 '자겸自慊', 즉 '나 스스로의 만족'을 구하는 데 있다.[55] 양명학에 있어 시비 판단의 준칙이나 실천 행위의 규범은 내 마음 밖에 불변하는 고정된 이치, 즉 정리定理로 존재하지 않는다. 시비 판단과 실천 행위는 선천적 양지의 영명한 자각 능력, 실천 조리의 창출성, 능동

53 『王陽明全集』 권6, 「與王公弼」, 215쪽, "當棄富貴卽棄富貴, 只是致良知; 當從父兄之命卽從父兄之命, 亦只是致良知. 其間權量輕重, 稍有私意於良知, 便自不安."

54 『王陽明全集』 권7, 「紫陽書院集序」, 239쪽, "是故君子之學, 惟求得其心. 雖至於位天地, 育萬物, 未有出於吾心之外也."

55 같은 곳, "心外無事, 心外無理, 故心外無學. 是故於父, 子盡吾心之仁, 於君, 臣盡吾心之義; 言吾心之忠信, 行吾心之篤敬; 懲心忿, 窒心欲, 遷心善, 改心過; 處事接物, 無所往而非求盡吾心以自慊也."

적 실천성에 기인한다. 그렇기 때문에 다른 존재물들을 잘 보살피고 돌보는 일의 귀결처 또한 다른 사람들로부터의 평가나 보상과 같이 외부에 있는 것이 아니라 나의 내면의 세계, 즉 나 스스로의 만족함에 도달하는 데 있게 된다.

양지 실현을 통한 '나 스스로의 만족'은 내 내면에서 일어나는 불안한 마음에 대한 치유를 의미하기도 하는데, 여기서 중요한 점은 내 마음의 치유가 다른 존재물들과 무관하게 혼자 수행하는 마음공부나 수양을 통해 이루어지는 것이 아니라는 점이다. 반드시 다른 존재물들을 보살피고 돌보는 행위, 즉 다른 존재물들의 고통과 아픔을 보살피고 치유해주는 실체적인 실천 행위가 수반되어야만 한다는 것이다. 그래야만 나 자신 또한 마음의 치유를 통해 '스스로 만족함'에 이를 수 있게 된다. 양명은 양지 실현을 위해 힘쓰면 자연스럽게 옳고 그름을 공유하고 좋아하고 싫어함을 함께하며 남을 자기와 같이 보고 나라를 한 집안처럼 보아서 천지만물을 한 몸으로 여길 수 있게 된다고 한다.[56] 모든 존재물들은 나와 한 몸이고 양지는 이들과 옳고 그름, 좋아하고 싫어함을 함께하기 때문에, 양지를 실현하고자 하는 사람은 다른 사람의 선행을 보기를 마치 자기로부터 나온 듯이 여기며, 다른 사람의 악행을 보기를 마치 자기가 악에 빠진 것처럼 여긴다. 뿐만 아니라 백성의 굶주림과 쇠약함을 마치 자기의 굶주림과 쇠약함처럼 보고, 한 사람이라도 자기 자리를 획득하지 못하면 마치 자신이 그를 도랑에 밀어 넣은 것처럼 여기게 된다. 그렇기 때문에 다른 존재물들을 보살피고 돌봄으로써 그들의 고통과 아

56 『傳習錄』(中), 「答聶文蔚」, 179조목, "世之君子, 惟務致其良知, 則自能公是非, 同好惡, 視人猶己, 視國猶家, 而以天地萬物爲一體, 求天下無治, 不可得矣."

픔을 치유할 수 있게 된다. 이 또한 의도적으로 그렇게 행하여 천하 사람들이 자기를 믿어주기를 바랐기 때문이 아니라 자신의 양지를 실현하여 '스스로 만족함'을 구하는 데 힘썼을 따름이라는 것이다.[57]

아울러 양명은 인간 마음의 본질이 '즐거움(樂)'이라면,[58] 그 즐거움의 본체가 바로 '양지'라고 주장한다.[59] 그렇기 때문에 양지가 천지만물과 감응하는 과정에서 조화의 기운이 서로 교감하고 기쁨과 화창한 생명력이 약동함으로써 천지만물과 간격 없이 한 몸을 건강하게 유지시켜나갈 수 있다고 한다.[60] 나와 천지만물이 하나 됨, 이것이 바로 진정한 의미의 '즐거움'의 실현이며, 이 과정에서 인간은 또한 '참된 즐거움(眞樂)'의 경계에 도달하게 된다.

이렇듯 다른 존재물들을 보살피고 돌봄으로써 그들의 아픔과 고통을 치유하는 양지 실현은 내면적으로 자신의 불안하고 불편한 마음에서 '스스로의 만족'과 '참된 즐거움'에 이르는 내 마음의 치유이자 동시에 우주자연의 모든 존재물들과 간격 없이 진정으로 한 몸을 건강하게 유지시켜 나가는 '상생'과 '공생'의 길이 된다.

---

57 『傳習錄』(中), 「答聶文蔚」, 179조목, "古之人所以能見善不啻若己出, 見惡啻若己入, 視民之飢弱, 猶己之飢弱, 而一夫不獲, 若己推而納諸溝中者, 非故爲是, 而以蘄天下之信己也, 務致其良知求自慊而已矣."

58 『傳習錄』(中), 「答陸原靜書」, 166조목, "樂是心之本體."

59 『王陽明全集』 권5, 「與黃勉之二」, 195쪽, "良知卽是樂之本體."

60 같은 책, 194-195쪽, "樂是心之本體. 仁人之心, 以天地萬物爲一體, 訢合和暢, 原無間隔. …… 時習者, 求復此心之本體也. 悅則本體漸復矣. 朋來則本體之訢合和暢, 充周無間. 本體之訢合和暢, 本來如是, 初未嘗有所增也. … 聖人亦只是至誠無息而已, 其工夫只是時習."

## 6. 돌봄과 치유와 공생의 생태문명으로

코로나19의 발생의 원인은 단순하게 박쥐와의 접촉이라는 단순한 사건에 있지 않다. 그 원인은 야생 서식지의 파괴, 지구 온난화와 기후변화에 있다. 기후변화는 자연을 도구로 삼아 인간 욕망을 위해 자연을 무자비하게 파괴하여 오염 물질을 과도하게 배출함으로써 자연생태계의 자생 능력과 자정 능력을 상실시킨 데 그 원인이 있다. 그리고 그 이면에는 소비문명이 자리 잡고 있다. 지난 수세기 동안 진행된 전 지구적 산업화 과정에 바탕을 둔 소비문명은 개인주의에 입각한 경쟁을 중시함으로써 갈등과 소외를 초래하였을 뿐만 아니라 인간의 욕망을 무한 증식시킴은 물론 인간을 욕망의 노예로 만들었다. 이러한 소비문명에서 인간 개개인은 인간 상호 간의 경쟁과 갈등과 분노와 미움으로 인해 이타심과 배려심을 상실하고 단절과 고립과 소외로 치달아 왔다. 그리고 인간사회에서는 구성원 간의 호혜적·상보적 관계를 상실하고 승자와 패자, 지배자와 피지배자의 관계로 치닫게 되었다. 소비문명의 또 다른 문제는 인간과 자연의 관계에 있어 자연을 삶의 동반자가 아닌 단지 인간 욕망 충족을 위한 하나의 도구로 간주하여 착취하고 파괴함으로써 자연생태계의 파괴는 물론 전 지구적 공멸을 초래하고 있다는 것이다. 그 과정에 코로나19로 인한 팬데믹은 물론 기후변화로 인한 각종 자연재난들이 전 세계적으로 발생하고 있는 것이다.

양명학에서는 우주자연을 신의 창조물이나 생명이 없는 기계가 아니라 끊임없이 생명을 잉태하고 양육하는 하나의 살아 숨 쉬는 생명체로 간주한다. 인간은 이러한 우주자연의 한 부분이자, 우주자연의 마음, 즉 생명 주체라는 위상을 지닌다. 인간은 자연과 독립된 존재로서 자연 위에 군림하는 존재도 아니지만, 그렇다고 자연에 종속된 존재도 아니다. 인간은 다른 사람, 나아가 자연만물과 유기적이고 상보적인 관계를 맺고 있는 관계적 존재이다. 따라서 다른 사람 또는 자연만물과 무관한 자아의 완성이란 존재하지 않는다. 자아의 완성은 곧 관계의 완성 여부에 달려 있는바, 다른 사람 나아가 자연만물의 본성 실현이 곧 나 자신의 본성 실현으로 귀결된다. 그런데 다른 사람과 자연만물의 본성 실현은 그들을 배려하고 돌보고 보살피는 나 자신의 적극적인 실천 행위를 통해서만 가능하다.

문제는 현실적 인간은 다른 사람과 자연만물을 보살피고 돌보는 마음(仁心, 良知, 明德 등)뿐만 아니라 자기 자신의 이익과 안위에만 집착하는 마음인 개체 욕망, 즉 사욕을 지니고 있다는 것이다. 소비문명에서는 바로 후자인 인간의 욕망을 긍정하고 이를 증식시키는 데서 인간의 본질을 왜곡시키고 차폐시키는 문제를 야기한다. 인간의 욕망은 다른 사람은 물론 자연만물을 도구화하고 이들과의 갈등을 조장함으로서 내 · 외와 물 · 아로 분열시키고 이들을 착취 파괴함으로써 종국에는 공멸을 야기한다. 그런데 사욕을 극복하고 통각의 주체, 즉 배려와 돌봄과 치유의 주체인 양지를 회복하고 발현하는 일은 관념적 차원에서 인식의 전환만으로는 불가능하다. 몸과 마음이 하나가 되어 인간 내면에서 자라나는 욕망을 자각하고 이를 극복하고자 하는 끊임없는 노력과 더불어 인간의 선천적 본성으로서의 배려와 돌봄과 치유의 주체인 양지를 회복하고자 하는 수양이 수반되어야만 한다. 양명학에서의 수양은 이성만이 아니라 감성, 감정, 본능, 감각, 직관 등 모든 차원에서 고립되고 소외된 이기적 자아의 울타리를 넘어 다른 사람, 나아가 자연만물과 하나 된 삶을 추구해 나가는 실천적 과정이다. 그리고 양지 실현의 귀결처는 천지만물과 자·타와 물·아의 구분을 두지 않고 천지만물의 생명 손상과 고통을 자신의 아픔으로 느끼고 이들을 안전하게 보살핌으로써 '천지만물과 하나 되는(天地萬物一體=與物同體)' 데에 있다. 더불어 모든 존재물들의 굶주림과 고난을 함께하고 생명 손상을 치유하고 보살피고 돌보면서 천지만물과 하나가 되고자 하는, 그리고 천지만물과 하나 되는 양지 실현의 궁극적 목적은 타인으로부터 명성을 얻는 데 있는 것이 아니라 바로 자신의 내면세계에서 '스스로 만족함'을 얻거나 마음의 본체인 '진정한 즐거움'에 도달하는 데 있다.

이러한 양명학의 천지만물일체론과 치양지설은 인간의 욕망을 조장하고 갈등과 파괴를 야기하는 소비문명의 병폐를 치유함으로써 인간과 인간의 관계는 물론 인간과 자연의 관계를 건강하게 회복하고 인간이 돌봄과 공생의 주체로 우뚝 서는 생태문명으로의 전환에 있어 시사하는 바가 크다고 할 수 있다. 코로나19 이후에 다시 이전의 자리, 즉 자연 파괴적인 소비문명으로 돌아가서도 안 된다. 인간 본질과 인간과 자연의 관계에 대한 성찰과 반성을 통해 인간과 자연이 본래 하나의 생명체이며, 인간은 자연만물을 보살피고 돌보는 주체라는 자각, 그리고 다른 사람과 자연존재물의 손상을 치유하고 이들을 보살피고 돌보는 과정에서 스스로의 만족과 진정한 즐거움을 얻을 수 있다는 깨달음을 통해, 소비문명, 이기적 자아, 강자중심주의, 패권이기주의, 기후위기에서 벗어나 모두가 함께 건강하게 잘 사는 돌봄과 공생의 생태문명으로 전환해 나가야 한다.

# 탈진실 시대와 전통유학의 인문적 사유

강중기 인하대학교 철학과 강사

## 1. 탈진실 시대

오늘날 한국사회는 대화가 단절된 시대에 살고 있다. 이른바 '진영논리'에 사로잡혀 같은 진영에 속하는 사람의 말은 맹목적으로 신뢰하고 추종하면서 다른 진영에 속하는 사람의 말은 완전히 그른 것으로 치부하거나 아예 들으려 하지 않는다. '내로남불'[1]이란 말이 유행어가 되어 널리 사용된다. 자신의 견해와 행동을 사회적으로 공감할 수 있는 잣대로 재지 않고, 오로지 자신에게 편하고 이로운 방식으로 해석하는 행태가 우리 사회에 널리 퍼져 있음을 반영한다.

이러한 현상은 비단 한국사회에서만 일어나는 것은 아닌 모양이다. 이른바 '탈진실'(post-truth)을 오늘날 인류사회의 모습을 적나라하게 보

1 '내로남불'은 '내가 하면 로맨스, 남이 하면 불륜'의 줄임말로, 1990년대 정치권에서 만들어져 일상에서 활발히 사용되고 있다. 똑같은 상황에 처했을 때 자신과 타인을 다른 기준으로 평가하는 이중 잣대를 가진 사람의 행태를 가리키는 말이다.

여주는 주요한 현상 가운데 하나로 꼽는다. '탈진실'은 2016년 〈옥스퍼드 사전〉에서 선정한 올해의 단어다. 〈옥스퍼드 사전〉에서는 '탈진실'을 "객관적인 사실보다 개인의 감정이나 신념이 여론 형성에 더 큰 영향을 미치는 현상"[2]이라고 정의했다. 〈타임〉지는 2017년 3월 잡지의 커버 문구로 "진리는 죽었는가?"(Is Truth Dead?)를 택했다. 미국 컨설팅그룹 가트너(Gartner)가 2017년 10월 발표한 미래전망 보고서에 따르면, "2022년이 되면 대부분의 사람들이 진짜 정보보다 가짜 정보를 더 많이 접하게 될 것"이라고 한다. 소위 '정보의 홍수' 시대에 접어든 지 이미 오래이지만, 새삼 정보의 양보다 정보의 질과 진위를 판단하는 개인의 능력과 사회의 여과장치가 절실하게 요구되는 탈진실 시대다.

이처럼 진실 내지 진리가 외면당하고 무시되는 탈진실 시대에 인문학은 무슨 대안을 제시할 수 있을 것인가. 필자는 다시 고전적 인문학, 특히 전통유학의 사유에서 나름의 해법을 찾아볼 수 있지 않을까 생각해본다. 아래에서 먼저 탈진실 시대를 드러내는 실상으로 미국과 한국의 두드러진 사례를 살펴보고, 탈진실 현상이 나타나게 된 이유를 설명하는 이론적인 분석을 검토해보고 나서, 공자의 열린 사유와 맹자의 인본적 사유에서 찾아볼 수 있는 전통유학의 인문적 사유를 소개하고 나서, 그것이 탈진실 현상을 극복하는 데 지니는 의미를 규명해보고자 한다.

---

2 "Relating to or denoting circumstances in which objective facts are less influential in shaping public opinion than appeals to emotion and personal belief."(〈Word of the Year 2016〉, *Oxford Dictionaries*)

### 1.1 미국의 사례

탈진실 현상은 2016년 미국 대선 이후 점점 더 고착화되었다고 한다. 트럼프는 선거기간 동안 제대로 검증되지 않은 많은 말과 허풍, 왜곡을 일삼았고, 기성의 언론이 앞다투어 팩트 체크를 제공했지만, 결국 대통령으로 당선되어 탈진실 정치의 대표적 사례가 되었다. 영국의 시사주간지 『이코노미스트』의 표현에 따르면, 트럼프는 기이한 환상의 세계에 살고 있다. 이 세계에서 미국 대통령 오바마의 출생증명서는 조작되었다. 오바마는 IS를 설립했으며 힐러리 클린턴은 공동 창업자이다. 빌 클린턴 전 대통령은 킬러이며 공화당 경선 라이벌이었던 테드 크루즈 상원의원의 아버지는 케네디 전 대통령이 암살당하기 직전 암살범 리 하비 오스왈드와 함께 있었다.[3] 트럼프는 대선 기간 '힐러리 가짜뉴스'의 최대 수혜자였다.

〈워싱턴포스트〉가 2017년 7월 9일을 기준으로 '팩트 체크'를 한 결과, 당시 트럼프 대통령이 재임 기간에 거짓말한 횟수가 2만 건을 상회하였다. 이는 하루 평균 16번 정도이며, 직접 발언하거나 혹은 트윗을 통해 거짓말을 했던 것으로 드러났다. 그렇지만 아이러니하게도 2017년 6월 퓨리서치센터의 설문 조사에 따르면, 미국의 백인 복음주의자 10명 가운데 8명은 여전히 다음 대선에서 트럼프에게 투표하겠다고 대

---

3 문정우, 「우리는 '포스트 트루스' 시대에 살고 있다」, 『시사인』 472호, 2016년 10월 5일. 이 글에서는 영국의 브렉시트(유럽연합 탈퇴) 투표에서도 탈진실 현상이 나타났다고 지적한다. 당시 영국인 상당수는 투표 기간 내내 영국이 유럽연합 회원국으로서 국민의료 비용에 버금가는, 주당 4억 6800만 달러를 부담한다는 가짜뉴스에 영향을 받았다. 브렉시트 반대자들이 숫자가 터무니없이 부풀려졌다는 것을 알리느라 애썼지만, 영국의 유럽연합 분담금 문제가 스포트라이트를 받으며 탈퇴에 영향을 미쳤다는 것이다.

답했다. 이들에게는 트럼프의 말이 진실인지 아닌지는 크게 중요하지 않고, 오로지 트럼프의 말이 자기 목소리를 대변하고 백인 집단에게 이익을 주는지가 더 중요하다고 판단한 것이다.[4]

### 1.2 한국의 사례

한국사회의 탈진실은 꽤 오래 전부터 심각한 상황이었다. 제3공화국 시절 독재정권과 반공세력은 남한이 북한에 군사적으로 절대 열세에 있는 것처럼 선전해 국민을 '공포의 포로'로 묶어두고 독재를 정당화했다. 리영희는 1988년 쓴 「남북한 전쟁 수행능력 비교연구」에서 남한이 군사력에서 북한에 대해 우위에 선 지 오래됐음을 실증적 데이터를 통해 낱낱이 밝혔다. 리영희의 논문은 당시 미신처럼 국민의 의식에 달라붙어 있던 두려움을 날려버린 글이었다. 이듬해 리영희는 '대한민국은 유엔이 승인한 한반도 유일 합법 정부가 아니다'라는 사실을 처음으로 한국사회에 알렸다. 단독정부 수립 이후 40여 년 동안 진리로 군림해온 명제가 거짓임이 드러난 것이다. 이로써 북한을 '반국가단체'로 규정한 국가보안법의 근거도 함께 무너졌다. 1999년 서해교전으로 남북 긴장이 커졌을 때는 「북방한계선은 합법적 군사분계선인가」를 써 '북방한계선'이 이승만 정권의 북진을 막으려고 유엔군이 설정해놓은 금지선이었음을 밝혔다. 이 모든 작업은 진보와 보수를 막론하고 객관적 사실을 밝힘으로서 대다수 국민의 상식이 된 허위에 대한 믿음을 뒤흔드는 것

---

4 '샤이 트럼프'라는 말이 있다. 설문조사 등에서는 트럼프 지지를 밝히지 않으면서 실제 선거에서는 트럼프에게 투표하는 사람들을 가리킨다. 이들이 2016년 트럼프 대선 승리의 주역이다. 이들이 트럼프 지지를 대놓고 당당하게 밝히지 않는 것은 트럼프 지지가 정당하지 못함을 암암리에 의식하기 때문이기도 할 것이다.

이었다.[5] 한마디로 진실에 의해 탈진실이 전복된 것이다.

물론 이 사례는 정권이 진실을 호도함으로써 국민여론을 기만한 측면이 있지만, 다른 한편으로는 그렇게 믿고자 하는 국민감정이나 반공이데올로기가 작동하여 그런 여론이 형성된 측면도 있다. 그래서 〈옥스퍼드 사전〉에서 정의하는 탈진실이라는 개념과는 다소 거리가 있지만, 역시 객관적인 사실보다는 개인적인 감정이나 신념이 여론의 형성에 일정 정도 영향을 미쳤다는 점에서 탈진실 현상으로 볼 수 있을 것이다.

진실을 외면하는 탈진실 현상은 21세기 한국사회에서도 지속되었다. 2017년 박근혜 대통령 측은 헌법재판소의 탄핵 인용을 예상하지 못했다고 한다. 이 때문에 삼성동 자택 입주준비가 전혀 이루어지지 않았다. 오판의 배경에는 헌법재판관 출신인 이동흡 변호사의 정보력을 신뢰했다는 이야기도 있고, 참모들이 유리한 근거들만 박근혜 대통령에게 전했다는 말도 있다. 예를 들면, SNS에서 '탄핵 기각'이 '탄핵 인용'보다 더 많이 사용되고 있다는 점을 들며, 여론이 우호적으로 변하고 있다고 보고했다. 80% 이상의 국민이 탄핵을 찬성한다는 여론조사에 대해서는 낮은 응답률의 문제를 지적하며 신뢰할 수 없다고 말했다고 한다. 박근혜 본인은 정규재 TV와 인터뷰에서 이렇게 말했다. "그러니까 뭐 지금 이제 그 (태극기집회가) 촛불시위의 2배도 넘는 정도로 정말 열성을 갖고 많은 분들이 참여하신다고 듣고 있다."[6] 이처럼 자신이 보고 싶은 것만 보고, 듣고 싶은 것만 듣고, 믿고 싶은 것만 믿는 행태는 탈진실의 전형이라 하겠다. 사실 내지 진실에는 전혀 관심이 없는 것이다.

---

5 고명섭, 「'탈진실의 시대' 왜 리영희인가」, 『한겨레신문』 2020년 12월 3일자.

6 김재수, 「탈진실의 시대, 진실은 침몰하는가?」, 〈김재수의 갑을경제학〉, 『한겨레신문』 Weconomy, 2017년 3월 19일자.

어쩌다 보니 미국과 한국 모두 보수진영의 탈진실을 사례로 들었다. 당연히 탈진실이 보수진영의 전유물은 결코 아니다. 앞에서 이미 언급했듯, 탈진실은 오늘날 인류사회의 모습을 적나라하게 보여주는 주요한 현상 가운데 하나로 꼽히기 때문이다. 한국사회의 진보진영에 속하는 사람이라고 예외인 것은 물론 아니다.

### 1.3 이론적 분석

#### ① 사실을 받아들이지 않는 이유 — 사회심리학적 분석

경제학자들과 사회심리학자들은 왜 사람들이 선택적으로 정보를 수집하고 이해하는지, 즉 왜 사실(fact)을 받아들이지 않는지에 대하여 주된 이유로 세 가지를 꼽는다.

첫째, 걱정과 염려를 하고 싶지 않기 때문이다. 많은 사람들이 병원 진료를 미루는 원인이기도 하다. 의사를 만난 후에 암 선고를 받을 수 있는 가능성이 있다면, 환자로 살아가야 할 어려운 현실을 회피하기 위하여, 사실 확인을 거부하는 경향을 갖고 있다. 실제로 유방암 증상이 더 심한 사람들이 더 늦게 의사를 찾아간다는 연구 결과가 있다.

둘째, 후회하고 싶지 않기 때문이다. 자동차를 구매한 소비자들의 광고 시청 행위를 살펴보았더니, 자신이 이미 구매한 자동차 광고를 더욱 많이 본다고 한다. 자신이 구매하지 않은 자동차의 광고를 볼 경우에, 혹시라도 그것이 더 좋은 선택일 수 있었다는 후회를 야기할 수도 있기 때문이다. 후회감정을 피하기 위해 사실을 거부하기도 한다. 와인애호가들은 와인이 건강에 좋다는 신문 기사는 끝까지 읽지만, 술이 해롭다는 기사는 꼼꼼히 읽지 않는 것도 마찬가지다. 흡연가들은 금연을 권장하는 공익광고를 아예 보지 않거나 무시하는 경향이 있는 것도 유사한 사례다.

셋째, 인지 부조화를 기피하는 경향이 있기 때문이다. 심리학자 페스팅거는 사람들이 원래의 믿음에 반하는 정보를 싫어하는 인지적 편향을 가지고 있다고 지적했다. 심지어 최초의 믿음이 의미 없이 결정된 경우에도 그렇다. 대학생들로 이루어진 실험 참가자들에게 두 개의 미술 작품을 제시한 후, 다른 대학생들이 선호하는 작품을 예측해 보도록 한다. 이때, 세 그룹으로 나누어, 첫째 그룹에게는 미술 작품을 모두 보여주고, 둘째 그룹에는 일부만 보여주고, 셋째 그룹에는 미술 작품을 완전히 가린 채 선택하도록 하였다. 다음으로 각 작품에 대해서 다른 이들이 적어 놓은 8개의 비평을 제시한다. 이때, 비평의 첫 줄만 보여준다. 비평이 각 작품에 대해 긍정적인지 부정적인지 정도만 알 수 있다. 이제, 어떤 비평을 전부 읽고 싶은지 선택하라고 요청한다. 참가자들은 자신이 선택했던 미술 작품에 대해 우호적 비평을 읽기 원하는 경향을 나타냈다. 확증편향이 작동하여 원하는 사실만 받아들이는 것이다. 더 중요한 것은 이러한 경향이 세 그룹의 참가자들 사이에서 크게 다르지 않았다는 점이다.[7]

『포스트 투르스(Post-Truth)』[8]의 저자 리 매킨타이어는 사회심리학에서 유명한 발견 세 가지로, 위에서 말한 인지부조화 이론 외에 동조 이

---

7 권건우, 「탈진실 정치, 진리-말하기, 그리고 민주주의-다원적 민주주의 사회에서 그리스도교의 예언자적 진리-말하기는 가능한가?」, 『뉴스앤조이』, 2020.09.02.

8 Lee McIntyre, *Post-Truth*(The MIT Press Essential Knowledge series), The MIT Press, 2018; 리 매킨타이어, 김재경 옮김, 『포스트트루스-가짜 뉴스와 탈진실의 시대』, 두리반, 2019.

론과 확증편향 이론을 들고 있다. 동조(conformity)는 다수의 의견에 편승하는 경향 내지 집단의 압력에 의해 개인이 태도와 행동을 변화시키는 현상을 가리키며, '집단극화'(group polarization)[9]라고도 한다. 확증편향(confirmation bias)은 자신의 견해에 도움이 되는 정보만을 취하고 자신이 믿고 싶지 않은 정보에 신경을 쓰지 않거나 아예 외면하는 성향을 말하며, 자기중심적 왜곡(myside bias)이라고도 한다. 이것들도 다 사람들이 사실을 받아들이지 않는 이유를 사회심리학의 측면에서 설명해준다.

#### ② 탈진실 시대에 들어서는 이유 – 기술의 급격한 변화, 사회경제적 변화

세계는 왜 지금 탈진실 시대에 들어서고 있는가. 일부 연구자들은 정보통신을 비롯한 기술의 급격한 변화 및 그것과 맞물려 있는 사회경제적 변화에서 이유를 찾는다.

첫째, 사회경제적 세계화와 급격한 기술의 변화는 어느 때보다 높은 불확실성을 야기하고 있고, 경제적인 불평등 및 노동시장의 유연화는 어느 때보다 극심한 삶의 불안감을 낳고 있기 때문이다. 불확실성과 불안감이 큰 사회에서는 걱정과 염려, 후회, 인지 부조화를 경험할 가능성이 더욱 커질 수밖에 없다. 진실 내지 진리에 관심을 가질 여유가 없기 때문이다.

---

9 사람들이 개별적으로 토론할 때는 타협을 볼 수 있지만, 양립하는 주제를 놓고 집단이 나뉘어 논쟁할 때에는 처음에는 중립적인 의견을 가진 사람도 논쟁을 거치면서 어느 한쪽 의견으로 극단화되는 경향을 보인다고 한다. 집단극화의 전형적인 예이다.

둘째, 비슷한 성향의 사람들끼리만 모여 정보를 주고받을 수 있는 플랫폼이 등장했기 때문이다. 보수와 진보 스펙트럼에 걸쳐 다양한 언론이 공존하고, SNS에서 1인 미디어 시대가 열렸지만, 내가 원하는 정보만 선별할 수 있는 환경에서 살고 있다. 결국 비슷한 성향의 페이스북 친구들을 통해 접하게 되는 정보와 뉴스는 내가 원하는 것들로만 채워지고 있다. 가짜뉴스가 페이스북 친구들로부터 '좋아요'를 더 많이 받을 수도 있다.[10]

### ③ 인공지능 환경에서 탈진실 현상의 심화

탈진실 현상을 인공지능의 발달로 인해 인류가 직면하게 된 낯선 현실의 하나로 보는 견해도 있다. 이 견해에 따르면, 인공지능 환경에서 탈진실 현상이 문제되는 이유로는 세 가지를 꼽을 수 있다.

첫째, 기계가 정보를 이해하고 만들어내는 능력을 갖게 된 현실. 기존의 자동화 기계와 달리 인간 뇌 구조를 모방한 딥러닝(Deep Learning) 방식의 인공지능은 비지도학습 방식으로 인간의 구체적 지시가 없는 영역의 지식과 노하우를 학습하게 됐다.[11] 정확성과 효율성이 높기 때문에 인공지능이 만들어낸 결과에 대한 사회적 신뢰와 의존도는 갈수록 높아지고 있다.

둘째, 인공지능은 인간의 인지능력으로 식별이 불가능한 가짜를 대량

---

10 권건우, 같은 글.

11 구글 딥마인드(Google DeepMind)가 개발한 인공지능 바둑프로그램 알파고(AlphaGo)는 2016년 3월 프로바둑기사 이세돌과 대결한 딥마인드 챌린지 매치(Google Deepmind Challenge match)에서 4승 1패로 이세돌에게 승리하였다. 알파고는 바로 '딥러닝' 알고리즘으로 사람처럼 스스로 학습했다고 한다.

으로 만들어내고 있다는 사실. 생성적 대립쌍 신경망GAN, Generative Adversarial Network을 활용한 딥페이크(Deepfake)[12]가 대표적인 사례이다. 이미 인공지능은 사람보다 뛰어난 이미지 식별능력에 도달했을 뿐만 아니라 진짜와 식별불가능한 이미지와 텍스트를 자동으로 무한히 만들어낸다. 인공지능 봇은 소셜미디어에서 이용자별 취향을 반영한 허위정보를 만들어내 자동유포한다. 이것은 인간의 인지능력으로는 식별할 수도 없고 처리할 수도 없다.

셋째, 인간의 인지능력은 기술과 달리 거의 진화하지 않는다는 사실. 사람은 성장기 때 교육과 학습을 통해 형성한 인지방식과 사고구조를 이후 변화하는 정보환경에 맞게 업그레이드하기 꺼리는 인지적 게으름뱅이다. 이미지 조작 방법이 없던 시기에 교육을 받은 활자세대는 포토샵이나 딥페이크에 익숙한 이미지세대와 이미지를 수용하는 태도가 다르다. 동영상과 사진에 대하여 조작 가능성을 의심하기보다 자명한 사실로 수용하는 경향이 강하다. 교육과정에서 딥페이크 같은 동영상 조작기술의 존재를 배우지 않았고, 졸업 이후에도 최신 이미지 조작기술과 인공지능의 발달에 대해 학습하지 않았기 때문이다. 아날로그 세대와 디지털 세대 간의 거리는 디지털 기술이 발달할수록 더 멀어진다. 특히 디지털 환경은 가짜뉴스 확산에 유리한 조건이다. 다양한 목적에서 인간과 기계에 의해 정보 콘텐츠가 방대한 규모로 생산되기 때문에

---

12 딥페이크(Deepfake)는 인공지능기술을 활용해 기존에 있던 인물의 얼굴이나 특정한 부위를 영화의 CG처리처럼 합성한 영상편집물이다. 미국에서 '딥페이크'라는 네티즌이 미국 온라인 커뮤니티 레딧에 할리우드 배우의 얼굴과 포르노를 합성한 편집물을 올리면서 시작되었는데, 딥페이크는 온라인에 공개된 무료 소스코드와 머신러닝 알고리즘으로 손쉽게 제작이 가능하며 진위 여부를 가리기 어려울 만큼 정교하다.

이용자와 사회, 알고리즘이 정보에 대해 일일이 진위 여부를 가려낼 수 없다. 디지털 콘텐츠는 원본과 사본을 식별하기 힘들고 콘텐츠 작성의 주체와 출처를 확인하기도 어렵다.[13]

한편, 디지털기술의 진화는 사람들로 하여금 디지털중독을 넘어 확증 편향을 강화하는 방향으로 나아가게 하고 있다. 알고리즘(algorithm)[14]이 그런 역할을 수행한다. 유튜브의 최고 상품 담당자(CPO) 닐 모한은 작년 3월 뉴욕타임스 인터뷰에서 전체 유튜브 시청 시간의 70%가 추천 알고리즘에 의한 것이라고 했다. 추천 알고리즘에서는 '협업 필터링'과 '콘텐츠 기반 필터링'이라는 필터링(선별방식)이 작동한다. 협업 필터링은 사용자에게 콘텐츠를 추천하기 위해 비슷한 성향을 보인 다른 사용자가 어떤 콘텐츠를 좋아했는지를 활용하는 방식이다. 콘텐츠 기반 필터링은 콘텐츠 간의 유사성을 기준으로 추천하는 방식이다. 협업 필터링과 콘텐츠 기반 필터링은 분석할 수 있는 정보가 많을수록 더 정교해진다. 수퍼컴퓨터는 우리가 몇 초만 보고 끈 영상과 끝까지 본 영상, 스크롤을 내리는 와중에 잠시 멈췄던 화면, 영상을 보면서 빨리감기 · 되감기 등을 얼마나 했는지, 누구의 계정을 방문해 얼마나 머물렀는지, 특정 요일이나 시간대에 주로 무얼 하는지, 현재 집에 있는지 회사에 있는지 등 사용자 개개인의 막대한 정보를 닥치는 대로 끌어 모은다. 어떤

---

13 구본권, 「포스트휴먼과 포스트 트루스: 탈진실 현상은 왜 문제일까?」, 『HORIZON』, 2020년 6월 2일.

14 알고리즘(algorithm)은 사용자의 이용기록과 각종 개인정보 등을 토대로 이용자에게 맞춤형 콘텐츠나 광고를 보여주는 일련의 규칙 혹은시스템이다. 구글, 페이스북, 트위터 등 소셜미디어 업체의 알고리즘은 이용자가 어떤 콘텐츠를 소비했는지, 어디에 어떻게 반응했는지, 좋아하는 주제는 무엇인지 파악해 이용자가 선호하는 콘텐츠를 선별적으로 제공한다.

단어를 검색했고, 어디에 '좋아요'를 눌렀는지 정도의 단순 정보만 수집하는 것이 아니다. 알고리즘은 이를 바탕으로 우리가 소셜미디어에 최대한 길게 머무를 수 있도록 치밀하게 계산해 화면을 배치한다. 소셜미디어를 쓰면 쓸수록 알고리즘은 사용자를 잘 파악할 수 있게 되어 추천의 정확도가 올라가고, 결국 이용자는 소셜미디어에 빠져들 수밖에 없다. 알고리즘은 내가 무엇을 보는지, 어떤 반응을 보이는지를 수집해 개인 맞춤형 콘텐츠를 계속해서 추천하기 때문에 사용자는 여기에 중독되게 된다.[15] 결국 알고리즘은 자신이 좋아하거나 기존에 수용했던 것과 유사한 콘텐츠만을 소비하게 함으로써 사람들의 확증편향을 강화하는 것이다.

### ④ '거짓말'과 '개소리'의 구분

"거짓말을 하거나 진실을 말할 때 사람들은 실재에 관한 그들의 믿음에 의해 인도된다. 그 믿음은 그들이 세계를 정확하게 서술하거나 거짓으로 서술하게끔 인도한다. 이런 이유로, 거짓을 말하는 것은 개소리를 하는 것과 같은 방식으로 한 사람을 진실-말하기에 부적합하게 만들지 않는다. …… 개소리쟁이는 …… 거짓말쟁이가 하듯 진리의 권위를 거부하고 자신을 진리와 대립시키지 않는다. 그는 진리에 대하여 전혀 신경을 쓰지 않는다." (해리 프랭크퍼트, 『개소리에 대하여(*On Bullshit*)』)[16]

위의 구분에 따르면, 거짓말쟁이는 적어도 자신이 진리와 대립되는 말을 하고 있다는 사실을 자각하고 있지만, 개소리쟁이는 아예 진리에

15 『조선일보』, 2021년 1월 1일자.

16 해리 G. 프랭크퍼트, 이윤 옮김, 『개소리에 대하여(On Bullshit)』, 필로소닉, 2016.

대하여 전혀 신경을 쓰지 않는다. 그래서 해리 프랭크퍼트는 개소리가 거짓말보다 더 큰 진리의 적이라고 한다. 또한 사실을 제시하여 그 말의 허위성을 폭로하는 것으로는 개소리의 위력을 불식시킬 수 없다고 한다. 개소리는 참과 거짓이라는 진릿값이 전혀 문제가 되지 않는 논리 공간에서 수행되는 언어게임이기 때문이다. 해리 프랭크퍼트가 말하는 '개소리쟁이'는 진리와 진실을 외면하는 탈진실의 단면을 여실하게 보여주는 인간형이라 하겠다.

해리 프랭크퍼트는 개소리의 사례로 트럼프를 들고 있다. 트럼프는 "수천 명의 무슬림 미국인들이 9 · 11 테러 장면을 보며 환호했다", "살해된 백인들 중 81%가 흑인에게 당했다"는 등의 개소리로 미국사회의 반이민 정서와 인종차별을 부추겼다. 정말 "수천 명"이 환호했는지, "81%"의 수치가 정확한지는 중요하지 않았다. 사람들로 하여금 불법이민자와 흑인에게 분노하게 하면 되었다. 그의 전략은 꽤 성공적이었다. 모든 것이 거짓으로 드러나도 트럼프의 지지율은 떨어지지 않았다. 트럼프 지지자들에게 중요한 것은 말의 진위가 아니라 멕시코 국경에 장벽을 세우는 일이었기 때문이다. 트럼프는 자신의 책 『거래의 기술』에서 "미디어는 진실보다 논란을 더 좋아한다."고 한 것처럼, 아예 진실에 대하여 전혀 신경을 쓰지 않으면서 개소리를 할 수 있었다.

## 2. 유학의 인문적 사유

진실에 대해 전혀 신경쓰지 않고 오히려 기피하기까지 하는 것으로 보이는 탈진실의 현상은 IT산업을 중심으로 하는 기술의 변화가 초래한 측면과 여러 가지 사회심리학적 요인과 경제적 요인들이 작동한 결과이기도 하지만, 근본적으로는 자신의 생각을 반성적으로 성찰할 수 있는 인문적 사유의 결여가 원인으로 보인다. 자신이 속한 집단의 관점과 견해를 무비판적으로 수용하는 교조적 사고를 넘어서는 길은 다양한 관점과 견해를 접하되 비판적으로 성찰할 수 있는 인문적 사유에서 찾을 수 있을 것이다.

인문주의는 원래 고전적 인간교양을 의미하는 휴머니타스 연구(studia humanitatis)의 정신을 가리키는데, 고전 고대의 문헌학적 연구라는 측면과 보다 좋은 인간을 형성하기 위한 지식추구라는 측면을 겸하고 있다. 여기서 우리가 사용하는 '인문적 사유'라는 용어는 인문주의에서 출발하여, 다음과 같은 특징을 구비한 것으로 간주한다. 인문적 사유는 인간의 가치와 인생의 존재의의를 긍정하되 그것을 부단한 관심과 성찰의 대상으로 삼는다. 이 관심과 성찰에는 인간이성의 건강한 사유능력에 대한 신뢰가 깔려 있으며, 인문적 사유는 이 신뢰를 바탕으로 하는 부단한 학습의 정신을 포함한다. 인문적 사유는 한편으로 철저한 회의의 정신을 내포하고 있지만, 그 회의가 허무주의에 빠지지 않고 인간이성의 사유능력을 바탕으로 진리 내지 진실에 다가갈 수 있다는 믿음을 견지한다. 이 맥락에서 공자가 중시하는 열린 사유와 맹자가 제시하고 있는 인본적 사유를 전통유학의 인문적 사유로 보고, 이 탈진실 시대에 다시 소환해보고자 한다.

### 2.1 공자의 열린 사유

공자의 인문적 사유는 우선 교조주의(dogmatism)를 배격하는 '열린 사유'(open thoughts)에서 찾아볼 수 있다. 공자는 자신이 '열린 사유'를 지향한다는 점을 『논어』에서 누차에 걸쳐 강조하고 있다.

### ① 사무四毋

> 선생님은 네 가지를 완전히 끊어버렸다. 사사로운 생각을 끊어버리고, 기필하는 마음을 끊어버리고, 고집하는 마음을 끊어버리고, 사사로운 자기를 끊어버렸다.[17]

사사로운 생각을 끊어버린다는 '무의毋意'는 고정관념이나 편견을 가지고 억측하지 않는 것이다. 달리 말하면 자신의 관점이나 경험에 비추어 일방적으로 재단하지 않는 것이다. 기필하는 마음을 끊어버린다는 '무필毋必'은 자신의 견해를 기필코 관철시키려고 하지 않는 것이다. 사람들이 서로 견해가 다름을 인정하고 다름을 틀림으로 간주하지 않으며 자기와 타인의 견해를 열린 태도로 바라보는 것이다. 고집하는 마음을 끊어버린다는 '무고毋固'는 자신의 견해를 결코 놓지 않으려고 하지 않는 것이다. 이것은 자신의 견해를 비판적으로 성찰할 수 있을 때 가능하다. 사사로운 자기를 끊어버린다는 '무아毋我'는 자신만을 내세우지 않는 것이다. 자기만을 생각하고 자기만 옳다고 여기는 고립적 배타적 사유를 지양하는 것이다. 공자가 살아가면서 완전히 끊어버렸다고 하는 네 가지는 결국 교조적 사유를 배격하고 '열린 사유'를 지향하는 것이라고 할 수 있다.

주희는 이 구절에 대하여 이렇게 설명하고 있다. 의意는 사사로운 뜻

---

17 『論語』「子罕」. 子絕四, 毋意 毋必 毋固 毋我.

이요, 필必은 기필하는 것이요, 고固는 집체執滯하는 것이요, 아我는 사사로운 자기를 의미한다. 이 네 가지는 서로 처음과 끝이 된다. 즉, 어떤 일이 사사로운 뜻에서 시작되어 기필하는 마음으로 이행되고, 이것이 고집하는 데 머물러 사사로운 자기로 완성된다. 의意와 필必은 항상 일이 생기기 전에 있고, 고固와 아我는 항상 일이 생긴 뒤에 있다. 아我가 다시 사의私意를 내게 되면 물욕에 이끌려 끊임없이 반복해서 순환하게 된다.[18] 네 가지가 처음과 끝이 되어 서로 맞물려 있으며, 그리하여 끊임없이 반복해서 순환하게 된다는 주희의 경계는 이 탈진실 시대에 참으로 새겨들을 만하다.

### ② 무가무불가 無可無不可

세속을 초월한 사람은 백이 · 숙제 · 우중 · 이일 · 주장 · 유하혜 · 소련이다. 공자가 말했다. "자기 뜻을 굽히지 않고 자기 몸을 욕되게 하지 않은 이는 백이와 숙제로다!" "유하혜와 소련은 뜻을 굽히고 몸을 욕되게 했지만, 말이 윤리에 맞고 행동이 생각에 부합하였다. 그렇게 했을 따름이다." "우중과 이일은 숨어살면서 방자하게 말했지만, 몸가짐이 청결하고 세속을 떠난 것이 시의적절하였다. 나는 이들과 달라서 기필코 이렇게 해야 된다거나 이렇게 해서는 안 된다고 하는 것이 없다."[19]

---

18 『論語集註』 "意 私意也, 必 期必也, 固 執滯也, 我 私己也. 四者相爲終始, 起於意, 遂於必, 留於固, 而成於我也. 蓋意必常在事前, 固我常在事後. 至於我又生意, 則物欲牽引循環不窮矣."

19 『論語』 「微子」 逸民: 伯夷叔齊 · 虞仲 · 夷逸 · 朱張 · 柳下惠 · 少連. 子曰, "不降其志, 不辱其身, 伯夷叔齊與!" 謂, "柳下惠少連, 降志辱身矣. 言中倫, 行中慮, 其斯而已矣." 謂, "虞仲夷逸, 隱居放言, 身中淸, 廢中權. 我則異於是, 無可無不可."

공자는 두 그룹의 인간상을 제시하고 있다. 한 그룹은 불의의 정권에는 결코 출사하지 않고 지조를 지키는 유형이다. 다른 그룹은 자신의 이념만을 고집하지 않고 어느 정권에든지 나아가 벼슬살이를 하되 언행을 바르게 하면 된다고 여기는 유형이다. 각기 나름의 의미를 지니는 삶의 방식이지만, 공자는 반드시 둘 중의 하나를 선택해야만 하는 것이 아니라고 생각한다. 여러 가지 상황을 고려하여 유연하게 처신해야 한다는 것이다.

이를테면 의롭지 못한 정권이지만, 더 나쁜 행태를 막기 위해 불가피하게 출사할 수도 있을 것이다. 또 불의의 정권에서 벼슬하면서도 언행을 바르게 하면 될 뿐이라고 생각할 수도 있지만, 그런 정권에 참여하는 것 자체가 정권에 정당성을 부여하는 오류를 범하므로 출사하지 않을 수도 있을 것이다. 공자의 생각에 따르면, 반드시 어느 한쪽을 배타적으로 선택해야 한다고 생각할 필요는 없다. 비록 정권의 정당함 여부와 출사 여부에 관한 논의이지만, 교조적 사유를 배격하는 공자의 열린 사유를 엿볼 수 있는 대목이다.[20]

---

20 맹자는 군자가 관직에 나아가는 세 가지 경우를 말한다. 이념의 실현을 위해 관직에 나아가는 경우, 자신에 대한 예우가 극진하기 때문에 관직에 나아가는 경우, 그리고 먹고 살기 위해 관직에 나아가는 경우가 그것이다. 그리고 각 경우에 해당하는 군자의 올바른 처신을 제시한다. 첫째 경우는 예를 다해 대우해도 자기 말대로 실행하지 않으면 관직을 그만두고 떠나는 것이고, 둘째 경우는 예로 대하는 모습이 전보다 못해지면 관직에서 떠나는 것이며, 셋째 경우는 굶어죽는 것을 면하는 데 그치는 것이다.(『맹자孟子』「고자하告子下」) 공자의 말과는 결이 다르지만, 맹자도 관직에 나아가는 문제에서 유연한 태도를 보여준다고 하겠다.

### ③ 삶을 아직 알지 못하면서, 죽음을 어찌 알겠느냐

> 계로가 귀신 섬기는 일에 대해 물었다. 공자가 말했다. "사람을 아직 잘 섬기지도 못하면서, 어찌 귀신을 섬길 수 있겠는가?" "감히 죽음에 대해 여쭙니다." 공자가 말했다. "삶을 아직 알지 못하면서, 죽음을 어찌 알겠는가?"[21]

공자는 사후의 세계나 귀신같은 초월적 존재에 대해 판단중지의 태도를 취한다. 우선 인간의 이성적인 사유로는 명확하게 파악할 수 없기 때문일 것이다. 나아가 그런 문제들보다는 자신의 삶을 의미 있게 영위하고 다른 사람들을 도리에 맞게 대하는 일이 더 중요하다고 보기 때문이다.[22] 여기서 중요한 점은 사람이 모르는 부분이 있다는 사실을 인정하는 것이고, 그리하여 자신의 고정관념이나 편견에 사로잡혀 섣불리 판단하지 않는다는 것이다. 이와 같은 공자의 열린 사유는 진영논리에 갇혀 자신만 옳고 타인은 그르다고 보는 닫힌 사유를 극복하는 계기가 될 수 있을 것이다.

---

21 『論語』「先進」季路問事鬼神. 子曰, "未能事人, 焉能事鬼?" 曰, "敢問死." 曰, "未知生, 焉知死?"

22 공자의 이런 태도는 붓다의 14무기(無記)를 연상시킨다. 붓다는 시간의 영원성 여부, 공간의 무한성 여부, 자아와 육신의 동일성 여부, 사후에 여래에게 육체의 존재 여부 등 형이상학적 문제에 대해서는 대답을 거부하고 침묵을 지켰다. 이유는 그런 문제에 대한 해답은 경험적 지식과 이성적 추론을 통해 알 수 없으며, 또한 해탈에 이르려는 실천적 수행에 도움이 되지 않기 때문이다. 그러면서 유명한 '독화살의 비유'를 든다. 독화살을 맞은 사람이 누가 화살을 쏘았고 왜 나에게 쏘았으며 화살의 재질은 무엇이고 화살촉에 묻은 독의 성분은 무엇인지 등을 다 알려고 하기보다는 먼저 독화살을 뽑는 것이 우선이라는 것이다. 그런 형이상학적인 문제에 매달리기보다는 수행을 통해 번뇌에서 벗어나 해탈에 이르는 것이 중요하다는 말이다.

### ④ 안 되는 줄 알면서도 하는 사람

> 자로가 석문에서 묵었다. 석문의 관리가 물었다. "어디서 왔는가?" 자로가 대답했다. "공씨에게서 왔습니다." 그러자 석문의 관리가 말했다. "안 될 줄 알면서도 하는 사람이로구나."[23]

석문의 관리는 고대의 은자隱者이다. 『논어』에는 은자들이 공자에 대해 비판하는 대목이 몇 차례 나온다. 은자들은 세상의 도도한 흐름을 거역할 수 없으니, 세상을 바꾸려고 애쓰지 말고 세상에서 벗어나 자신을 견결하게 지키는 것이 낫다는 논리를 편다. 하지만 공자는 비록 성공 여부를 확신할 수는 없다 하더라도, 잘못된 세상(無道)을 바꾸려는 노력을 어찌 그만둘 수 있느냐고 반문한다. 그래서 은자가 공자에 대해 "안 될 줄 알면서도 하는 사람이로구나."라고 힐난하는 말은 오히려 바람직한 세상(有道)을 이루어내려는 공자의 굳센 의지, 사명감을 선명하게 보여준다.

### ⑤ 인仁 – 사람이 걸어야 할 길

공자는 열린 사유를 지향하지만, 그렇다고 이래도 좋고 저래도 좋다는 케세라세라식의 태도를 취하거나 이것도 옳고 저것도 옳다고 보는 양시론兩是論을 견지하는 것이 아니다. 공자가 추구하는 사람의 도리, 곧 사람이 마땅히 걸어야 할 길(道)은 통상 '인仁'으로 제시된다. 인은 『논어』에서 '서恕' 혹은 '충서忠恕'[24]로 설명된다. 한 마디로 자신을 미루

---

23 『論語』「憲問」 子路宿於石門. 晨門曰: "奚自?" 子路曰: "自孔氏." 曰, "是知其不可而爲之者與?"

어 타인의 마음을 헤아려서 배려하는 것이다. '충서'의 의미는 『대학』의 '혈구지도絜矩之道'[25]에서 자세하게 제시하고 있다.

인을 실천하는 데에는 소극적 방법과 적극적 방법이 있다. "자신이 원하지 않는 것을 남에게 베풀지 말라."[26]는 것은 소극적인 방법이요, "자신이 서고자 하는 데 남을 세워주고, 자신이 도달하고자 하는 데 남을 도달하게 한다."[27]라는 것은 적극적인 방법이다. 요컨대 자신의 호오를 기준으로 삼아 타인의 호오를 헤아려서 처신하는 것이다. 이와 같은 인의 행위방식은 서양에서 말하는 황금률(golden rule)과 유사하고, "누구든지 남에게 대접을 받고자 하는 대로 너희도 남을 대접하라."(마 7:12)는 예수의 말과도 상통한다.

## 2.2 맹자의 인본적 사유

유학의 인문적 사유는 맹자에게서 보다 선명한 형태로 나타나는 듯하다. 맹자는 인본적 사유를 바탕으로 근본적으로 추구해야 할 가치 내지 최소한으로 지켜야 할 도리를 제시한다. 맹자의 인본적 사유에서 일차적인 문제의식은 사람이 금수와 다른 점(人之所以異於禽獸者)[28]이 무엇인가 하는 데 있다.

---

24 충서(忠恕)에 대한 주석. 皇侃: "忠謂盡中心也, 恕謂忖我以度於人也." 程子: "以己及物 仁也, 推己及物 恕也." 朱子: "盡己之謂忠, 推己之謂恕."

25 『大學』"所惡於上 毋以使下, 所惡於下 毋以事上, 所惡於前 毋以先後, 所惡於後 毋以從前, 所惡於右 毋以交於左, 所惡於左 毋以交於右, 此之謂絜矩之道也."

26 『論語』「顔淵」己所不欲, 勿施於人.

27 『論語』「雍也」己欲立而立人, 己欲達而達人.

28 『孟子』「離婁下」孟子曰, "人之所以異於禽獸者幾希, 庶民去之 君子存之."

### ① 대인과 소인

> 공도자가 말했다. "똑같이 사람인데 어떤 사람은 대인이 되고 어떤 사람은 소인이 되는 것은 무슨 까닭입니까?" 맹자가 말했다. "대체를 따르는 사람은 대인이 되고, 소체를 따르는 사람은 소인이 된다." 공도자가 말했다. "똑같은 사람인데 어떤 사람은 대체를 따르고 어떤 사람은 소체를 따르는 것은 무슨 까닭입니까?" 맹자가 말했다. "이목(감각기관)의 작용은 생각하는 힘이 없어서, 사물에 가려져 하나의 사물로서 다른 사물과 관계를 맺게 되면 끌려 다닐 뿐이다. 마음의 작용은 생각하는 힘이 있어서, 생각하면 얻게 되고 생각하지 않으면 얻을 수 없다. 이는 하늘(자연)이 나에게 부여한 것이다. 먼저 그 큰 것을 세우면 그 작은 것을 빼앗을 수 없다. 이것이 대인이다."[29]

맹자는 '인간이 금수와 다른 점'을 결국 마음(大體)의 사유능력에서 찾고 있다. 위의 인용문에 따르면, 소인은 사람의 감각기관(小體)에서 비롯하는 욕구를 추구하는 사람이다. 대표적인 것이 식욕과 성욕을 뜻하는 '식색食色', 즉 개체의 생존욕구와 종의 보전욕구다. 이는 모든 생명체가 보편적으로 갖고 있는 기본적인 욕구다. 그래서 맹자는 다른 생명체와 구별되는 인간만의 특성이 무엇인지 묻는다. 그의 대답은 마음(心)이다. 마음은 시비선악을 판별하는 능력을 갖추고 있다. 맹자에 따르면, 대인은 이 마음의 능력을 보존하고 확충하는 사람이다. 그런데 이 마음을 놓아버리면(放心) 인간이 짐승과 다를 바가 없게 된다. 소인은 생물

29 『孟子』「告子上」公都子問曰, "鈞是人也, 或爲大人, 或爲小人, 何也?" 孟子曰, "從其大體 爲大人, 從其小體 爲小人." 曰, "鈞是人也, 或從其大體, 或從其小體, 何也?" 曰, "耳目之官, 不思而蔽於物, 物交物則引之而已矣. 心之官則思, 思則得之, 不思則不得也. 此天之所與我者. 先立乎其大者, 則其小者不能奪也. 此爲大人而已矣."

학적 욕망(식색)에 사로잡혀 마음을 놓아버린 사람이다.

근자에 한국사회에서 '미투'가 핫한 이슈로 대두되었다. 연예계와 예술계를 비롯하여 정계와 산업계에 이르기까지 '미투'가 일어나지 않는 영역이 없을 지경이다. 왜 이러한 현상이 발생하는 것일까. 맹자에 따르면, 사람이 시비선악을 가리는 마음을 놓아버리면 짐승과 다를 바 없어지고, 그래서 남성이 여성을 단지 성적 대상으로 보고 대하는 금수와도 같은 행동을 하게 된다. 인간이 생물학적 욕망의 포로가 되어 인간성을 상실한 것이다. 맹자가 만약 오늘날 한국사회의 이같은 현상을 본다면 이렇게 꾸짖을 것 같다.

> 마음을 버려두고 구할 줄 모르니, 슬프다! 사람들이 개를 잃어버리면 찾을 줄 아는데, 마음을 놓아버리고 구할 줄 모른다. 학문의 길은 다름 아니라 놓아버린 마음을 찾는 것일 뿐이다.[30]

그리고 맹자는 문제를 해결하는 방안으로, 어떤 상황에도 굴하지 않고 인간성을 견지하는 '대장부'라는 인간상을 제시한다.

### ② 대장부

> 천하의 넓은 집(仁)에 머물고 천하의 바른 자리(義)에 서며 천하의 큰 길로 다니고, 뜻을 얻으면 백성들과 함께 [도를] 따르고 뜻을 얻지 못하면 홀로 도를 행하며, 부귀가 그 마음을 어지럽힐 수 없고 빈천이 그 뜻을 변하게 할 수 없으며 권위와 무력이 그를 굴복시킬 수 없는 사람, 이런 사람

30 『孟子』「告子上」 放其心而不知求, 哀哉! 人有鷄犬 放則知求之, 有放心而不知求. 學問之道 無他, 求其放心而已矣.

을 대장부라고 한다.[31]

맹자가 말하는 대장부는 부귀와 빈천에 흔들리지 않고 권위와 무력에 휘둘리지 않으면서 사람의 기본적인 도리를 지키는 사람이다. 공자가 유연한 열린 사유를 지향하면서도 사람이 지켜야 할 기본적인 도리를 제시하는 맥락의 연장선상에서, 맹자는 어떤 경우에도 사람의 도리를 굳세게 견지해나가는 '대장부'라는 인간형을 제시하고 있는 것이다. 공자가 열린 사유를 지향하면서도 케세라세라식의 태도를 취하거나 양시론兩是論에 빠지지 않고 사람이 마땅히 걸어야 할 길(道)을 제시한 것처럼, 맹자 또한 어떤 경우에도 흔들리지 않고 사람의 기본적인 도리를 지키는 대장부라는 인간상을 제시하고 있다.[32]

## 3. 인류사의 전개 방향과 유학의 인문적 사유

인류사를 '발전'이라는 관점에서 보자면, '차별의 축소'와 '차이의 존중'이라는 두 가지 방향으로 전개되어 왔다고 볼 수 있겠다. 그렇다면 이러한 관점을 인류사 내지 지성사의 전개에서 학설이나 학파, 인물에

---

31 『孟子』「滕文公下」居天下之廣居, 立天下之正位, 行天下之大道, 得志與民由之, 不得志獨行其道, 富貴不能淫, 貧賤不能移, 威武不能屈, 此之謂大丈夫.

32 맹자의 인본적 사유는 자존심을 중시하는 대목에서도 확인된다. "한 대나무 그릇의 밥과 한 나무그릇의 죽을 얻으면 살고 얻지 못하면 죽을 경우라 할지라도, 욕설을 퍼부으면서 주면 떠돌아다니는 사람도 받지 않고, 발길로 차서 주면 거지라 할지라도 받지 않을 것이다.(一簞食, 一豆羹, 得之則生, 弗得則死. 嘑爾而與之, 行道之人弗受, 蹴爾而與之, 乞人不屑也.)"(『孟子』「告子上」) 이는 사람의 마음이 느끼는 부끄러움, 달리 말하면 자존심을 중시하는 것으로, '사람이 금수와 다른 점'을 마음의 사유능력에서 찾은 것과 유사한 맥락이라 하겠다.

대한 평가기준으로 삼을 수 있을 것이다.[33] 아래에서는 '차별의 축소'와 '차이의 존중'이라는 인류사의 전개 방향을 간략하게 살펴본 다음, 특히 '차이의 존중'이라는 측면에서 유학의 인문적 사유가 오늘날 탈진실 시대에 지니는 의의를 검토해보고자 한다.

### 3.1 차별의 축소

'차별의 축소'는 달리 말하면 '평등의 확대'라고 할 수 있다. 서양사회를 준거로 삼은 관점이지만, 인류사가 노예사회, 봉건사회, 자본주의사회, 사회주의사회의 단계를 거친다고 본다면 한마디로 차별을 축소하는 혹은 평등을 확대하는 과정이라 할 것이다. 달리 말하면 '인간에 대한 존중'이라고도 할 수 있다. 인간을 하나의 물건으로 취급하여 함부로 대하고 심지어 사고파는 대상으로 여기는 노예제사회에서, 경제외적 강제를 포함하여 봉건영주에 예속되어 있지만 부족하나마 나름대로 자신의 삶을 영위해가는 봉건제사회로 전이되었고, 경제외적 강제에서 해방되어 자신의 노동을 사고팔면서 적어도 사회적 정치적 문화적 영역에서 천부인권을 지닌 권리주체로 자리매김 되는 자본주의사회로 인류사가 전개되어 왔다. 현실적으로는 실패한 실험으로 귀결된 사회주의사회에서는 사회경제적 불평등을 해소하고 능력에 따라 일하고 필요에 따라 소비하며 자신의 문화적 삶을 영위하는 존재로 인간의 위상을 제고하고자 하였다.

---

33 '인류지성사에 나타난 많은 학설이론, 학파, 인물의 철학사상을 평가하는 보편적인 기준이 있을 수 있을까?' 하는 문제의식에서 인류사를 개관해본 결과, 인류의 역사가 그래도 조금씩 더 나은 데로 진전되어 왔다면 그것은 '차별의 축소'와 '차이의 존중'이라는 양대 축을 중심으로 전개되었다는 점에 있다는 나름의 결론을 도출하였다. 그야말로 개인적인 견해로 면밀한 검토와 비판을 거쳐야 하겠지만, 그 관점을 전통유학의 인문적 사유를 평가하는 기준으로 삼아 이 글에서 논의를 전개하였다. 강호제현의 질정을 바란다.

현대사회에 와서는 인간을 인격체로 대우하는 방향을 지향하고 있다고 본다. 정치적 경제적 사회적 문화적 권력과 권위를 일정 정도 제한하여 그 권력과 권위를 빌려 사람을 무시하고 억압하는 행위를 금기시하는 풍토가 조성되어 가고 있다. 이른바 '갑질'에 대한 비판은 정치적 경제적 권력을 빙자하여 사람을 비인격적으로 대우하는 데 대한 부정적 인식에 기초한다. 예전에는 사회적 강자가 사회적 약자에게 행하는 갑질에 대해 당한 사람에게 흔히 '억울하면 출세하라'고 충고하면서 갑질한 사람을 비판하기보다 갑질 당한 사람에게서 문제의 원인을 찾았다. 최근 한국사회에서 대두된 '미투'도 유사한 맥락이다. 권력과 권위를 기반으로 이성을 비인격적으로 대우하는 행태에 대하여, 이성을 인격적 주체로(미투의 경우에는 성적 자기결정권을 가진 주체로) 대우하라고 요구한다.

### 3.2 차이의 존중

차별의 축소는 그렇지만 획일성을 지향하는 것이 아니다. 인류사회는 차별의 축소를 성취해나가는 과정에서 차이를 존중하는 경향을 강화시켜 왔다. 즉 서로 다름(차이)으로 인해 차별받지 않는 방향으로 나아가는 것이다. 이것은 우주(생물계)에서 '종의 다양성'을 중시하는 것과도 맥락이 상통한다. 인간사회에서 남녀평등의 문제도 그러하다. 남녀 사이에는 엄연히 생물학적 차이가 존재하지만, 그런 차이로 인해 차별받지 않도록 하는 것이 남녀평등의 진정한 의미이다. 또한 사회적 경제적 정치적 지위의 차이로 인해 차별받지 않는 것이 인류사회가 지속적으로 추구해온 방향이다. 그리고 종교적 신앙의 다름으로 인해 차별받지 않도록 하는 것이 종교의 자유가 지니는 진정한 의미일 것이다. 나아가 오늘날 한국사회에서 첨예하게 드러나는, 이념적 차이로 인한 갈등을 해소하여 사회통합을 이루기 위해서는 '다름'을 '틀림'으로 여기지 않는 열린 사유가 요구된다.[34] 자신만 옳고 타인은 그르다는 배타적 사유가 아니라, 사람들의 생각이 서로 다르다는 것을 자연스런 현상으로 받아들이고 자신의 생각을 비판적으로 성찰할 수 있는 열린 사유가 필요한 것이다.

### 3.3 탈진실의 극복과 유학의 인문적 사유

공자의 인문적 사유는 교조적 사유를 배격하는 '사무四毋', 여러 가지 상황을 고려하여 유연하게 처신하는 '무가무불가無可無不可', 사람이 모르는 부분이 있다는 사실을 인정하고 자신의 고정관념이나 편견에 사로잡혀 섣불리 판단하지 않는 태도를 보여주는 "삶을 아직 알지 못하면서, 죽음을 어찌 알겠느냐?" 등에 보이는 열린 사유에서 찾아볼 수 있다. 그렇다고 생의 근본원칙이나 지향점 없이 되는 대로 사는 삶을 제시하지는 않는다. 이래도 좋고 저래도 좋다는 케세라세라식의 태도를 취하거나 이것도 옳고 저것도 옳다고 보는 것은 아니다. 그는 '안 되는 줄 알면서도 하는 사람', 즉 바람직한 세상[有道]을 이루어내려는 굳센 의지를 지닌 사람이었고, 사람이 마땅히 걸어야 할 길[道]로 '인仁'을 제시하였다.

유학의 인문적 사유는 맹자에게서 보다 선명한 형태로 나타나는 듯하

---

34 우리는 일상생활에서 '다르다'와 '틀리다'의 혼용하는 경우를 자주 목격한다. 분명 '다르다'고 말해야 하는 상황에서 '틀리다'라고 표현하는 것은 '다름'을 '틀림'으로 보는 관점이 은연중에 작용한 측면도 없지 않을 것이다. 어쩌면 '다름'을 부정적으로 보는 시각이 잠복되어 있는지도 모르겠다.

다. 맹자는 다른 생명체와 구별되는 인간만의 특성, 그의 표현을 빌리면 '사람이 금수와 다른 점'을 마음에서 찾는다. 마음은 시비선악을 판별하는 능력을 갖추고 있는데, 이 마음을 놓아버리면 사람이 금수와 다를 바가 없게 된다는 것이다. 그래서 마음의 사유능력을 보존하고 확충하는 대인과 생물학적 욕망(본능)에 휘둘려 마음을 놓아버린 소인을 대비시킨다. 그리고는 공자가 유연한 열린 사유를 지향하면서도 사람이 지켜야 할 기본적인 도리를 제시하는 맥락의 연장선상에서, 맹자는 어떤 경우에도 사람의 도리를 굳게 견지해나가는 '대장부'라는 인간형을 제시하고 있다. 맹자의 경우, 사람의 도리는 측은지심 · 수오지심 · 사양지심 · 시비지심 사단四端을 확충함으로써 획득되는 인의예지 사덕四德이다. 사덕을 갖춘 사람이 자신의 호오와 이해관계에 의거하여 객관적 사실을 외면하는 탈진실로 기운다는 것은 상상하기 어렵다.

차별을 축소하고 차이는 존중하는 맥락으로 전개되어 온 인류사의 전개방향에 비추어 전통유학의 인문적 사유는 어떤 의미를 지니고, 특히 이 탈진실 시대에 어떤 역할을 할 수 있을까. 탈진실 현상을 극복하는 길은 먼저 차이를 인정하고 차이로 인해 차별받지 않는 데에서 찾을 수 있을 것이다. 이러한 태도는 '다름'을 '틀림'으로 여기지 않는 열린 사유에 기초한다. 또한 사람이 서로 다르며 각자 모르는 부분이 있다는 점을 인식하면서도, 인간이 사회를 영위해가기 위해서는 추구해야 할 보편적 가치지향이 있으며 그것을 공유하려는 노력이 필요하다는 사실을 인정할 필요가 있을 것이다. 이 점에서 전통유학의 인문적 사유, 특히 앞에서 소개한 공자의 열린 사유와 맹자의 인본적 사유는 오늘날 이 탈진실 시대에 작지 않은 의미를 지닐 수 있으리라 생각한다.

# 달라이 라마가 전하는 지구를 지키는 근원적인 힘에 관한 이야기

심혁주 한림대학교 한림과학원 HK연구교수

## 1. 달라이 라마, 빙하의 나라에서

나무의 나이테를 보았을 것이다. 인간에게 배꼽이 있듯이 나무는 계절에 따라 크고 작든 간에 스스로의 나이테를 가지고 있다. 나이테의 간격은 해당 해의 강수량을 반영한다. 그러므로 나이테를 들여다보면 강우량이 풍부했던 시기와 가물었던 시기를 가늠할 수 있다. 가령 간격이 좁은 나이테들이 연속해서 이루어져 있다면 그건 가뭄이 오래 지속되었다는 것을 의미한다. 우리가 그것을 주의 깊게 관찰할 수만 있다면 말이다.

과거는 반드시 인류가 살고 있는 이 지구에 여러 흔적을 남겨놓기 마련이다. 이를테면 숲, 빙하, 호수, 협곡, 현무암 기둥, 화강암, 습지, 늪, 밀림 등을 들 수 있는데 그것들은 오랜 세월에 걸쳐 형성됐고 저 마다의 소리와 냄새를 가지고 있다. 그것들을 보고 있노라면 지구에서 최강의 인내심과 나이를 가진 존재들이 무엇인지를 생각하게 된다. 또 그것들은 지구의 본질이 고스란히 드러나는 장소와 풍경에 놓여 있는데 감흥과 외경보다는 그 힘의 근원을 생각하게 하는 묘한 기운이 있다.

오래전부터 기후학자와 생태학자들은 지구를 지켜왔던 근본적인 힘의 위기를 예고했다. 이대로 가면 지구상에 있는 물의 성질은 근본적으로 달라질 것이라고, 빙하가 녹아 사라질 것이고 그러면 해수면이 상승할 것이라고, 가뭄과 홍수가 일어날 것이라고, 해수가 한 번도 보지 못한 수준으로 산성화될 것이라고, 이 모든 현상이 우리가 사랑하는 가족들에게 영향을 미칠 것이라고 염려해 왔다. 하지만 우리는 더 자주, 더 사소한 이유로 자동차와 비행기를 타고 더 많은 물건을 사서 더 빨리 버리며, 하루도 쉬지 않고 많은 음식과 유행을 소비하고 있다. 기후학자들의 염려와는 다르게 땅과 자연을 무한한 원자재로 간주한 듯하다. 대기는 배출가스를 끊임없이 받아들일 수 있고, 대양은 쉬지 않고 폐기물을 흡수할 수 있으며, 땅은 비료만 주면 끝없이 재생할 수 있고, 악어나 거북이는 알아서 살 만한 곳으로 이동할 거라 생각하는 모양이다.

2009년 6월 2일, 인도에 망명 중인 14대 달라이 라마, 텐진갸초는 빙하의 나라, 아이슬란드를 방문했다. 북유럽 빙하의 나라에서 그는 전통적인 고동색 법복을 입고 어깨를 드러낸 채, 지구를 위협하는 정책과 협약에 대해 이야기하면서 우리가 취해야 할 행동과 연대를 알려주었다. 지구는 점점 붉어지고 있으며 세계의 일부는 이미 1.5도씨보다 훨씬 많이 상승했고 북극은 세계 평균의 두 배 이상의 속도로 뜨거워지고 있다고, 아이슬란드에서 700년 동안 건재했던 빙하(오크)가 사망한 이유도 그 영향일 거라고, 그러면서 자신의 고향인 티베트 고원도 매년 0.3도씩 올라가더니 이제는 설산의 표범을 보기가 어렵고 더 심각한 건 히말라야 빙하가 녹고 있다고, 미얀마와 국경을 맞댄 티베트 남동부에서는 대규모 벌채가 이루어지고 있다고 밝혔다. 강둑 모래밭에 엎드려 햇볕을 쬐는 가비알악어와 새끼를 데리고 산책을 하는 코뿔소도 이야기하면서 말이다.

이 이야기는 오래 전 아이슬란드를 방문한 달라이 라마가 들려주었던 기후변화와 티베트에 관한 인터뷰를 떠올리면서 내가 상상한 장면들이다. 당시 달라이 라마의 이야기는 실제적이고 현실적이었지만 덜 엄중했다. 그의 온화한 성품과 화법 때문이었을 것이다. 나는 당시 달라이 라마의 인터뷰를 인상적으로 기억하면서 한편으로는 다소 유치하고 슬픈 장면이 연이어 떠올랐는데, 그건 내가 티베트 여행을 하면서 목격하거나 들은 것을 과장되게 상상하는 습관에서 나온 것이라 생각되었고, 어쩌면 그때 달라이 라마가 걱정했던 지구를 파괴하는 것들에 대한 구체적인 내용이라고 간주했는지도 모르겠다. 읽다보면 심각하게 받아들이는 사람도 있을 것이고, 가볍게 웃어넘기는 사람도 있을 것이다. 중요한 것은 달라이 라마가 전하는 이야기는 하늘과 땅에 대한 생각이고 세상의 시작과 끝에 대한 경고라는 것이다.

## 2. 초원의 두더지

푼초랍게는 초원에서 야크를 돌보는 소년이다. 엄마는 양탄자를 짜서 시장에 내다파는 유목민이고 아빠는 소금을 야크 등에 싣고 히말라야 너머로 가서 신발이나 옷으로 바꾸어 오는 상인이다. 소년은 해가 뜨면 초원으로 나가 온종일 야크를 몰고 다닌다. 얼굴표정이 저마다 비슷한 야크들에게 풀을 먹이고 똥을 싸게 한다. 태양보다 큰 야크 똥은 햇볕에

말려 밤에 불을 지피는 연료로 쓴다. 소년의 꿈은 바다를 보는 것이다. 매일 보는 무료한 초원보다는 물고기가 산다는 바다가 보고 싶었다.

바다가 보고 싶어요. 엄마.
여긴, 바람소리와 풀의 냄새가 있잖니?
그건 보이지 않잖아요?
소리와 냄새는 우리를 지켜준단다.

한밤, 소란한 소리에 잠이 깬 소년은 겔(이동식 천막)을 나와 주위를 둘러보았다. 밤은 어둡지만 가만히 있으면 보일 만큼은 보인다. 말을 탄 사람과 그 말의 고삐를 쥔 사람이 저 앞에 있다. 소년은 잠이 든 야크를 깨워 타고 그쪽으로 나아갔다.

애야, 이곳에 사니?

말 위에서 해방解放이라고 써진 모자를 쓴 사람이 물었다. 말은 야크를 보자 앞발을 높이 들며 어떤 소리를 냈는데 경고의 몸짓 같았다. 소년은 야크에서 내려 말의 눈동자를 응시했다. 아무래도 지금 말은 뭔가 못마땅한 표정이었다. 심하게 들어 올렸던 말의 앞발이 다시 땅위에 내려오자 타고 있던 사람이 손을 뻗어 말의 목을 문지르며 달랬다.

괜찮아. 여긴 초원이야.
먹을 것이 많지.

그는 말의 목을 쓰다듬으며 혼잣말처럼 이야기했다. 소년은 그를 올려다봤다. 처음 보는 그는 무릎까지 올라오는 답답한 구두를 신고 있었는데 초원에 어울리는 모양새는 아니었다. 소년은 맨발로 땅을 긁었다. 그가 호주머니에서 뭔가를 꺼내더니 입에 문다. 소년은 물었다.

아저씨, 그건 사탕인가요?
담배란다.
뭘 먹는 건가요?
연기를 먹지.

그가 담배를 빨아들이자 양 볼이 움푹 들어갔다.

아무래도……
없을 거 같은데……

그가 혼잣말처럼 중얼거리자, 말 아래서 주위를 둘러보던 얼굴이 붉고 얼룩덜룩한 남자가 대답했다.

있답니다.
소문이 자자합니다.

그가 담배를 구두 앞 축에 대고 끄더니 손가락으로 '틱' 하고 던지며 말에서 내린다. 소년은 풀 위에 떨어진 그것을 집어 주머니에 넣는다.

이 소는 털이 많군. 그가 야크의 털을 가르며 말했다.
야크예요. 똥을 아주 잘 싸죠. 소년은 크게 말했다.

이튿날, 그들은 다시 나타났다. 말위에 올라타 있던 어제의 그는 초원을 한참 바라보더니 뒤를 돌아보고 손을 저었다. 그의 등 뒤에는 수십 대의 트럭이 보였는데 그곳에서 수백 명의 사람들이 쏟아져 나왔다. 그들의 손에는 삽과 톱, 망치와 도끼가 들려 있었다. 그들은 서로 다른 방향으로 뛰어갔다. 와. 하며 소리를 지르며 뛰어갔는데 작은 무리를 이루거나 세 명이 손을 잡고 같이 움직였다. 손전등을 손에 쥔 사람들은 일렬로 서더니 소중한 무엇을 찾는 것처럼 촘촘히 좁혀 나아갔다.

소년은 초원의 사람들에게 알렸다. 유목민들은 그들에게 버터차와 보리개떡을 건네주었다. 그들은 맛을 보더니 더 달라고 하지 않았다. 대신 사람얼굴이 그려진 종이를 주었다.

이게 뭐요? 나팔모양의 모자를 쓴 유목민이 물었다.
돈. 돈이잖소. 삽을 어깨에 걸친 사람이 대답했다.

유목민들은 그것이 자신들의 삶에 어떤 영향이 있을까 생각했지만 야크나 야크의 똥보다 나을 거 같지는 않았다. 그들은 아침이면 나타나 도망간 누군가를 찾듯이 초원을 수색했고 노을이 오면 나무 밑으로 가 술을 마시고 노래를 불렀다. 여러 날이 지나고도 아무런 수확이 없자 그들은 새로운 기계와 도구를 가지고 나타났는데 유목민들이 관심을 가진 건 '포크레인'이라고 불리는 자동차였다. 그건 마치 코끼리의 코를 생각나게 하는 거대한 삽을 장착하고 있었는데 두 마리의 야크가 들어가 서로 보고 앉을 수 있을 정도로 넓고 안락해 보였다. 또 그것의 옆면에는 어마한 톱이 달려있었고 '웅. 웅.'거리며 스스로 돌았는데 바위도 자를 거 같았다. 그들은 그것을 몰고 숲과 초원으로 돌진했다.

뭐하는 거요? 유목민 할아버지가 물었다.
뭘 찾고 있소. 말 위의 그 사람이 대답했다.
여기는 우리가 사는 곳입니다. 할아버지 옆에 있던 아들이 말했다.
알아요. 알아. 말 아래 서 있던 사람이 채찍을 허공에 휘두르며 대답했다.
여기를 떠나주시오. 할아버지는 단단한 목소리로 말했다.
돈을 줄 터이니 기다리시오. 그는 말에서 내리지 않고 말했다.

유목민 할아버지와 아들은 화가 나서 그대로 서 있었고 말 위의 그는 풀에 침을 뱉었다. 소년은 집으로 돌아와 엄마에게 말했다.

초원에 가지 말거라. 아가.
왜요?
아빠가 돌아오면 우린 집을 떠나야 할지도 몰라.

밤이 되자, 누군가 고함을 지르는 소리가 들렸다.

여긴, 우리 땅입니다.
땅을 파지 마세요.
초원을 괴롭히지 말아요.

소년이 밖으로 나가 보니 할아버지의 아들이 목청껏 고함을 지르며 같은 말을 반복하며 돌아다니고 있었다. 며칠이 지나고 그가 사라졌다는 말이 돌았다. 누군가는 말을 탄 사람이 끌고 가는 모습을 봤다고 했고 누군가는 숲속에서 벌거벗고 뛰고 있는 것을 보았다고 했고 또 누군가는 절벽에서 뛰어내리는 것을 보았다고 했다. 아들이 사라지자 할아버지는 초원에 나가 온종일 걸었다.

며칠 후, 초원 끝에 있는 사원에서 라마승 한 명이 내려왔다. 그는 땅을 파고 있는 그들에게 다가가 물었다.

왜, 이곳에 관심을 가지시오? 라마승이 물었다.

이곳에는 금, 황금이 있소. 구덩이 속에 있던 사람이 허리를 펴며 대답했다.

누가 그래요? 금이 있다고?

들었소. 이곳에 많다고.

이곳에서 중요한 것은 자르고, 가르고, 베고, 찍어서 새로운 무언가를 찾거나 만드는 것이 아니라 원래의 것을 보존하는 것입니다. 라마승은 신중한 표정으로 말했다.

가시오. 듣고 있던 그가 못마땅한 얼굴을 하며 삽을 들어 올렸다.

하늘, 땅, 공기, 구름, 달, 별, 풀, 벌레, 물. 이것들은 원래부터 우리의 것이 아니란 말이요. 라마승은 물러나지 않고 말했다.

거, 모르는 모양인데, 이곳에는 수많은 보물이 숨겨져 있소.

뭐요? 그게.

금, 동, 석탄, 철, 구리, 다이아몬드, 라듐, 아연, 티타늄, 텅스텐뿐만 아니라 세계 최대의 우라늄 광원이 있소. 그가 구덩이에서 기어오르며 말했다.

무엇이 있다 해도 그것들은 당신들 것이 아닙니다. 라마승은 턱을 들며 말했다.

구덩이에서 올라온 그는 손을 들어 다른 사람을 불렀다. 그리고 명령하는 어조로 말했다.

이놈을 데려가라.

태양이 힘을 잃어가던 오후, 라마승은 자신을 데려가는 그곳이 어딘지를 물었지만 주변에 있던 어떤 사람도 대답하지 않았고 잠시 후 포크레인을 몰고 온 군인이 나타나더니 라마승을 태워 어디론가 떠났다. 그 후로도 그들은 초원에 길과 도로를 내고, 개별 막사를 짓더니 기어코 유목민들이 사는 겔까지도 옮겨야 한다고 다른 곳으로 이동해달라고 요구했다. 참다못한 유목민 여인이 그들에게 다가가 따지다가 너무 화가 난 나머지 즉석에서 한 명을 자신의 머리 위로 들어 올려 빙빙 돌리면서 '이곳을 떠나란 말이야' 하며 땅바닥에 던졌는데 그 광경을 본 다른 사람이 호루라기를 불며 뛰어왔다. 그는 알 수 없는 말을 빠르게 뱉었는데, 아마도 욕인 듯했는데, 그러는 동안에도 아랑곳없이 여전히 큰 소리로 '이곳을 떠나란 말이야.'를 반복하고 있는 그 유목민 여인의 손을 뒤로 묶어 어디론가 데려갔다. 그날 이후로 그 당당한 유목민 여인을 본 사람은 없었다.

유목민들은 싱싱하고 푸른 초원이 얼마나 적막하고 공허한 풍경 속의 일부가 되는지를 매일 지켜보면서 앞으로의 나날을 상상하게 되었다. 그리고 그들의 두려움과 염려처럼 초원은 보기 흉한 땅덩어리로 변해갔다. 풀은 잘려지고 땅은 보기 흉하게 듬성듬성 파여 갔다. 계절이 두 번 바뀌어도 그들은 자신들의 행동을 멈추지 않았는데 아마도 간절히 찾는 것을 발견하지 못한 모양이었다. 소년이 보기에 그들은 여우보다는 작고 쥐보다는 큰 두더지처럼 보였다.

세 번의 겨울이 오자, 그들은 실망한 얼굴로 텅 빈 트럭을 몰고 사라졌다. 그들이 떠나고 얼마간의 시간이 지나자, 풀, 벌레, 곤충, 버섯, 동물들의 소리와 냄새도 사라졌다. 그리고 또 얼마간의 시간이 지나자 야크들이 땅에 쓰러져 일어나지 못했다. 소년은 유목민 할아버지에게 물었다.

야크가 이상해요? 할아버지.

굶어서 그러지.

살리고 싶어요.

그럴 수 없단다.

왜요?

초원이 사라졌으니 야크는 살 수 없지.

그럼요?

야크가 없으면 우리도 살 수가 없단다.

소년은 매일 초원에 나가 파헤쳐진 땅을 손으로 덮었다. 풀이 자라나고 야크가 일어서길 기도했다. 그러던 어느 날, 허리가 땅으로 기울어진 할머니가 지팡이를 짚고 소년 앞으로 오더니 물었다.

얘야, 포탈라 궁은 어느 쪽 방향이니?

라싸에 있는 그거, 말인가요? 할머니.

그래 그거.

그곳은 멀고 높은데 그곳으로 가려고요? 소년은 물었다.

그곳에는 미래를 볼 수 있는 비밀의 방이 있다고 하더구나.

### 3. 황금을 지키는 소년

어둑한 안쪽을 들여다보던 할머니가 지팡이로 땅을 톡. 톡. 치더니 앞장선다. 소년은 뒤에서 할머니의 허리끈을 붙잡고 따라갔다. 안은 어두웠지만 들어갈수록 바닥과 벽의 윤곽이 드러났다. 밖에서 본 포탈라 궁은 웅장했지만 내부는 복잡했고 길은 여러 갈래였다. 만약 이곳에서 길을 잃으면 영영 나오지 못할 것 같은 마치 숨바꼭질을 해보라는 듯, 내부는 출구가 없는 미로 같았다. 가끔 사람처럼 보이는 동물이 빠르게 지나가거나 멈추어 서서 소년을 바라보았는데 그것은 태어난 이래 단 한 번도 목소리를 낸 적이 없는 사람처럼 입을 꾹 다물고 있었다. 헐거워 보이는 나무계단을 오르락내리락하고 복도를 한참이나 걸었지만, 그 동안 할머니와 소년은 여기서 무엇을 원하는지, 어디로 가는지 묻는 사람을 마주치지 못했다. 소년은 숨이 차거나 어지러움이 몰려오면 벽으로 뚫린 작은 구멍에 눈을 대고 밖을 내다보았다. 그곳에는 아직 한 번도 햇빛이 들지 않은 것처럼 보이는 진녹색의 연못이 보였다. 앞인지 뒤인지 알 수 없는 통로를 계속 걷다보면 그러다 갑자기 나타난 삼층 높이의 나무 계단을 올라가면, 거기서 또 방향이 나뉘고 결국 어떤 막다른 벽에 도달하기도 했는데 그 끝에는 철문으로 굳게 닫힌 방들이 줄지어 있었다. 심각해 보이는 그 문을 열면 보랏빛을 띠는 얼굴에 노란 혀를 내민 설산의 표범이 기다리고 있을 것 같았다. 할머니가 말했다.

여기, 어딘가에는 왕이 살고 있어.
왕이요?
초원을 지키는 환생자 말이야.
그게 누군데요? 할머니.
달라이 라마 존자님이지. 나는 그분을 만나 물어볼 것이 있어.

난, 이쪽으로. 할머니가 지팡이를 들어 오른쪽으로 휘어진 복도를 가리킨다.
그럼, 저는 저쪽으로 가 볼게요. 나중에 만나요. 할머니.

복도의 끝에서 불빛이 엷게 번져 나오는 것을 본 소년은 뛰었다. 조금 열려진 문틈으로 가는 빛이 뱀처럼 기어 나오고 있었다. 소년은 문을 밀고 안으로 얼굴을 넣었다. 누군가 있을 거 같았다. 밝은 부엌이 있고 따뜻한 야크 젓과 부드러운 빵이 있을 거 같았다. 유채꽃을 먹고 있는 공작새가 있을 거 같았다. 그런데 뜻밖의 광경이 눈앞에 펼쳐졌다. 알몸의 아이가 저울을 들고 서 있는 것이 아닌가. 아이는 공기가 내 안에서 어떻게 뒤로 가는지를 느껴요. 하는 눈빛으로 소년을 바라보았다. 소년은 아이의 나이를 가늠하며 물었다.

넌 이곳에서 무엇을 하니?
난 이곳을 지키는 책임자예요.
뭘 지켜?
저것들이요.

하며 아이는 비켜섰다. 소년은 아이의 어깨너머로 고개를 돌렸다. 그곳은 밝게 빛났는데 가만히 보니 금金들이 가득했다. 방안 가득 그것들은 질서 정연하게 쌓여있었고 초원의 풀보다 많아 보였다. 문 입구까지 균일하게 배열된 기준을 따라 쌓여 있는 금들은 저마다의 자리를 지키며 위엄을 발산하고 있었다. 아이의 발 옆으로는 눈금자와 붉은 실 그리고 두 개의 청동 접시가 보였다.

문 좀 닫아주실래요. 아이가 말했다.
응. 소년은 문을 닫으며 물었다. 그런데 넌, 왜 알몸이지?
이 방을 지키는 사람은 옷을 입을 수 없어요.
저 금들은 어디서 난 거니? 소년은 궁금했다.

유목민들이 가져온 거예요.

## 4. 이상한 사람들

소년이 포탈라 궁 밖, 돌담 벽에 쭈그리고 앉아 원반 같은 태양을 쬐고 있는 할머니를 만난 것은 일 년이 지난, 가을이 끝나가는 무렵이었다.

할머니, 언제 나오셨어요?

두 달 됐지. 너를 기다리면서 매일 여기서 햇볕을 받아 마시고 설산의 냄새를 맡고 있었지.

할머니, 초원을 지키는 왕을 만났어요?

알현했지.

어땠어요?

'나방' 이야기를 해주셨지.

나방요?

응. 나방의 체온은 고래와 마찬가지로 36도라고 하셨어.

바다 속에 산다는 그 거대한 물고기요?

그래. 젖을 주는 물고기지. 왕이 말씀하시길 36도는 자연에서 가장 적합한 온도라고, 그러니까 35도와 37도의 중간인 그 온도를 유지하지 않으면 탈이 난다고 하셨어.

배탈이 난다는 건가요? 소년은 이해가 되지 않았다.

인간의 불행은 늘 이 온도에서 벗어난 것과 관련이 있는데 그것들은 인간들이 만들어낸 불과 빛에 관련된 기술이나 성과들이라고 하셨어.

빛과 불이요?

왜 있잖아, 보고 있으면 마음이 들뜨거나 몸이 달구어지는 것들 말이야.

소년은 성냥과 담배가 생각났다.

카일라스(수미산)에 가보라고 하시더군.

거긴 왜요?

그곳에 신이 산다고. 만나보라고 하셨지.

한 달 뒤, 할머니와 소년은 모주공카현(墨竹工卡县)이라는 마을에 도착했는데 그곳에서 숲을 가르는 사람들을 만났다.

뭐하는 거요? 할머니가 물었다.

거대한 망원경을 짓고 있어요. '중국국가천문대'라고 써진 외투를 입고 있는 사람이 대답했다.

그게 뭔데요? 소년이 물었다.

하늘의 별을 관측하는 커다란 안경이지.

별은 눈으로 봐도 되지 않나요? 소년은 물었다.

하늘 밖 우주를 보려면 거대한 망원경이 필요해.

하늘 밖을 보면 뭐가 좋아요?

언젠가는 그곳으로 갈 수 있지.

그로부터 또 한 달 뒤. 소년과 할머니는 미라산(米拉山) 아래 협곡에서 거대한 폭포를 만났다. 그리고 그곳에서 도르래와 수레를 이용하여 시멘트와 철근을 나르는 사람들을 보았는데 그중에는 흔들의자에 앉아 총을 들고 있는 사람도 있었다.

뭐 하는 거요? 할머니가 물었다.

댐이요. 댐. 흔들의자에 앉은 사람이 대꾸했다.

그건 왜요? 소년이 물었다.

홍수를 방지하기 위해서지. 그가 총을 만지작거리며 말했다.

댐 건설은 빙하를 녹일 수 있는 위험이 있는데. 할머니가 지팡이로 땅을 두들기며 말했다.

염려 말아요. 할머니. 우린 지구에서 가장 크고 긴 싼샤(三峽)댐도 만든 경험이 있어요.

할머니가 빤히 쳐다보자, 그가 말을 이었다. 이곳에서 멀지 않은 곳에 빠송추어(巴松錯)호수라고 있는데 그것도 우리가 계곡을 막아 만든 인공 댐이죠. 얼마나 보기 좋은지 몰라요. 그는 마치 자신의 개인 별장인 양 자랑스럽게 떠들었다. 소년과 할머니는 그곳이 어디냐고 묻지 않았다.

어디로 가는 길이지? 그가 일어서며 물었다.

우린 카일라스로 가고 있어요. 소년은 활기차게 대답했다.

뭐 하러 그곳에 가지?

할머니와 나는 질문이 있어요.

소년이 몸을 돌려 길의 방향을 가늠하는 사이, 화약, 탄약, 철근, 삽, 시멘트, 포크레인, 톱, 망치, 못, 커다란 돌들이 바닥 여기저기서 흩어져 있는 것이 보였는데 가만히 보니 그것들 사이로 얕은 숨소리를 내며 벽돌을 메고 가는 사람들이 보였다. 그들의 뒷목에는 '옴'이라는 그림 같은 글자가 작지만 선명하게 그려져 있었다. 그리고 또 그 옆으로 전혀 이 상황과 어울리지 않는 갈색 조랑말 두 마리가, 거의 장난감처럼 보일 정도로 작은 수레를 안쓰럽게 끌고 있었는데, 그 안에는 모레와 시멘트가 산만하게 쌓아져 있었다. '화약을 운반하는 조랑말이라니', 할머니는 근심어린 눈으로 쳐다보며 중얼거렸는데 누구라도 들을 정도였다.

한 달 뒤, 소년과 할머니는 미린(米林)현이라는 작은 마을에 들어섰다. 그곳에는 중류지주(中流砥柱)라는 아름다운 계곡이 있었다. 소년은 물살 가운데 서 있는 거대한 돌기둥을 보고 반해 그곳에서 물장구를 치고 싶을 정도였다. 무엇보다도 계곡 뒤에는 거대한 흰 빙산들이 사이좋게 나란히 서 있었는데 콧김을 내뿜으며 온몸에서 뜨거운 수증기를 발산하는 말처럼 보였다. 할머니와 소년은 그쪽으로 올라갔다. 사람이 전혀 살 거 같지 않은 춥고 서늘한 빙산 주변에도 수많은 사람들이 분주히 움직이고 있었다.

이 높은 곳에서도 무언가를 짓고 있군.

할머니는 누구라도 들으라는 듯이 말하며 거슬리는 소음과 매캐한 연기가 가득한 그곳으로 나아갔다.

무엇을 하고 있는 거요? 할머니가 물었다.

스키장과 리조트를 지어요. 소년의 몸보다 큰 지도를 든 군인이 대답했다.

그게 뭐예요? 소년은 물었다.

지금 우리는 세상에서 제일 감격스러운 썰매운동장을 만드는 중이란다.

왜, 여기다 만들어요?

높을수록 사람들이 좋아하기 때문이지.

그 말을 듣던 할머니는 그럼, 땅에 균열이 생기고 빙하가 녹을 텐데. 하면서 눈(雪), 이곳은 눈이 충분하지 않아서 썰매타기가 어려울 텐데? 하고는 그를 노려보았다.

할머니, 하늘에서 내리는 눈, 그거야 인공적으로 만들면 되지요. 우린 못 하는 게 없어요.

소년과 할머니는 그곳에서 여러 날을 보냈지만, 날이 바뀌어도 거대한 공사장의 풍경은 똑같아서 초원에서 풀을 뜯는 야크가 마치 제자리

걸음을 하는 듯했다. 소년은 당장 이곳을 떠나고 싶었다. 아무도 없는 고요와 침묵으로 꽉 찬 널찍한 장소에서 쉬고 싶었는데 마침 멀지 않은 곳에서 잔잔한 시냇물이 흐르고 평온하고 아늑한 대기의 냄새가 나는 한적한 장소를 발견했다. 소년은 할머니를 부축하며 그곳으로 나아갔다. 그런데 그곳에는 뜻밖의 사람들이 쇠진한 동물처럼 여기저기 누워 있었다.

죽음을 기다리는군.

할머니의 중얼거림을 들은 소년은 마치 전염병이나 회복할 수 없는 피부병에 걸린 것처럼 드러누워 있는 사람들을 바라보았다. 다가가지는 못하고 우물쭈물하는 사이 한 사람이 힘겹게 일어서서 비틀하더니, 몸의 중심을 가까스로 잡더니, 허공에 혀를 내밀더니 건너편 숲속으로 뛰어갔다. 말리는 사람도 응원하는 사람도 없었다. 그가 순간적으로 사라지자 소년은 누워 있는 사람들이 궁금했다. 그들은 거의 모두 흡사한 표정을 짓고 있었는데 배가 고픈지 입을 반쯤 벌리고 있었고 눈이 가려운지 눈꺼풀이 서서히 올라갔다 내려왔다를 반복하고 있었다.

할머니, 아픈가 봐요?
마지막 숨을 쉬고 있는 게야.

그들이 그렇게 마지막 숨을 쉬는 동안, 아직 이곳에 이르지 않은 사람들은 저쪽에서 식료품, 생수, 전선, 시멘트, 철, 돌, 화약가루, 공구 상자, 폭약, 베어 놓은 나무 따위를 어깨와 등에 짊어지고 바위와 나무 사이로 바삐 움직이고 있었는데 그건 강하천과 상류를 이을 뗏목이나 임시다리의 완성을 위해 애쓰고 있는 모습이었다. 또한 그들 사이로 감독관으로 보이는 뚱뚱한 사람이 보였는데 그는 몸이 무거워서인지 나무에 기대어 졸고 있었다. 소년은 그 광경을 보자 자신의 팔과 다리가 옥죄는 기분이 들었고 그래서 어서 이곳을 떠나자는 눈빛으로 할머니를 쳐다보았다. 하지만 할머니는 마니차(기도 바퀴)를 돌리며 움직이지 않았다.

## 5. 신과 나눈 이야기

가장 추운 겨울이 왔을 때, 그들은 카일라스 앞에 다다랐다. 소년은 산과 호수 주위로 어둡게 접힌 부분들을 보면서 말로는 설명할 수 없는 몸의 떨림을 느꼈다. 어떤 소리도 들리지 않고 고적한 분위기가 가득했는데 할머니는 호수 주위를 걷고 싶다고 지팡이를 쥐었고 소년은 그럼 자신은 카일라스로 들어가는 문을 찾아보겠다고 했다. 할머니가 호수 쪽으로 나아가자 멀리서 희뿌연 안개가 기다렸다는 듯이 몰려오더니 할머니 머리 위에서 맴돌았다. 할머니는 아는지 모르는지 개의치 않고 걸어가는 모습이었는데 지팡이가 바닥을 긁을 때마다 어떤 균일한 광채가 테를 이룬 것처럼 보였다. 소년은 멀리서 할머니의 형체가 점점 작아지는 것을 보며 마치 호수 속으로 들어가는 모습처럼 보여 할머니, 하고 고함을 질렀지만 할머니는 뒤돌아보지 않았다. 하늘과 땅의 표면을 더 이상 구분하기 힘들 정도로 희미해졌을 때, 할머니의 모습은 완전히 사라졌다.

소년은 카일라스 입구로 짐작되는 희미한 틈을 발견했다. 작은 구멍이라고 할 수 있는 틈에 소년은 눈알을 갖다 댔다. 순간 몸이 크게 휘청했는데 그건 몸을 옥죄고 숨통을 조이는 이곳만의 희박한 공기 때문이라고 생각했다. 소년이 입구라고 생각한 그 틈은 암벽 표면에 드러난 개미굴처럼 작았으나 신이 사는 곳이라고 생각될 만큼 분위기는 충분히 신비로웠다.

소년이 제자리에서 빙빙 돌며 두리번거리자 눈에 띌 만한 줄이 허공에서 내려왔다. 줄은 가늘었으나 태양같이 붉었다. 소년은 줄을 잡아당겼다. 어떤 종소리도 인기척도 들리지 않았다. 여러 번 줄을 잡아당기고도 한참 뒤에야 어떤 할아버지가 나왔는데, 예고도 없이 나타난 소년을 보고 몹시 못마땅한 표정을 하고 있었다. 할아버지는 눈을 가느다랗게 뜨고 소년을 통과하여 뒤쪽 어딘가를 쳐다보는 듯했다. 소년이 자신이 이곳에 온 이유를 설명하자 할아버지는 한 걸음 옆으로 비켜섰고, 왼손을 거의 눈에 띄지 않을 만큼 살짝 내밀어 소년을 안으로 들였다.

소년은 모래가 깔린 바닥을 밟으며 안으로 들어갔는데 한참이 지나서야 앞서가는 할아버지가 맨발이라는 것을 알아차렸다. 할아버지는 뒤를 돌아보지 않았고 소년은 따라만 갔다. 급격히 아래로 휘어지는 경사가 나왔다. 소년은 자신이 초원에서 타고 놀던 양털자루가 있었으면 훨씬 신속하고 재미있게 아래로 내려갈 수 있을 거 같았다.

뭐라도 타고 내려갈 게 없을까요?

소년은 명랑하게 물었지만 할아버지는 대답하지 않았고 대신 수영을 하듯 두 손을 앞으로 뻗고 배를 바닥에 붙이더니 경사를 타고 내려갔다. 소년은 뒤로 누워 머리통을 살짝 들고 두 손바닥을 양옆 바닥에 대고 내려갔다. 경사의 끝에 이르자 놀라우리만치 오르기가 어려운 계단이 펼쳐졌는데 앞서가는 할아버지는 뒷짐을 지고 두 계단씩 뛰어 올라갔다. 소년도 토끼처럼 뛰어 올라 따라갔다. 간신히 계단을 거쳐 꼭대기로 올라가자 널찍한 공간이 나타났다. 그곳은 방이라기보다는 텅 빈 헛간 같았다. 할아버지는 턱을 내밀어 들어가라고 신호를 보냈다. 소년은 할아버지의 턱을 만지며 저 혼자요? 하고 묻고 싶었지만 그만두었다. 안으로 들어선 소년은 주의 깊게 방안을 둘러보았다. 방은 허름하고 먼지가 가득했는데 그래서 자신이 좋아하는 귀뚜라미와 그 귀뚜라미가 좋아하는 애호박을 찾아보았는데 보이지 않았다. 그때 허공에서 줄이 내려왔다. 이번에는 물고기의 비닐 같은 빛이 나는 은색이었다. 소년이 고개를 들어 천장을 올려다보았지만 줄의 근원이나 뿌리는 보이지 않았다. 소년은 줄을 흔들어 보았다. 아무런 반응이 없었다. 아래로 당겨보았다. 그러자 낮게 울리는 소리가 들렸다.

무엇 때문에 왔지?

신神을 만나고 싶어요.

왜지? 줄이 가볍게 흔들리며 대답했다.

미래를 알고 싶어요.

신을 만나면 해결될 거 같은가?

불이 나고, 빙하가 녹고, 나무가 베이고, 초원이 황무지로 변하고, 야크가 쓰러지고, 떠나간 새들이 돌아오지 않아요. 소년의 말이 끝나자, 은빛 줄이 흔들렸다.

이야기를 하나 들려주지.

네.

어느 날, 악어가 나를 찾아왔어.

악어요?

그래. 악어. 머리가 크고 주둥이는 가늘고 꼬리가 긴, 물에서 살기도 하고 육지에서 잠을 자기도 하는 그 귀여운 악어 말이야.

그림책에서 본 적은 있어요.

그 악어가 이런 질문을 했지.

뭐라고요?

악어 : 왜, 난 뒤로 갈 수가 없는 거죠? 앞으로 나아갈 수는 있는데 뒤로 가본 적이 없어요. 왜 나를 이렇게 만든 거죠?

나는 물속에 사는 물고기들도 같다고 이야기해주면서, 육지 그러니까 땅에서 사는 인간들을 보고 오라고 말해주었지. 일주일 뒤 악어는 찾아왔어. 그리곤 말하더라고.

악어 : 사람들이 사과를 먹는 것을 보았어요. 그런데 사과는 스스로 나무 위에서 떨어지더라고요. 어떻게 그럴 수 있죠? 악어는 눈알을 굴리며 물었지.

나는 말했지. 그게 물과 육지의 차이라고. 육지에서는 무거우면 위에서 아래로 떨어지지. 무엇이든 말이야. 그걸 '중력'이라고 한다지. 그러니까 인간이 사는 육지에서는 상하上下, 높낮이의 기준이 있다는 것을 말해주었지. 악어는 꼬리를 흔들며 돌아가더니 일주일 뒤 다시 나를 찾아왔지. 그리곤 또 물었어.

악어 : 인간들은 항상 어디론가 가더라고요?

나는 대답했지. 그게 바로 '목적성'이라고 하는 거야. 인간들이 움직이는 이유는 반드시 목적이 있다고 말이지. 그래서 앞으로 가는 거야. 뒤로도 갈 수 있는데, 늘 앞으로만 가려 하지.

악어 : 왜, 앞뒤가 있는 거죠?

나는 말했지. 그건 (척추)뼈가 있기 때문이라고. 인간의 척추 뼈는 앞과 뒤를 구분하는 기준점이 된다고 말이야. 그러자 악어는 입을 위아래로 크게 벌리며 물었지.

악어 : 그럼 인간들은 매일 어디로 가는 건가요?

먹이와 짝을 찾는 거지. 악어가 못 알아듣는 눈치였어. 나는 말했지. 인간은 항상 자신에게 없는 것을 찾아 밖으로 향해. 자신에게 없는 것, 그걸 '가치'라고 말하면서 말이지. 그걸 가져야 먹을 것과 자신에게 어울리는 대상을 차지할 수 있다고 생각하는 것이지. 악어는 꼬리를 흔들며 돌아갔어. 그리고 얼마간의 시간이 지난 후, 또 찾아와 물었지.

악어 : 인간들이 좌우를 가지고 이야기하더라고요.

그건 균형의 문제를 논하는 거야. 새를 본적 있지? 좌우의 날개가 폭과 길이가 다르면 어떨 거 같아?

악어 : 비틀리거나 고꾸라지겠죠.

맞아. 인간들은 양팔과 두 다리의 길이가 같아야 한다고 생각하지. 한쪽이 길거나 짧으면 우스꽝스럽다고 여겨. 좌우가 정확하게 대칭되어야 조화롭고 그게 아름답다고 간주하는 거야. 암튼 말이야, 인간들은 매일 높고 낮음을 계산하고 앞으로 향하며 좌우를 생각한다는 거야.

악어: 왜 그럴까요?

그걸 놓치면 뒤쳐진다고 생각하기 때문이지.

소년은 다음 말을 기다렸다.

미래를 알고 싶다고? 간단한 일이야. 그건 너희들이 저지른 과거를 기억하면 돼.

소년 : 과거요?

그래. 과거.

소년 : 왜요?

미래는 과거로부터 오지. 너희들은 과거를 잊을 수 있지만, 과거는 너희들을 잊지 않아.

소년 : 난 나쁜 일을 한 적이 없어요. 우리 엄마도요.

착하게 살면 먹을 것과 꿈이 이루어지는 줄 알아? 땅을 다독이고 눈물을 흘린다고 쓰러진 야크가 일어날 거 같아?

소년 : 저기, 만일 당신이 신이라면, 모든 것을 조화롭게 바꿀 수 있는 존재 아닌가요?

이런, 오해하고 있군. 나는 세상을 바꿀 생각이 전혀 없어.

왜요? 소년은 놀라서 물었다.

참나, 이걸 어떻게 설명해야 하지? 인간들은 종종 착각할 때가 있단 말이지.

소년 : 뭐가요?

나는 매우 위대하고 전능하지만, 한편으로는 인간의 도전정신과 시대의 변화에 부응하기에는 너무 고집스런 측면이 있지.

소년 : 신은 못된 사람을 처벌하고 착한 사람을 응원하며 흔들린 세상을 바로잡지 않나요? 그게 신의 일 아닌가요? 소년은 주먹을 쥐며 물었다.

오. 그렇다면 확실히 잘못 알고 있군. 나는 오히려 인간 세상에 주기적으로 '벌'이라는 것을 내리지. 내가 보기에 완벽한 세상을 위해서는 재앙이 있어야 해. 그래야 인간들은 비로소 주변을 돌아봐. 흙을 파헤치고, 나무를 베고, 공장을 짓고, 습지를 없애고, 호수를 메우고, 동물을 죽이고, 밤을 없애고, 낮을 증가하고, 대기를 오염시켰던, 지난날들을 떠올리며 반성을 하지. 울며 나를 찾기도 해. 이미 늦었는데 말이야. 그게 인간이야.

## 6. 달라이 라마가 전하는 말

2010년 6월 9일, 아이슬란드의 작가 마그나손(Andri Snaer Magnason)은 인도 다람살라로 가서 달라이 라마를 방문했다. 그녀는 무너지는 빙하와 성스러운 물에 대해서 물었다.

> 마그나손 : 성하, 기후변화가 염려스럽습니다.
>
> 달라이 라마 : 오늘날의 문제는 인류가 자초한 것들이 대부분입니다. 지금 중국에서 댐을 만들고, 스키장을 만들고, 거대한 천문소를 세우고 있는데 앞으로 티베트 고원은 어떻게 될까요? 매년 티베트 고원은 0.3도씩 오르고 있습니다. 그곳은 고도가 매우 높고 기후가 한랭해서 자연의 복원 능력이 온난 기후에 비해 낮습니다. 그래서 한번 훼손되면 회복되는 데 오랜 시간이 걸립니다. 티베트뿐만이 아닙니다. 지금, 우리는 절박하게 지구와 후대를 위하는 태도가 필요해요. 과학과 기술의 발전이 인류에게 속도와 효율성을 제공했지만 그게 행복이라고 말할 수는 없어요. 빠름과 편리함을 얻는 대신 우리는 고요한 밤과 청량한 공기를 내주었다고 생각합니다.
>
> 마그나손 : 성하, 그럼 지금 우리가 해야 할 일은 무엇인가요?
>
> 달라이 라마 : 지금 현재를 바꾸면 됩니다.

오늘날 세계는 사막이 확대되고 알 수 없는 전염병이 번지고 하늘이 누렇게 변해가고 막을 수 없는 태풍이 불어도, 천년에 한번 올까 하는 홍수가 밀려오는데도, 그러는 동안 상처받은 동물들이나 초라한 지역의 사람들이 사라지는데도, 긴박한 뉴스거리 하나 되지 못한다. 악어와 코끼리 코뿔소와 순록은 그 개체수가 줄어들고 있지만 태평한 사람들은 그건 알아서 자기 살 곳을 찾아 스스로 이동한 거라고 그게 동물의 본능이라고 말하곤 한다. 빙하가 녹거나 동물의 사라짐이 중요한 게 아니고 우주로 누가 먼저 나가서 그곳의 풍경을 알려주고 그곳에 새로운 보금자리를 건설하는 게 훨씬 인류의 발전에 도움이 된다고 말한다.

하지만 파리 대가리보다 작은 바이러스가 세상을 뒤집어 놓을 때, 우리는 무엇을 하고 있었는지 다들 알고 있을 것이다. 분노하며 수군거리며 어떤 국가에서 발생하고 누가, 어떻게, 전파됐는지를 추적하며 발만 동동 구르지 않았는가. 달라이 라마는 이미 오래전 하늘과 땅을 지키는 방법에 대해서 이야기했다. 지구를 파괴하는 힘들을 키우는 것보다 그래서 그로 인한 우리의 피해가 얼마나 심각한지를 파악하는 것보다 그것의 원인과 결말에 대해 우리가 얼마나 아는 것이 없는지를 인정하는 것이 중요하다고 말이다.

::: **저자 약력**

## 유승직

University of California at Berkeley에서 「Essays on Environmental Economics」(1995)로 환경경제학 박사학위를 취득하고 현재 숙명여자대학교 기후환경융합학과에 교수로 재직하고 있다. 환경부 온실가스종합정보센터장을 역임하였으며, 녹색성장위원회, 2050탄소중립위원회 위원으로 활동하고 있다. 저서로는 『신기후체제와 집단에너지』(공저, 2017) 외에 40편 이상의 국내 · 외 학술지에 게재된 논문이 있다.

## 김선웅

동국대에서 통계학 박사학위를 취득하고 미국 University of Michigan(Ann Arbor)의 Institute for Social Research에서 박사후연구원을 지냈다. 현재 동국대 통계학과 교수로 재직 중이면서 서베이앤데이터사이언스 연계전공의 책임교수를 맡고 있으며, 아울러 동국대 서베이앤헬스폴리시리서치센터를 이끌고 있다. Encyclopedia of Survey Research Methods(Sage Publications, 2008)의 공저자이며, Feasibility and Quality of a National RDD Smartphone Web Survey: Comparison with a Cell Phone CATI Survey(Social Science Computer Review, 2021), 「믿지 못할 선거 전화여론조사? 대안은 없는가?: 2010-2016 선거여론조사를 중심으로」(한국조사연구학회, 2016) 등 다수의 논문이 있다.

## 한상민

독일 베를린 자유대 환경정책연구소에서 「Global Climate Change and Local Environmental Governance」(2016) 연구로 정치학 박사학위를 취득하고, 현재 한국외대 초빙교수, 한림대 객원교수로 재직하고 있다. 독일 및 EU 기후변화정책, 탄소중립 도시/지방정책, 남북한 기후협력 등에 관한 강의와 연구를 진행하고 있으며, '기후변화에 관한 정부 간 협의체(IPCC)'의 Expert Reviewer 국내 학자로 제6차 평가보고서 검토작업 및 발간에 참여했다.

## 이종철

연세대에서 「헤겔 〈정신현상학〉에서의 이성 개념 연구」(2005)로 철학 박사학위를 취득했고, 현재 연세대학교 인문학연구소 전임연구원으로 재직하고 있다. 저역서로는 『철학과 비판-에세이 철학의 부활을 위하여』, 『우리와 헤겔』(공저), 장 이폴리뜨의 『헤겔의 정신현상학』 1, 2(공역), 게오르그 루카치의 『사회적 존재의 존재론』 2, 3, 4(공역) 등이 있고, 「마키아벨리와 '근대성'의 문제-그의 〈군주론〉을 중심으로」(2011), 「'정신은 뼈다'와 무한 판단의 문제」, 「예나 시기 헤겔의 '인륜성'에 관한 연구」 등 많은 논문이 있다.

## 박정순

미국 에모리대학교 철학과에서 현대 영미윤리학으로 철학 박사학위(1990)를 취득하였다. 연세대학교 미래캠퍼스 철학과에서 정년퇴임하였다. 한국윤리학회 회장, 한국철학회 다산기념철학강좌 운영위원장을 역임하였다. 저서로는 『마이클 샌델의 정의론, 무엇이 문제인가』(2016), 『마이클 월저의 사회사상과 철학적 깨달음』(2017), 『사회계약론적 윤리학과 합리적 선택』(2019), 『존 롤즈의 정의론: 전개와 변천』(2019), 『현대 윤리학의 기원과 동향』(2021) 등이 있고, 「복합평등의 철학적 기원」 등 현대 영미윤리학에 관한 많은 논문들이 있다.

## 이경구

서울대에서 「17～18세기 장동壯洞 김문金門 연구」(2003)로 박사학위를 취득하고, 현재 한림대학교 한림과학원 교수 및 원장으로 재직하고 있다. 저서로는 『조선후기 안동安東 김문金門 연구』(2007), 『17세기 조선 지식인 지도』(2009), 『조선 후기 사상사의 미래를 위하여』(2013), 『조선, 철학의 왕국』(2018) 등이 있다.

## 엄연석

서울대에서 「정이 역전의 역학 이론에 관한 연구」(1999)로 철학 박사학위를 취득하고, 현재 한림대학교 태동고전연구소 교수로 재직하고 있다. 한국주역학회 회장을 역임하였다. 저역서로는 『조선전기역철학사』(2013), 『국역 심경주해총람(상·하)』이 있고, 「최명길의 『중용관견』에 나타난 경학적 특징과 문화다원론적 지평」(2020), 「퇴계 역학에서 자연학과 도덕학 사이의 가역적 전환 문제」(2019) 등 많은 논문이 있다.

## 김세정

성균관대에서 「왕양명의 생명철학에 관한 연구」(1999)로 철학 박사학위를 취득하고, 현재 충남대학교 철학과 교수로 재직하고 있다. 충남대학교 유학연구소 소장과 대전환경운동연합 공동의장을 맡고 있으며, 한국양명학회 회장을 역임하였다. 저역서로는 『왕양명의 생명철학』(2006), 『한국 성리학 속의 심학』(2015), 『돌봄과 공생의 유가생태철학』(2017), 『양명학, 돌봄과 공생의 길』(2020) 등이 있고, 「실심과 감통의 한국양명학」(2016), 「퇴계 이황 철학사상의 생태론적 특성」(2017) 등 많은 논문이 있다.

## 강중기

서울대에서 「양수명의 현대신유학」(2000)으로 박사학위를 취득하고, 현재 인하대와 성균관대 강사로 재직하고 있다. 서울대 철학사상연구소 선임연구원, 한림대 한림과학원 HK연구교수 등을 역임하였다. 저서로 『근현대한국총서』(공저, 2019), 『동양고전 속의 삶과 죽음』(공저, 2018), 『중국문명의 다원성과 보편성』(공저, 2014), 『마음과 철학-유학편』(공저, 2013) 등이 있고, 역서로는 『중국문화요의』(2020), 『음빙실자유서』(공역, 2017), 『천연론』(공역, 2008), 『동서 문화와 철학』(2005) 등이 있다.

## 심혁주

대만국립정치대학교에서 「티베트 전통문화의 변화와 발전연구-조장鳥葬을 중심으로」(1995)로 법학 박사학위를 취득하고, 현재 한림대학교 한림과학원 HK연구교수로 재직하고 있다. 저서로는 『중국 변경 연구 1.2.3』(공저, 2019), 『소리와 그 소리에 관한 기이한 이야기』(2019), 『티베트에는 포탈라 궁이 없다』(2021) 등이 있고, 「조지 포레스트(George Forrest, 1873-1932)의 윈난雲南식물채집과 이미지의 오류」(2019), 「대만의 티베트사史 연구 동향과 쟁점」(2018) 등 많은 논문이 있다.

태동교양총서 1

## 문명의 위기를 넘어

2022년 6월 10일 초판 1쇄 발행

지은이 : 유승직 김선웅 한상민 이종철 박정순
이경구 엄연석 김세정 강중기 심혁주
펴낸이 : 김병환
펴낸곳 : 학자원
주　소 : 서울시 강동구 천호대로 1121
전　화 : 02) 6403-1000
팩　스 : 02) 6338-1001
E-mail : hakjaone@daum.net
등　록 : 2011년 3월 24일 제2011-14호

ISBN 979-11-6247-274-3 04080
979-11-6247-273-6 (세트)
값 22,000원